# TOUT POUR MAÎTRISER L'ANGLAIS

Mary Dell

**ISBN 978-619-188-287-8**

# SOMMAIRE

## SOMMAIRE

# INTRODUCTION

Je dois vous avouer que moi aussi, j'apprends une langue étrangère - l'espagnol. J'étais contente et il me semblait que je faisais des progrès jusqu'au jour où ma confiance a subi un coup dur. Ce jour-là, en marchant dans la rue, j'ai rencontré un groupe de touristes espagnols qui avaient l'air complètement perdus. Ils m'ont regardée avec espoir et m'ont demandé comment aller à la poste. Je me suis dit : "Oh quelle chance, je vais montrer maintenant que je parle espagnol !" Mais, à ce moment-là, un blocage total ! Je n'ai pas pu formuler une seule phrase ! Heureusement qu'ils parlaient anglais et nous nous sommes compris. Plus tard, en réfléchissant, je me suis rendu compte que je n'appliquais pas moi-même ce que j'enseignais à mes élèves d'anglais. La clé du succès est d'un côté, de savoir comment construire une phrase (c'est-à-dire maîtriser parfaitement les règles de grammaire) et de l'autre, d'avoir toujours en tête le vocabulaire courant du langage parlé. L'élément indispensable pour y arriver, c'est le contact permanent avec la langue - à travers la lecture, les films, les chansons.

**L'objectif**

L'objectif de ce livre est de vous expliquer de la façon la plus claire possible **la grammaire pratique** (niveaux débutants et avancés, A1 – C1) qui est utilisée dans la communication de tous les jours. Les explications sont simples, avec un minimum de terminologie, comme je les propose à mes élèves depuis plusieurs années. Les temps verbaux, qui présentent une difficulté particulière, sont illustrés par des dessins et des dialogues, proches des conversations de la vie courante.

Si vous avez déjà étudié l'anglais jusqu'à un certain niveau ou que vous êtes en train d'étudier, mais que vous éprouvez certaines difficultés, vous pouvez utiliser cet ouvrage comme un **livre de référence**, un **support de grammaire**, et choisir le contenu qui vous intéresse. Si vous êtes débutants, il peut vous servir de **guide** pour apprendre toutes les règles de prononciation et de grammaire, ainsi que beaucoup d'expressions utiles.

L'autre idée en laquelle je crois, c'est l'idée d'étudier avec aisance. Pour qu'un travail soit efficace, il ne doit pas vous peser. Il serait bon d'étudier avec plaisir. Mais quel plaisir, me diriez-vous probablement, puisque qu'il s'agit d'une matière sérieuse qui exige des efforts ?! Je vous propose la méthode suivante - la première fois lisez le livre comme si c'était un roman ou un article léger, sans faire beaucoup d'efforts pour tout comprendre. Puis, lisez-le encore une fois, deux fois, et même plus, surtout les passages que vous avez trouvés difficiles. Si vous commencez avec cette disposition d'esprit – qu'il est normal de revenir en arrière et de relire, vous allez faire des progrès graduellement, de façon naturelle et sans trop vous fatiguer.

**Le rôle de la grammaire**

Je suis tentée de dire quelques mots à ceux qui considèrent qu'il n'y a pas besoin d'apprendre la grammaire, qu'il est suffisant d'écouter simplement, c'est à dire d'apprendre comme les enfants apprennent leur langue maternelle. Par curiosité j'ai essayé de calculer combien de temps un enfant passe à écouter sa langue maternelle jusqu'à l'âge de 10-11 ans. Autour de 30 000 heures ! Au fil des années, on lui parle tous les jours, dans la famille, à l'école, à la télé, sur Internet, etc. Il apprend la grammaire pratique et l'utilise avant même de savoir ce que signifient „conjugaison", „préposition", „adverbe", etc. Mais est-ce que le même principe pourrait s'appliquer aux adultes qui veulent apprendre une langue étrangère ? Comment et dans quelles conditions auriez-vous la possibilité d'écouter de l'anglais pendant des milliers d'heures, si vous ne vivez pas dans un pays anglophone ? A l'évidence, c'est impossible, et donc il faut absolument appliquer une méthode rationnelle – apprendre les règles grammaticales de construction des phrases, et en même temps essayer de vous **plonger au maximum dans une ambiance anglaise**, en lisant des articles sur Internet, des livres, en regardant des films, des vidéos, en écoutant la radio.

La pauvre grammaire ne mérite pas sa mauvaise réputation, elle n'est ni si ennuyante, ni surtout inutile. Au contraire, sans cette base de la langue nous ne pourrions faire aucune phrase, même pas la plus élémentaire. Est-ce que la grammaire peut être expliquée d'une manière simple ? Oui, elle le peut. **Le principe de la simplicité**, c'est aussi le principe de ce livre qui va vous en donner les fondements et il sera à vos côtés chaque fois que vous avez besoin de « vérifier quelque chose », comme le disent mes élèves.

Je vous souhaite beaucoup de succès, et j'espère que bientôt vous allez vous dire : « Hm, l'anglais est en fait un jeu d'enfant ! ». ☺

1 CHAPITRE

# PRONONCIATION

Qu'est-ce qui est difficile dans la grammaire anglaise ?

Dans l'ensemble elle n'est pas trop compliquée, surtout en comparaison avec d'autres langues (y compris le français !)

En fait, c'est **la prononciation, les temps verbaux et les prépositions** qui peuvent être qualifiés de relativement difficiles.

**La prononciation** – comme les règles ont tellement d'exceptions, elles n'aident qu'à orienter, et chaque mot a sa transcription (les symboles qui indiquent comment le lire). De plus, certains sons n'existent pas en français et donc ne sont pas faciles à prononcer.

**Les temps verbaux** – d'un côté parce qu'ils sont plusieurs, de l'autre, parce que certains ne correspondent pas précisément à un temps verbal en français et se traduisent différemment selon le contexte.

**Les prépositions** – parce qu'elles sont très fréquentes et qu'il n'y a presque pas de règles d'emploi. De nombreux verbes, noms et adjectifs doivent être suivis d'une préposition spécifique. Elles font également partie des « phrasal verbs », en modifiant le sens du verbe de base.

Nous commençons maintenant avec la prononciation qui présente une autre difficulté spécifique pour les Français – le français et l'anglais partagent de nombreux mots dont l'orthographe est la même ou presque, mais ils se prononcent d'une façon complètement différente. Par exemple « attention », « différent », « change ».

Les lettres dans l'alphabet anglais sont 26, et **les sons – plus de 40** !

Puisque les sons sont beaucoup plus que les lettres, et les règles de prononciation ne sont pas strictes, il existe un système de symboles qui s'appelle TRANSCRIPTION et qui nous indique comment prononcer un mot.

Chaque symbole de la transcription correspond à un son spécifique. Dans les dictionnaires électroniques on introduit de plus en plus une version audio de la prononciation, et au lieu de la transcription, il y a une petite icône d'audio, sur laquelle il faut cliquer pour entendre le mot. Le mieux est d'avoir les deux – transcription et audio, comme, par exemple, dans le dictionnaire en ligne « Macmillan ».

audio

www.grammar-marydell.com

## TRANSCRIPTION PHONETIQUE

SYMBOLES

↪ La transcription est indiquée entre crochets ou barres :

family [ˈfæməli] famille

↪ L'accent est marqué avec le signe [ˈ], **devant** la syllabe accentuée. Quand le mot est très long il y a deux syllabes accentuées, et l'accent plus faible est marqué avec le signe [ˌ] :

**conversation** [ˌkɔnvəˈseIʃn] conversation

↪ Deux points [:] après une voyelle signifient que la voyelle est longue :

**laugh** [lɑ:f] rire

### VOYELLES BRÈVES

Certaines des voyelles brèves sont des sons intermédiaires, par exemple le son entre « o » et « a », ce n'est ni « o », ni « a », mais un son entre les deux.

↪ [æ] – son entre « a » et « è ». Préparez-vous à prononcer « a », mais prononcez « è ». Le son rappelle le bêlement d'un agneau et certains l'appellent « l'agneau » tout court.

**man** [mæn] homme

↪ [I] – son entre « i » et « è ». Préparez-vous à prononcer « è », mais prononcez « i ».

**sit** [sIt] s'asseoir

↪ [ɒ] – son entre « o » et « a ». Préparez-vous à prononcer « a », mais prononcez « o »

**not** [nɒt] ne

↪ [u] – ressemble au son « ou » français, mais la bouche reste plus ouverte et les lèvres ne s'approchent pas autant.

**good** [gud] bon

↪ [ʌ] – voyelle prononcée au centre de la bouche (voyelle centrale)

**run** [rʌn] courir

↪ [e] – comme le son français « è » ouvert

**let** [let] laisser, permettre

↪ [ə] – comme la voyelle centrale [ʌ], mais plus fermée

**student** [ˈstju:dənt] étudiant

Les sons intermédiaires sont importants, parce que si la prononciation n'est pas la bonne, on risque de confondre certains mots, par exemple :

**bag** [bæg] sac
**man** [mæn] homme
**bad** [bæd] mauvais

**beg** [beg] prier
**men** [men] hommes
**bed** [bed] lit

Dans la première colonne la voyelle est « l'agneau », le son entre « a » et « è », dans la deuxième – « è » ouvert.

## VOYELLES LONGUES

➥ **[ɑ:]** – « a » long
**ask** [ɑ:sk] demander

➥ **[i:]** – « i » long
**leave** [li:v] partir

➥ **[ɔ:]** – « o » long
**port** [pɔ:t] port

➥ **[u:]** – « ou » long sans arrondir les lèvres
**too** [tu:] aussi

➥ **[ɜ:]** – comme la voyelle [ə], mais longue
**girl** [gɜ:l] fille

La longueur de la voyelle est importante – si elle est prononcée par erreur longue au lieu de brève ou vice versa, ça peut donner un autre mot, par exemple :

**live** [lIv] vivre
**hit** [hIt] frapper
**full** [ful] rempli

**leave** [li:v] partir
**heat** [hi:t] chaleur
**fool** [fu:l] imbécile

Dans la première colonne la voyelle est brève, dans la deuxième, elle est longue.

## DIPHTONGUES

Les diphtongues sont des combinaisons de deux voyelles qui se prononcent liées. Elles sont faciles, la plupart ont des sons analogues en français.

➥ **[ei]** – comme « je paye », **day** [dei] jour
➥ **[ai]** – comme « bailler », **nice** [nais] beau
➥ **[ɔi]** – **boy** [bɔi] garçon
➥ **[au]** – **how** [hau] comment
➥ **[ou]** – **no** [nou] non

On trouve souvent des diphtongues devant la lettre « r », et dans ces cas-là le « r » ne se prononce pas :

↪ [**eə**] – **care** [keə] soigner
↪ [**iə**] – **near** [niə] proche

**Semi-voyelles :**

Les semi-voyelles sont deux – [j] et [w], et elles se combinent avec des voyelles :

↪ [**j**] – combinée avec une voyelle, elle se prononce « yo », « yé », « you », « ya » :

[jɔ:] – « yo » long : **your** [jɔ:] ton, ta, tes
[je] – « yé » : **yellow** [jelou] jaune
[ju:] – « you » long : **you** [ju:] tu
[jʌ] – « y » avec [ʌ] : **young** [jʌŋ] jeune

↪ [**w**] – comme le son « ou ». Cette semi-voyelle est très brève et jointe à la voyelle qui suit :

[we] – « oué » : **well** [wel] bien
[wi] – « oui » : **win** [win] gagner
[wi:] – « ouii » avec « i » long : **week** [wi:k] semaine
[wɒ] – « ou » avec le son entre « o » et « a » : **want**[wɒnt] vouloir
[wɔ:] – « ouoo » avec « o » long : **wall** [wɔ:l] mur

**Consonnes**

La plupart des consonnes en anglais sont proches des consonnes en français :

[p] – p; [b] – b; [g] – g; [k] – k; [f] – f; [v] – v
[s] – s; [z] – z; [l] – l; [m] – m; [n] – n; [ʃ] – ch; [ʒ] – j

Pourtant, elles ne sont pas complètement identiques – certaines se prononcent de façon plus brusque et énergique (p, b, k, g, f, v, s, z). **Ecoutez** de l'anglais original le plus possible et vous allez saisir les nuances.

Cas particuliers :

↪ **[h]** – son qui n'existe pas en français. Il se produit au niveau de la glotte (la partie intérieure de la gorge), comme dans « hahaha »

↪ **[d]** – ressemble au « d » en français, seulement la langue touche le palais un peu plus vers le haut

**dad** [dæd] papa

➥ [t] – ressemble au « t », mais la langue touche le palais un peu plus vers le haut

**two** [tu:] deux

➥ [ŋ] – « n » nasal. Par exemple, dans la terminaison courante -ing, qui se prononce [iŋ], et pas ~~ing~~, on n'entend pas le « g ».

**morning** [ˈmɔ:nɪŋ] matin

➥ [r] – ce son n'est pas comme le « r » français". Les Américains le prononcent beaucoup plus distinctement que les Anglais. En réalité, en anglais britannique, le « r » ne se prononce ni à la fin des mots, ni devant une consonne :

**far** [fɑ:] loin **doctor** [ˈdɒktə] docteur **short** [ʃɔ:t] court

Dans aucun de ces trois mots, comme dans tous les autres de ce genre, on ne prononce le « r ». Il y a une différence nette sur cet aspect entre la prononciation anglaise et américaine.

On entend le « r » uniquement s'il est au début du mot ou quelque part au milieu, avant une voyelle :

**red** [red] rouge **grey** [grei] gris **very** [very] très

Et pour le dessert : les deux sons de la combinaison « **th** ». Ils n'existent pas en français et c'est pourquoi ils sont particulièrement difficiles.

**1.** [θ] – mettez la langue entre les dents et essayez de dire « t ». Le résultat est un son qui ressemble un peu à « t », mais un peu à « f » aussi. Les petits enfants anglais commencent par prononcer « f ».

**think** [θɪŋk] penser **earth** [ɜ:θ] terre

**2.** [ð] – ce son est produit selon un principe similaire – mettez la langue entre les dents, mais au lieu de dire « t », essayez de prononcer « d ». Faites attention à ne pas le prononcer « z », ce qui est une erreur courante !

**this** [ðis] ce **they** [ðei] ils, elles

Pour une bonne prononciation, exercez-vous en appliquant ces quelques techniques. Et bien sûr, **écoutez** de l'anglais original le plus possible.

**Alphabet**

A [ei] B [bi:] C[si:] D [di:] E [i:] F[ef] G [dʒi:] H [eitʃ] I [ai] J [dʒei]
K [kei] L [el] M [em] N [en] O [ou] P [pi:] Q [kju] R [ɑ:] S [es] T [ti:]
U [ju:] V [vi:] W [dʌblju:] X [eks] Y [wai] Z [zed/zi:]

Majuscule – Upper case / Capital letter ; Minuscule – Lower case / Small letter

audio

www.grammar-marydell.com

# REGLES
## DE LECTURE

**VOYELLES – Vowels**

A E I O U

Les voyelles se prononcent de manière différente en fonction de plusieurs facteurs : leur position dans le mot, les lettres voisines, la place de l'accent, etc.

**A** – peut se prononcer :

**1.** [ei], comme dans l'alphabet (dans une syllabe ouverte *)

* Une syllabe ouverte est une syllabe du type de **make** – elle se termine par une voyelle (le plus souvent « e » muet), à la différence d'une syllabe fermée, comme par exemple **cat**, qui se termine par une consonne. Les voyelles dans une syllabe ouverte se prononcent d'habitude comme dans l'alphabet. **Plane, time, she, pole** sont des exemples de syllabes ouvertes, et **bag, let, tick** – sont des syllabes fermées.

**make** [meik] faire
**name** [neim] nom
**lake** [leik] lac

**2.** [æ] « agneau » – son entre « a » et « è », on l'a déjà vu plus haut

**apple** [æpl] pomme
**bag** [bæg] sac
**back** [bæk] dos

**3.** [ɑ:] – « a » long

**ask** [ɑ:sk] demander
**car** [kɑ:] voiture

**4.** [eə]

**bare** [beə] nu
**rare** [reə] rare

**5.** [ɒ] – entre « a » et « o »

**what** [wɒt] quoi
**frog** [ˈfrɒg] grenouille

**6.** [ɔ:] – « o » long

**call** [kɔ:l] appeler
**ball** [bɔ:l] ballon

De temps en temps on peut rencontrer une prononciation de « a » tout à fait surprenante, par exemple, on l'entend [i] dans **image** [ˈimidʒ].

E

**1.** [i:] – « **i** » long, comme dans l'alphabet (d'habitude suivi d'une autre voyelle)

**eat** [i:t] manger
**feel** [fi:l] sentir
**meet** [mi:t] rencontrer, faire connaissance

**2.** [e] – « è » ouvert

**red** [red] rouge
**pen** [pen] stylo
**nest** [nest] nid

**3.** [iə]

**here** [hiə] ici

**4.** [ɜ:]

**her** [hɜ:] la, lui, son, sa...

I, Y

**1.** [**ai**] – comme « i » dans l'alphabet

**ice** [ais] glace
**time** [taim] temps
**child** [tʃaild] enfant
**by** [bai] par, à côté de

**2.** [i] – comme « i » français

**children** [tʃildrən] enfants
**gym** [dʒim] gymnastique

**3.** devant « r »

– [**aiə**]

**fire** [faiə] feu
**tyre** [taiə] pneu

ou bien

– [ɜ:]

**bird** [bɜ:d] oiseau
**firm** [fɜ:m] ferme, entreprise

O

**1.** [**ou**] – comme dans l'alphabet

**hope** [houp] espoir
**no** [nou] non

**2.** [ɒ] – entre « a » et « o »

**dog** [dɒg] chien
**pot** [ɒt] pot

**3.** devant « r » – [ɔ:] – « o » long

**door** [dɔ:] porte
**fork** [fɔ:k] fourchette

<u>U</u>

**1.** [**ju:**] – « u » long, comme dans l'alphabet

**huge** [hju:dʒ] énorme
**tube** [tju:b] tuyau

**2.** [ʌ] – la voyelle centrale, proche de « **a »**

**must** [mʌst] devoir
**pub** [pʌb] bistrot

**3.** [**u**] – comme « ou » français

**put** [put] mettre

**4.** devant « r »

- [**juə**]

**pure** [pjuə] propre

- [**ɜ:**]

**turn** [tɜ:n] tourner, retourner

<u>OO</u> – comme « ou » français

**look** [luk] regarder
**too** [tu:] (« ou » long) aussi

<u>OU</u> – plusieurs mots de la langue courante contiennent cette combinaison de deux lettres qui se prononce de trois façons différentes :

- [**au**]

**out** [aut] hors, dehors
**sound** [saund] son
**hour** [auə] heure
**house** [haus] maison

- [**ou**]

**shoulder** [ˈʃouldə] épaule
**soul** [soul] âme
**although** [ɔ:lˈðou] bien que

- [ʌ]

**cousin** [kʌzn] cousin
**enough** [i'nʌf ] assez
**country** [kʌntri] pays

**CONSONNES – Consonants**

C

**1.** comme le « **s** » français, devant « e », « i », « y »

**city** ['siti] ville
**ceiling** ['si:liŋ] plafond
**cycling** ['saikliŋ] cyclisme

**2.** comme le « k » français, devant « a », « o », « u », et devant une consonne

**cut** [kʌt] couper
**car** [ka :] voiture
**clock** [klɒk] horloge

CH [**tʃ**] – comme « tch » français dans « tchèque »

**chair** [tʃeə] chaise
**cheers!** [tʃiəz] à votre santé !

Exceptions : on l'entend comme le « k » français dans **chemistry** [kemistri] – chimie, et comme le « ch » français dans **chef** [ʃef] – cuisinier

G

**1.** [**dʒ**] devant « e », « i », Ce son n'existe pas en français. Il est une combinaison de « d » et « j ».

**gene** [dʒi:n] gène
**giant** [dʒaiənt] géant
**gym** [dʒim] gymnastique

Il y a, cependant, plusieurs exceptions à cette règle où au lieu de [ʤ] on l'entend [g] comme « gare », par exemple :

**together** [tə'geðə] ensemble
**begin** [bi'gin] commencer
**girl** [gə:l] fille

**2.** [g] comme « gant » devant « a », « o », « u », et devant une consonne

**game** [geim] jeu
**goal** [goul] but
**grow** [grou] croitre, grandir

H – se prononce de la glotte

**have** [hæv] avoir
**home** [houm] maison
**horse** [hɔ:s] cheval

Mais il y a des exceptions, où, comme en français « h » ne se prononce pas :

**honest** [ˈɒnist] honnête
**hour** [auə] heure
**honour** [ˈɒnə] honneur

J – **[dʒ]** , Ce son n'existe pas en français. Il est une combinaison de « d » et « j ». Comme la première prononciation de « G »

**joke** [dʒouk] – plaisanter, blague

**jump** [dʒʌmp] – sauter, saut

SH – comme « ch » français

**she** [ʃi:] elle
**shape** [ʃeip] forme

PH – comme « f » français

**photo** [ˈfoutou] photo

Ces règles nous aident dans un certain degré, mais puisqu'il y a tellement d'exceptions il vaut mieux vérifier à chaque fois la bonne prononciation des mots nouveaux.

L'accent en anglais n'est presque jamais comme en français. Il est souvent mis sur la première ou la deuxième syllabe, et dans les mots longs il y a parfois deux accents – un plus faible, et un plus fort, comme, par exemple, **association** [əˌsousiˈeɪʃn].

Un site d'internet utile, c'est celui de « Cambridge dictionary ». Ce dictionnaire a l'avantage de présenter les deux prononciations, britannique et américaine, de chaque mot avec les transcriptions correspondantes et cela offre la possibilité de les comparer. Vous trouverez à côté les icônes « UK » et « US ».

Ce n'est pas pour vous décourager, mais pour qu'on s'amuse un peu, que je vous propose une liste de sept mots. Chaque mot comporte la combinaison « **ea** », et chaque fois celle-ci se prononce de façon différente :

**read** [ri:d] lire
**head** [hed] tête
**great** [greit] super, génial
**heart** [ha:t] cœur
**hear** [hiə] entendre
**wear** [weə] porter (un vêtement)
**learn** [lɜ:n] apprendre

Amusant, n'est-ce pas ? ☺ Et pourtant il ne faut pas trop se stresser .
Peu à peu on développe son intuition, mais en cas de doute, n'hésitez pas à vérifier !

## 2 CHAPITRE

# LE VERBE - « PERSONNAGE PRINCIPAL »

Le verbe se retrouve toujours au centre des « événements ». Tout dans une phrase tourne autour du verbe, car il exprime **l'action**. Pour parler de l'action nous devons choisir dans quelle forme conjuguer le verbe. Le choix dépend de quoi il s'agit – de ce que nous avons fait le weekend précédent ou de ce que nous aimons faire en général, de nos habitudes, ou de nos projets pour l'avenir.

Les autres éléments d'une phrase sont importants aussi, mais ils sont un peu plus faciles à apprendre. Une fois qu'on est à l'aise avec l'emploi des temps verbaux, le reste devient un jeu d'enfant, « piece of cake » comme le diraient les Anglais.

Nous allons nous concentrer donc sur les temps verbaux. La bonne nouvelle c'est qu'il y a de la logique, et il s'agit simplement de saisir cette logique.

Strictement dit, la partie de la phrase qui exprime l'action est nommée « prédicat ». Mais pour simplifier les choses et éviter de la terminologie en plus, dans ce livre nous allons employer uniquement le mot « verbe ».

Rappelons **une notion importante** :

## INFINITIF

On ne peut pas se passer de cette notion de grammaire. Puisque l'infinitif existe en français aussi, nous rappelons ici juste quelques règles :

L'infinitif est **la forme de base** du verbe, qui **ne change jamais**.

Comme en français, en anglais aussi, quand on parle d'un verbe, on le désigne avec son infinitif, par exemple : WORK – travailler, EAT – manger, LOVE – aimer. Dans chaque dictionnaire les verbes sont présentés par l'infinitif, tout comme dans la première colonne du fameux tableau des verbes irréguliers.

La définition exacte du terme varie selon l'école. Pour certains auteurs les infinitifs sont « to work », « to eat », « to love ». Je vous propose d'adopter la version plus simple, sans « to », utilisée par Raymond Murphy, qui, à mon avis, est l'auteur de la meilleure grammaire anglaise. Dans les cas où il est nécessaire, nous allons ajouter « to ».

## A QUOI
SERT L'INFINITIF ?

Il est la base à partir de laquelle nous formons les différents temps verbaux.

Est-ce que dans une phrase il peut y avoir un infinitif ?

Oui, c'est possible, et ces cas seront examinés plus loin dans le livre. Le plus souvent il s'agit des phrases où il y a **deux verbes**, le premier est conjugué, le deuxième est à l'infinitif. Par exemple :

He wants to **work** in a bank. Il veut travailler dans une banque.
(le verbe **work** est à l'infinitif)

Les liaisons entre deux verbes dans la phrase peuvent varier. Les differentes combinaisons s'appellent en anglais *Verb patterns*, et elles sont toutes examinées en détail dans le Chapitre 25 Verb patterns, page 247.

Disons tout d'abord quelques mots sur trois verbes particulièrement importants :

## BE, DO ET HAVE

Nous pouvons les appeler, si vous voulez, des verbes-acteurs, parce qu'ils jouent des rôles différents. Chacun dans son premier rôle a son propre sens, et dans l'autre rôle, il est auxiliaire, c'est à dire il n'a plus de sens propre, mais aide à former un temps verbal ou une forme.

En français les auxiliaires sont deux - « être » et « avoir », tandis qu'en anglais il y a un troisième – **do**. Dans cette leçon préparatoire, nous allons juste differencier les trois verbes BE, DO et HAVE des autres et marquer leurs emplois. Chacun sera examiné en détail plus loin.

## BE

**1.** Premier rôle – verbe d'état, signifie ÊTRE

I **am** happy. Je suis heureux.
She **is** beautiful. Elle est belle.

« am » et « is » dans ces deux exemples sont les formes de BE au présent (*Present Simple* ).

**2.** Deuxième rôle – verbe **auxiliaire** qui aide à la conjugaison. Les temps où BE est auxiliaire sont appelés « *Continuous* ».

I <u>am</u> writing.
J'écris / Je suis en train d'écrire.

She <u>is</u> cooking.
Elle fait la cuisine / Elle est en train de faire la cuisine.

## DO

**1.** Premier rôle – FAIRE

He **does** exercises every day. Il fait des exercices tous les jours.
(« does » est le verbe DO conjugué à la 3e personne du singulier du présent)

**2.** Deuxième rôle – **auxiliaire**.
Le verbe perd son sens de « faire » et aide à former l'interrogation et la négation avec deux des temps les plus utilisés: *Present Simple* et *Past Simple*. Dans la question il correspond à « est-ce que » en français, et dans la négation à « ne...pas ».

<u>Do</u> you like Adele?
Est-ce que tu aimes Adèle ?

We <u>do not</u> go often to the cinema.
Nous n'allons pas souvent au cinéma.

Puisqu'on forme souvent des questions et des négations, vous verrez peut-être plus souvent DO dans ce rôle que dans son sens de « faire ».

## HAVE

**1.** Premier rôle – AVOIR

They **have** three children. Ils ont trois enfants.
He **has** a car. Il a une voiture.

**2.** Deuxième rôle – **auxiliaire**.
Le verbe aide à former des temps et des expressions où il ne signifie plus « avoir ».

I **have** seen this film. J'ai déjà vu ce film.

Les temps verbaux où HAVE est auxiliaire sont appelés « *Perfect* », et ceux avec les deux auxiliaires BE et HAVE - « *Perfect Continuous* ».

Ils sont tous utilisés dans le langage courant et seront examinés et illustrés plus loin.

Avant d'évoquer en détail la conjugaison, voyons les pronoms personnels dont nous avons besoin dès le début.

# I, YOU, HE, SHE...
## PRONOMS PERSONNELS

| | |
|---|---|
| **I** | je |
| **You** | tu, vous |
| **He** | il |
| **She** | elle |
| **It** | il/elle (objets, notions, animaux) |
| **We** | nous |
| **They** | ils, elles |

Particularités :

**1. I** (Je) s'écrit **toujours avec majuscule**, même au milieu de la phrase.

**2. You** peut signifier « tu », « Vous » (forme polie) ou « vous » (pluriel). On comprendra comment traduire selon le contexte – si on s'adresse à une personne avec qui on est plus intime, ça correspond à « tu » en français, autrement, c'est « vous ».

Tom, **you** are a good boy!
Tom, tu es un bon garçon !

Ms Marple, **you** can rely on me.
Miss Marple, vous pouvez compter sur moi.

**3. It** remplace un objet inanimé, une notion ou un animal dont nous ne savons pas le sexe. S'il s'agit, par exemple, de la chatte Sarah, la favorite dans la famille, on va utiliser « she » (elle).

**It** s'utilise aussi dans des expressions impersonnelles du type :

**It is important.**
C'est important.

**It is difficult.**
C'est difficile.

**It is cold.**
Il fait froid.

Nous pouvons maintenant aborder le verbe le plus important : **BE**.

3 CHAPITRE

# BE

## 1. PREMIER EMPLOI : BE comme verbe d'état – ÊTRE.

**Présent – Present Simple**

(+) **Forme Affirmative**

| | |
|---|---|
| **I am** | je suis |
| **You are** | tu es/vous êtes |
| **He/she/it is** | Il/elle est |
| **We are** | nous sommes |
| **They are** | ils/elles sont |

Dans les formes contractées : **I'm / you're / he's / she's / it's / we're / they're**, une voyelle est supprimée, et à sa place on met une apostrophe. La prononciation est différente de celle des formes complètes. Par exemple :

I am [ai æm] et I'm [aim]

Ce sont les formes contractées qu'on utilise d'habitude dans le langage parlé. Notez leur prononciation pour pouvoir les distinguer rapidement.

**You are** signifie « tu es » ou « vous êtes ».
Et si en français nous hésitons souvent à tutoyer ou pas, en anglais il n'y a pas ce dilemme, c'est toujours « You » :

You are not fair, Paul! Tu n'es pas juste, Paul !
You are very kind, Mr. Holms! Vous êtes très gentil, M. Holms !

(-) **Forme négative**
La négation se forme avec la particule **not** :

I am **not** = I'm not
You are **not** = You aren't = You're not
He/she/it is **not** = He/she/it isn't = He/she/it's not
We are **not** = We aren't = We're not
They are **not** = They aren't = They're not

She **is not** Portuguese. She is Spanish. Elle n'est pas portugaise. Elle est espagnole.

Les formes contractées (à l'exception de « I ») sont deux types.

She **isn't** Spanish ou She'**s not** Spanish.
Dans le deuxième cas on met l'accent sur la particule négative **not**. Les deux types sont utilisés dans le langage parlé, à la différence des formes complètes qui s'emploient dans la langue écrite.

(?) **Forme interrogative**
La question se forme avec une **inversion**
**(**on change les places du sujet et du verbe) :

He is German. (phrase affirmative)
**Is he** German? Est-ce qu'il est allemand ?

Quand le verbe BE participe dans une phrase, quelque soit son rôle – d'ÊTRE ou d'auxiliaire, la question se forme **toujours** avec inversion.

Si la phrase commence par un mot interrogatif, par exemple **what** – que, **where** – où, **how** – comment, etc., l'inversion vient tout de suite après le mot interrogatif :

Where **are you**? Où es-tu ?

D'abord c'est le mot interrogatif, puis le verbe, puis le sujet.

Les questions les plus courantes "**What are you doing**?" (Qu'est-ce que tu fais ?) ou "**How are you**?" (Comment vas-tu ?) sont aussi des exemples d'inversion.

Encore deux exemples :

Where **are you** from? D'où es-tu ?
How old **is he**? Quel âge a-t-il ?

He is 2. ou He is 20 years old. (pas ~~He is 20 years~~).

Vous pouvez dire seulement le nombre, mais si vous dites « years », vous êtes obligés d'ajouter « old ».

Peut-être c'est le moment de noter pour la première fois que le verbe BE est différent des autres verbes qui forment l'interrogation et la négation à l'aide de l'auxiliaire **do**. Nous en dirons plus dans le Chapitre 12 Present Simple, page 95.

**(- ?) Forme interro-négative**

L'interrogation négative s'emploie d'habitude quand nous supposons que la réponse sera « oui ». A l'aide de cette forme on peut aussi exprimer des nuances d'émotion.

**Aren't you** hungry? Est-ce que tu n'as pas faim ?
**Isn't he** Russian? Est-ce qu'il n'est pas russe ?

**Réponses courtes – Short answers**

Les Anglais évitent de répondre uniquement avec « Yes » ou « No », ça ne leur semble pas assez poli. C'est pourquoi ils font des réponses courtes en ajoutant après « Yes » ou « No », quelque chose. Ce « quelque chose » dépend du temps verbal et varie en fonction du temps et de la personne. Il y a quand même une règle très utile que vous pouvez appliquer :

**Telle question, telle réponse**. Autrement dit, le mot qu'il vous faut pour donner la réponse se trouve dans la question. Vous prenez ce mot, et la réponse est faite.

Dans le cas du verbe BE, ce mot est la forme même du BE.

- **Are** they from France? Est-ce qu'ils sont français ?
- Yes, they **are**. Oui.
- No, they **aren't**. Non.

...

- **Is** he a student? Est-ce qu'il est étudiant ?
- Yes, he **is**. Oui.
- No, he **isn't**. Non.

Exceptions à la règle : la questions Are you...?

Dans ce cas, la réponse est différente de la question :

- Are you hungry? Tu as faim ?
- Yes, I **am**. Oui.
- No, **I'm not**. Non.

**Moi aussi**

So am I

« Moi aussi » en anglais change de forme en fonction du temps verbal. On commence toujours par So.., mais on poursuit différemment en fonction du verbe.

Avec le verbe BE, « moi aussi » est « So am I ».

- I am hungry. J'ai faim.
- **So** am I. Moi aussi.

- I am tired. Je suis fatigué.
- **So** am I. Moi aussi.

« **Me too** » (moi aussi) est une variante simplifiée, universelle, qui ne dépend pas du verbe dans la phrase. Mais « me too » ne peut pas être utilisé quand vous partagez une opinion **négative**. Dans ce cas la réponse est :

**I'm not either. / Neither am I.** Moi non plus.

- I am not hungry. Je n'ai pas faim.
- I'm **not either**. Moi non plus. (pas ~~Me too~~)

- I am not interested in politics. Je ne m'intéresse pas à la politique.
- **Neither am I**. Moi non plus. (pas ~~Me too~~)

**N'est-ce pas ? – Question tags**

**Are you? Aren't you? Is he? Isn't he?**

« N'est-ce pas » montre de l'intérêt envers l'opinion de l'autre et peut nous aider aussi à commencer une conversation.

Nice music, **isn't it**? Belle musique, n'est-ce pas ?

You are here every Friday, **aren't you**?
Tu viens ici tous les vendredis, n'est-ce pas ?

En anglais « n'est-ce pas » est différent chaque fois, en fonction du temps verbal. Si le verbe est à la forme affirmative, « n'est-ce pas » est à la forme négative, et vice versa : +/- ou -/+

**Intonation** – quand l'intonation est descendante, ce n'est pas une vraie question, on recherche simplement l'accord de l'interlocuteur.

En revanche, si l'intonation monte, c'est une vraie question.

The new boss is German, **isn't he**?
Le nouveau patron est allemand, n'est-ce pas ?

You aren't tired, **are you**?
Tu n'es pas fatigué, n'est-ce pas ?

**C'est vrai ? Vraiment ? Ah bon ? – Short questions**

**Are you? Is he? Are they?**

« C'est vrai ? » est un bon moyen d'entretenir la conversation, en montrant de l'intérêt, et en invitant l'autre à continuer à nous parler. En anglais « vraiment ? » dépend du verbe, mais à la différence de « n'est-ce pas », il a toujours le même signe que le verbe, c'est-à-dire, +/+ ou -/-

- I am from France.
  Je suis français(e).
- Oh, are you? I have two colleagues at work who are Frenchmen.
  C'est vrai ? J'ai deux collègues au travail qui sont français.

- She is Italian.
  Elle est italienne.
- Is she? I thought she was Spanish.
  C'est vrai ? Moi, je pensais qu'elle était espagnole.
- He isn't married. Il n'est pas marié.
- Isn't he? C'est vrai ?

« **Really**? » est un « vraiment ? » universel qui ne dépend pas du verbe, mais il ne peut pas être employé dans tous les cas, parce qu'il exprime une émotion plus forte, une grande surprise.

- She is a pilot. Elle est pilote.
- Really?! Vraiment ?!

Puisque notre but principal est de pouvoir bien mener une conversation en anglais, il est important d'apprendre l'emploi de « moi aussi », « n'est-ce pas », « c'est vrai », toutes ces expressions qui facilitent la conversation et la rendent fluide et naturelle. Pour vous familiariser avec, **écoutez** attentivement les dialogues dans les films, les débats à la télé ou à la radio. Vous allez les entendre souvent.

---

Le verbe BE participe dans beaucoup d'expressions courantes, y compris dans une expression de base :

I **was** born – Je suis né(e).
Notez qu'à la différence du français, le verbe en anglais est conjugué au **passé.**

I **was** born, pas ~~I am born~~.

She **was** born, pas ~~She is born~~.

Where **were** you born? Où est-ce que tu es né ? (pas ~~Where are you born?~~)

## EXPRESSIONS AVEC BE

| | |
|---|---|
| **BE** hungry | avoir faim |
| **BE** thirsty | avoir soif |
| **BE** cold | avoir froid |
| **BE** hot | avoir chaud |
| **BE** tired | être fatigué |
| **BE** sleepy | avoir sommeil |
| **BE** angry | être faché |
| **BE** late | être en retard |
| **BE** surprised | être surpris |

| | |
|---|---|
| **BE** right | avoir raison |
| **BE** wrong | avoir tort, se tromper |
| **BE** lucky | avoir de la chance |
| **BE** successful | réussir |
| **BE** at home | être à la maison |
| **BE** at work | être au travail |
| **BE** about to | être sur le point de |
| **BE** used to | avoir l'habitude |
| **BE** ready | être prêt |

Exemples :

- **Are you hungry**? Tu as faim ?
- No, I'm not. But **I am very thirsty**! Non, mais j'ai très soif.

...

- **I am hot**, I'll open the window. J'ai chaud, je vais ouvrir la fenêtre.
- No, don't! **I am cold**! Non, n'ouvre pas ! Moi, j'ai froid !

...

- You are yawning all the time, **are you sleepy**?
- Tu bailles tout le temps, est-ce que tu as sommeil ?
- Yes, I am. I got up very early this morning.
- Oui, j'ai sommeil. Je me suis levé très tôt ce matin.

...

- Are you at work? Tu es au travail ?
- No, I am still at home. **I am about to** go to work.
- Non, je suis encore à la maison. Je suis sur le point de sortir.

---

Une question classique avec le verbe BE, c'est :

## WHAT IS THIS ?

Forme contractée : **What's this ?**

**This is ...** c'est...

This is the new iPhone model.
C'est le nouveau modèle iPhone.

**This** est l'un des pronoms démonstratifs. Voici les autres :

**This, that, these, those** – pronoms et adjectifs démonstratifs
(*demonstrative pronouns and adjectives*)

Il serait peut-être utile de rappeler certaines notions de la grammaire française :

Quelle est la différence entre un pronom et un adjectif ?

Le pronom est toujours autonome et l'adjectif est « collé » à un nom.
Par exemple : C'est une table en bois. « Ce » est un pronom (autonome).

A la différence de :
Cette table est en bois. « Cette » est un adjectif (attaché au nom « table »).

En anglais on va dire « this » dans les deux cas :

This is a wooden table.
This table is made of wood.

Dans ce domaine l'anglais est beaucoup plus simple que le français où il y a en plus les deux genres - masculin et féminin.

| | |
|---|---|
| **This** | ce, ceci, cet, cette |
| **That** | ce, cela, ça, cet, cette |
| **These** | ces, ceux-ci |
| **Those** | ces, ceux-là |

En théorie, quand nous parlons des objets proches de nous dans l'espace ou dans le temps, nous utilisons **this, these**, et quand l'objet est éloigné – **that, those**.

These books are in English.
Ces livres sont en anglais. (les livres sont devant nous)

Those people over there are probably tourists.
Ces gens là-bas sont probablement des touristes. (les gens sont loin de nous)

Cependant dans le langage parlé **this** et **that** sont souvent interchangeables, et **that** s'emploie davantage :

**What's this? = What's that?** Qu'est-ce que c'est ?
(dans la forme contractée un seul « s » est resté de « is »)

## **EXPRESSIONS COURANTES** AVEC « **THAT** »

**That's right.** C'est juste, c'est exact.

That's not true. Ce n'est pas vrai.

**That's it**. Et voilà. / C'est bon. / Ça suffit. (selon le contexte)

**That's enough**. C'est assez. / Ça suffit ! (avec une intonation appropriée ça peut servir à tancer un enfant désobéissant ou un proche)

**That'll do**. Ça va suffire. (sans nuances émotives)

That's the problem. C'est ça le problème.

That's life. C'est la vie.

**<u>The one</u>** – celui, celle ; **<u>the ones</u>** – ceux, celles ;

« The one » et « the ones » s'utilisent pour éviter la répétition d'un nom déjà mentionné :

Take **the one** you like better. Prends celui que tu aimes le mieux.

**<u>This one</u>** – celui-ci ; celle-ci **<u>That one</u>** – celui-là ; celle-là

Which is your bag? Lequel est ton sac ? **This one** here. Celui-ci.

**That = so** – si, tellement (dans le langage courant)

It's not so difficult = It's not **that difficult.** Ce n'est pas si difficile que ça.

C'est un exemple d'expression impersonnelle qui commence par « **it is** ». Il y en a plusieurs de ce type et elles sont toutes souvent utilisées dans le langage parlé.

## EXPRESSIONS IMPERSONNELLES AVEC « IT IS »

Elles commencent toujours avec « **It is** » qui correspond à « Il est... » ou « C'est... » en français. Par exemple, « It is good to do » qu'on peut traduire : « c'est bien de faire » ou « c'est bien qu'on fasse » ou « c'est bien que tu fasses ».

**It is good**. C'est bon.

It's good to have a lot of friends. C'est bon d'avoir beaucoup d'amis.

**It is convenient**. C'est convenable / pratique.

It is convenient to travel by bus. C'est pratique de voyager en bus.

**It is important**. C'est important.

It is important to eat healthy food. C'est important de manger de la nourriture saine.

**It is possible / impossible**. Il est possible / impossible.

It is impossible to be successful without working hard.
C'est impossible de réussir sans travailler beaucoup.

**It is necessary**. C'est nécessaire.

It is not necessary to apply for a visa. Ce n'est pas nécessaire de demander un visa.

**It is easy**. C'est facile ; **It is difficult**. C'est difficile.

It is not easy to learn a foreign language.
Ce n'est pas facile d'apprendre une langue étrangère.

**It is interesting**. C'est intéressant.

Souvent « it » est remplacé par « that » :

It's wonderful = **That's wonderful.** C'est magnifique.

**That's fantastic**. C'est fantastique ; **That's great**. C'est super.

Toutes les expressions qui concernent le temps (climat) sont avec « it », comme aussi l'heure.

**It is hot**. Il fait chaud ; **It is cold**. Il fait froid.

**It is** 5 o'clock. Il est 5 heures.

## 2. DEUXIÈME EMPLOI : BE comme __auxiliaire__.

**BE** a une fonction de verbe auxiliaire dans les temps verbaux qui sont appelés « Continuous » : *Present Continuous*, *Past Continuous*, *Present Perfect Continuous*, *Past Perfect Continuous*.

The children **are playing** in the garden.
Les enfants jouent dans le jardin
(ou sont en train de jouer). « are playing » = jouent = sont en train de jouer

I **am watching** TV.
Je regarde la télé (je suis en train de regarder la télé).
« am watching » = regarde = suis en train de regarder

Une note sur les exercices dans le livre :

Ils sont présentés sous forme de dialogues courts, proches de ceux qu'on mène dans la vie réelle, c'est pourquoi ne vous étonnez pas d'y trouver parfois des éléments de grammaire qui ne sont pas encore examinés. Les conversations du quotidien, même si elles paraissent simples, comportent toujours des structures grammaticales diverses.

Les amateurs de lecture peuvent apprécier un exemple illustratif de cette règle - le livre « Diary of a Wimpy Kid » (« Journal d'un dégonflé »), dont le langage est courant, avec beaucoup d'humour, et toute la grammaire anglaise est là, dans toutes ses nuances y compris les plus compliquées ! ☺

**EXERCICES** **Complétez les phrases :**

**1. - Hi, how** are **you?** Salut, comment vas-tu ?
**- I** am. **fine, thank you. And you?** Ç va, merci. Et toi ?

**2. - He is a doctor,** is. **he?** Il est médecin, n'est-ce pas ?
**- No, he** .not. **He is a dentist.** Non, il est dentiste.

**3. - How old** is **she?** Quel âge a-t-elle ?
**- She is 20 years** old. **, I think.** 20 ans, je pense.

**4. - Where ... you?** Où es-tu ?

**- I ... in Starbucks with a friend of mine.** Je suis à Starbucks avec une amie.

...

**5. - .... they from England?** Est-ce qu'ils sont de l'Angleterre ?

**- No, they .... They are from Ireland.** Non, ils sont de l'Irlande.

...

**6. - .... you tired?** Est-ce que tu es fatigué ?

**- No, .... I'm OK**. Non, ça va.

...

**7. - I ... very cold, I'm freezing!** J'ai froid, je suis gelé !

**- ... you? In fact it ... so cold.** C'est vrai ? Pourtant il ne fait pas si froid.

...

**8. - She ... very cute, ... she?** Elle est mignonne, n'est-ce pas ?

**- Yes, she is gorgeous.** Oui, elle est magnifique.

...

**9. - Peter, ... ... never too late to learn how to play the piano.** Peter, il n'est jamais trop tard d'apprendre à jouer du piano.

**- Do you think so? I ... ... sure.** Tu penses? Moi, je ne suis pas sûr.

...

**10. - You ... lucky to have such a beautiful dog.** Tu as de la chance d'avoir un si beau chien.

**- Yes, you ... right, but sometimes ... ... easy to look after him.** Oui, tu as raison, mais parfois ce n'est pas facile de s'en occuper.

...

**11. ... necessary to apply for a visa to go to South Korea? Can you check, please?** Est-ce qu'il faut un visa pour aller en Corée du Sud ? Tu peux vérifier, s'il te plaît ?

**- OK. I ... busy at the moment but I'll check later.** D'accord. Je suis occupé maintenant, mais je vais vérifier tout à l'heure.

...

**12. Why... you late?** Pourquoi tu es en retard ?

**- I ... sorry. There was a terrible traffic jam.** Je suis désolé. Il y avait un bouchon terrible.

...

**13. I really like ... chocolates!** J'aime vraiment ces chocolats !

**- They are delicious, ... ?** Ils sont délicieux, n'est-ce pas ?

...

**14. ... is my friend Julie.** C'est mon amie Julie.

**Nice to meet you, Julie!** Enchanté de faire votre connaissance, Julie !

...

**15.** (in a shop) ... **watch is nice but very expensive.** Cette montre est belle, mais très chère.

**- What about ... ?** Qu'est-ce que vous pensez de celle-là ?

...

**16. - What are ... pots on the window?** Quels sont ces pots à la fenêtre ?

**- I have no idea. Your sister must have put them there.** Je n'ai aucune idée. Ta sœur a dû les mettre là-bas.

## Exercez-vous à faire des réponses courtes:

**17. - ... (a) you in London for the Summer English school?** Est-ce que tu es à Londres pour les cours d'anglais d'été ?

**- Yes, I ... (b). My sister ... (c) here too.** Oui. Ma sœur est là aussi.

**- ... (d) your teacher from England?** Est-ce que ton professeur est de l'Angleterre ?

**- No, he ... (e) . He ... (f) from Canada.** Non. Il est du Canada.

**- ... (g) English his first language?** Est-ce que l'anglais est sa première langue ?

**- No, ... (h). His first language ... (i) French, but his English is perfect.** Non. Sa première langue est le français, mais son anglais est parfait.

**- ... (j) English a difficult language, in your opinion?** Est-ce que l'anglais est une langue difficile, à ton avis ?

**- Yes, ... (k) . But my teacher ... (l) very nice and I ... (m) happy to study with him.** Oui, elle est difficile. Mais mon professeur est très bon et je suis contente d'étudier avec lui.

**- ... (n) your parents in England with you?** Est-ce que tes parents sont en Angleterre avec toi ?

**- Yes, ... (o) .** Oui.

## Faites des phrases négatives :

**18. Brazil ... in Europe.** Le Brésil est en Europe.

**No, Brazil ... in Europe, ... ... in South America.** Non, Le Brésil n'est pas en Europe, il est en Amérique latine.

...

**19. The President of USA ... English.** Le président des Etats Unis est anglais.

**No, the President of USA ... English, ... ... American.** Non, le président des Etats Unis n'est pas anglais, il est américain.

...

**20. They ... brothers.** Ils sont frères.

**No, they ... brothers, they ... cousins.** Non, ils ne sont pas frères, ils sont cousins.

...

**21. You ... a student, ... you ?** Tu es étudiant, n'est-ce pas ?

**No, I ... a student. I work.** Non, je ne suis pas étudiant. Je travaille.

...

**22. England ... a republic.** L'Angleterre est une république.

**No, England ... a republic, ... a monarchy.** Non, l'Angleterre n'est pas une république, c'est une monarchie.

Il existe plusieurs sites internet avec des exercices et des tests de tous les niveaux où vous pouvez évaluer vos connaissances chaque fois que vous en avez besoin ou envie. Par exemple, « Learn English feel good », ou bien « Learn English today ».

Le meilleur exercice reste pourtant de **lire** et d'**écouter** de l'anglais original – livres, chansons, films, vidéo clips, émissions à la télé, à la radio. De cette façon vous vous rapprochez de la langue vivante où la grammaire est mise en pratique.

Nous verrons ici une histoire en dialogues, avec des personnages et des conversations de la vie réelle, pour illustrer l'usage de la grammaire.

Une précision concernant les dialogues – les formes complètes des temps verbaux sont utilisées le plus souvent et non pas les formes contractées qui s'emploient dans le langage parlé. Cela est fait uniquement dans un but éducatif, pour que la conjugaison que le dialogue illustre, ressorte clairement.

## DIALOGUE 1

audio

www.grammar-marydell.com

« RENCONTRE DANS UN BISTROT »
*Lieu de l'action : Reading, Angleterre*

*Personnages :*

**Julien** – français, spécialiste en informatique, aime le hard rock, fait du sport

**Peter** – anglais, passionné de rugby, sort tous les vendredis, joue au tennis

**Kate** – anglaise, travaille au bureau de Julien, aime la musique, les danses, la bonne nourriture

**Laure** – sœur de Julien, étudiante, s'intéresse à la mode, aime faire les magasins, écoute latino et pop

Julien est en Angleterre depuis quelques mois. Il s'est trouvé du travail dans une grande compagnie de software à Reading, une ville à environ 60 km de Londres. Un vendredi après le travail il va au bistrot pour se détendre. Là-bas il fait la connaissance d'un anglais.

Julien: **It is** very hot today, **isn't it**?

The Englishman: Yes, **it is** indeed. Good thing that beer was invented!

Julien: English beer **is** very good ☺

The Englishman: Absolutely. That's why **we are** here every Friday. So **you are not** English?

Julien: No, **I'm not**. I am French. My name **is** Julien.

The Englishman: Nice to meet you. **I am** Peter.

Julien: Nice to meet you too.

Peter: **Are you** here on holiday?

Julien: No, **I'm not**. I live and work here but **I am not** used to the English lifestyle yet. I've only been in England for two months.

Julien : Il fait trop chaud aujourd'hui, n'est-ce pas ?

L'Anglais : Oui, c'est vrai... Heureusement qu'on a inventé la bière !

Julien : La bière anglaise est très bonne ☺

L'Anglais : Absolument. C'est pour ça que nous sommes là tous les vendredis. Vous n'êtes pas anglais donc ?

Julien : Non, je suis français. Je m'appelle Julien.

L'anglais : Enchanté. Moi, je suis Peter.

Julien : Enchanté.

Peter : Tu es là en vacances ?

Julien : Non, pas en vacances. Je travaille ici, mais je ne suis pas encore habitué au mode de vie britannique. Ça fait à peine deux mois que je vis en Angleterre.

Peter: Cool! You'll have time to learn everything. Hope to see you again next Friday when the Super Rugby season starts. Come to watch the game with us!

Julien: That will be fun, thank you!
See you on Friday then!

Peter : Parfait, tu auras du temps pour tout apprendre. J'espère te revoir vendredi prochain quand la saison de rugby commence. Viens regarder le match avec nous !

Julien : Super, merci !
A vendredi alors !

**VOCABULAIRE UTILE : faire connaissance, saluer, remercier, s'excuser**

<u>Première rencontre</u> :
**Nice to meet you !**
**Pleased to meet you!** Enchanté ! (de faire votre connaissance)
**Glad to meet you!**

Démodé : « How do you do? ». La réponse est aussi « How do you do? ».

It was nice meeting you ou **Nice meeting you**
Enchanté d'avoir fait votre connaissance. (en se séparant)

Attention ! Rappelons que «**you**» signifie «tu» ou «Vous» singulier ou «vous» pluriel et vous pouvez l'utiliser dans toute sorte de communication.

**<u>Comment saluer :</u>**
**Hello!** Bonjour ! **Hi!** Salut ! (familier)
**Good morning / Good afternoon!** Bonjour ! **Good evening!** Bonsoir !
Les Anglais ne disent pas ~~Good day~~.
**Nice to see you.** Je suis heureux de te voir.

<u>En se séparant</u> :
**Goodbye !** Au revoir !
**Bye / Cheers!** Ciao ! (familier)
**Nice seeing you!** Ravi de t'avoir vu !
**Give my regards to**... Saluez de ma part...
**Say Hello to**... Salue bien... (familier)
**See you soon!** A bientôt !
**See you tomorrow**! A demain !
**See you on Monday! See you next Monday**! A lundi ! A lundi prochain !
**See you later!** A tout à l'heure !
Variante contractée : **See you!** ou encore **See ya!**, où « you » est devenu « ya ».
Vous pouvez l'entendre souvent dans les films américains.
**Take care!** Prends soin de toi !
**Good night!** Bonne nuit !
**Sleep well!** Dors bien ! **Sweet dreams**! Fais de beaux rêves !

<u>**Souhaits :**</u>

**Have a nice day/evening!** Bonne journée ! / Bonne soirée !

Réponse : **Thanks, you too. / Same to you**. Merci ! A toi aussi.

**Have a safe trip!** Bon voyage !

**Good luck!** Bonne chance !

**Have a nice time!** = **Have fun!** = **Enjoy yourself!** Amuse-toi bien !

**Enjoy your meal!** Bon appétit !

**Enjoy the film!** Bon film !

**All the best! Best wishes!** Meilleurs vœux !

**Get well soon!** Remets-toi vite !

<u>**Remerciements :**</u>

**I'm very grateful** to you! Je te/vous suis très reconnaissant !

**Thank you!** Merci !

**Thanks a lot**! (familier) Merci beaucoup !

Réponse : **You are welcome!** Je t'en prie / Je vous en prie !

Autres réponses possibles à « Thank you » :

**No problem.** Pas de problème.

**It's OK / It's all right / Don't mention it.** C'est bon, de rien.

**My pleasure.** C'était un plaisir pour moi.

...

**Here you are.** Tiens, tenez / Voilà, je vous prie.

(quand vous donnez quelque chose ou vous servez)

Réponse : **Thank you!** Merci !

<u>**Demandes :**</u>

**Could you** do me a favour? Est-ce que tu peux / vous pouvez me rendre service ?

**Please!** S'il te plaît / S'il vous plaît !

<u>**Excuses :**</u>

**I am sorry.** Je suis désolé.

**I apologize.** Je m'excuse.

**Please accept my apology**! Je vous prie d'accepter mes excuses ! (soutenu)

Réponses :

**It's fine / It's all right.** Ça va.

**No worries / Don't worry / No problem.**

Pas de soucis / Ne t'en fais pas / Pas de problème.

**Not a big deal.** C'est pas grave.

**Please forgive me / I beg your pardon.** Pardonne-moi / Pardonnez-moi.

**It wasn't my fault.** Ce n'était pas ma faute.

**I didn't mean it.** Ce n'est pas ce que je voulais dire.

**It doesn't matter.** Ça n'a pas d'importance.

**Never mind.** C'est pas grave.

**I'm sorry to bother you / I'm sorry to disturb you.**
Désolé de te déranger / Désolé de vous déranger.
**Excuse me!** Excusez-moi !
- pour attirer l'attention (dans un magasin, par exemple)
- pour passer à côté de quelqu'un (dans un bus, par exemple)

**Excuse me? / Pardon (me)? / I beg your pardon?** Pardon ?
(quand vous n'avez pas compris et vous demander à l'autre de répéter)
On peut aussi ajouter **Could you please repeat that**?
Vous pouvez répéter, s'il vous plaît ?
**I beg your pardon** s'emploie aussi dans un sens différent – quand vous trouvez que l'autre n'a pas raison, et ça vous fâche :
I beg your pardon, but this is absolutely unfair!
Excuse-moi, mais ce n'est pas juste du tout !
...
**Cheers!** Santé ! (à table)
**Bless you!** A tes souhaits ! (après un éternuement)
**Congratulations!** Félicitations !
**Good job!** (familier) Bravo, bon travail !
**Good for you!** Bravo !
**What a pity!/Such a pity!** Dommage !

**Accord et désaccord :**
**I think so**. Je pense / Il me semble.
**I guess** you are right. Je suppose que tu as raison.
**I don't think so**. Je ne pense pas.
**I hope so**. J'espère.
**I hope not**. J'espère que non.

**Comment ça va ?**
**How are you?** Comment vas-tu ? / Comment allez-vous ?
**Fine, thanks.** Ça va, merci.
**I am very well, thank you**. Je vais bien, merci.
**How about you**? **And you**? Et toi ? / Et vous ?
**How have you been**? Comment ça va ? (sous-entendu – « récemment », quand vous n'avez pas vu la personne depuis un moment)
**Very well, thank you.** Très bien, merci.
**How are things? / How's it going? / How are you doing**?
Comment vont les affaires ? Comment vas-tu ?
**Pretty good**. Assez bien. **How about you?** Et toi ?
**What's up?** Quoi de neuf ?
**What are you up to?** Qu'est-ce que tu deviens ?
**What's going on?** Qu'est-ce qui se passe ?
**What's wrong?** ou **What's the matter?**
Quel est le problème ? Qu'est-ce qui se passe ?

## 4 CHAPITRE

# DO

DO peut signifier faire, et peut aussi être un auxiliaire quand il aide à former des questions et des négations. Plus simplement dit, il peut être une particule interrogative ou négative. On accorde à DO de l'attention particulière, parce qu'il s'utilise tout le temps, comme verbe ordinaire et comme auxiliaire.

## 1. PREMIER USAGE – DO – comme verbe **ordinaire**. Signifie FAIRE.

**Présent**

**(+) Forme Affirmative**

| | |
|---|---|
| **I do** | je fais |
| **You do** | tu fais |
| **He/she/it does** | il/elle fait |
| **We do** | nous faisons |
| **They do** | ils/elles font |

La forme pour toutes les personnes est **do**, à l'exception de **he/she/it** où elle est **does**.
We **do** a test every week. Nous faisons un test chaque semaine.
« Everything I **do**, I **do** it for you », Bryan Adams – « Tout ce que je fais, je le fais pour toi ».

**(-) Forme négative**

A l'aide de **do not** ou **does not (**pour **he/she/it)**
La forme négative de DO se fait avec lui-même dans son rôle d'auxiliaire, en ajoutant **not**.

La traduction en français est : **ne.... pas**.
do not = **don't**; does not = **doesn't**;

Ce sont les formes contractées qui s'emploient dans le langage parlé.

I **don't*** do exercices every day. Je ne fais pas d'exercices tous les jours.

* Tous les verbes au *Present Simple* (à l'exception de BE) forment la négation avec **don't** et **doesn't**.

(?) **Forme interrogative**

A l'aide de **do** ou **does** (pour **he/she/it**)

What **do** you do? Qu'est-ce que tu fais dans la vie ?
ou Qu'est-ce que vous faites dans la vie ?

What **do** you do at the weekends?
Qu'est-ce que tu fais pendant le weekend ?

Comme on le voit, DO est dans ses deux rôles dans les questions et les phrases négatives, l'un dans le sens de « faire » et l'autre dans sa fonction de particule interrogative ou négative.

Ici nous pouvons ouvrir une parenthèse pour comparer deux phrases
où le verbe DO participe (avec « doing », sa forme **-ing**).
Ce sont deux phrases que chacun de nous utilise presque tous les jours :

What **are you doing**?
Qu'est-ce que tu fais ?

What **are you doing** tonight?
Qu'est-ce que tu vas faire ce soir ? ou Tu fais quoi ce soir ?

Dans les deux cas il y a une même partie – **« are you doing »**, mais dans le premier cas le sens est au présent, dans le second, au futur. Le temps verbal s'appelle *Present Continuous* et sera examiné en détail au Chapitre 18, page 159.

L'idée de cette comparaison était d'attirer votre attention sur trois questions courantes formées avec le verbe DO :

**What do you do**? Qu'est-ce que tu fais dans la vie ?
Question qu'on peut poser uniquement quand on fait une connaissance.
On **ne** peut **pas** poser cette question à un ami au téléphone dans le sens de « qu'est-ce que tu es en train de faire ».

**What are you doing**? Qu'est-ce que tu fais ? C'est la question qu'on pose au téléphone. Ou bien « How are you doing? » dans le sens « Comment ça va ? ».

**What are you doing this weekend**? Qu'est-ce que tu fais ce week-end, quels sont tes projets ? La phrase ressemble beaucoup à la question précédente, mais quand on ajoute « this weekend », il s'agit alors du futur.

Nous fermons la parenthèse.

DO comme verbe ordinaire, est présent dans plusieurs **expressions** qui s'emploient souvent au quotidien. MAKE est un autre verbe qui signifie « faire » et participe aussi dans plusieurs expressions courantes.

# EXPRESSIONS AVEC DO ET MAKE

## DO

| | |
|---|---|
| **DO** the dishes ou **DO** the washing up | faire la vaisselle |
| **DO** the ironing/**DO** the cleaning | repasser / nettoyer |
| **DO** the housework | faire le ménage |
| **DO** the shopping | faire les courses |
| **DO** my hair | se faire une coiffure |
| **DO** my nails | se faire une manucure |
| **DO** my homework | faire mon devoir à la maison |
| **DO** a test/do exercises | faire un test, faire des exercices |
| **DO** my best | faire de mon mieux |
| **DO** a favour | rendre service |
| **DO** a good job | faire un bon travail |

Pour encourager on dit souvent :
You've done a good job! Tu as fait du bon travail !

## MAKE

Il s'emploie dans d'autres cas que DO et ceux-ci sont strictement séparés, c'est à dire, nous ne pouvons pas mettre MAKE à la place de DO ou vice versa. Il existe des règles assez vagues qui essayent de déterminer l'usage, mais en pratique il faut apprendre par cœur les cas avec DO, et ceux avec MAKE. Heureusement, ils s'emploient si souvent que si vous **écoutez** et vous **lisez** suffisamment, vous allez les retenir d'une façon naturelle.

| | |
|---|---|
| **MAKE** a decision | prendre une décision |
| **MAKE** a choice | faire un choix |
| **MAKE** a booking | réserver<br>(un billet, une table, etc) |
| **MAKE** an appointment | prendre rendez-vous |
| **MAKE** progress | avancer, faire des progrès |
| **MAKE** money | faire de l'argent |
| **MAKE** a deal | faire une bonne affaire |
| **MAKE** noise | faire du bruit |

| | |
|---|---|
| **MAKE** love | faire l'amour |
| **MAKE** sense | c'est sensé |
| **MAKE** a différence | c'est important |
| **MAKE** someone happy/sad | rendre quelqu'un heureux/triste |
| **MAKE** someone angry | fâcher |
| **MAKE** someone laugh | faire rire quelqu'un |
| **MAKE** someone's day | faire plaisir, donner de la joie |
| **MAKE** a (good) point | donner un bon argument (dans une discussion, débat) |
| **MAKE** a mistake | faire une erreur |
| **MAKE** breakfast/lunch/dinner | préparer le petit-déjeuner / le déjeuner / le dîner |
| **MAKE** coffee | faire du café |
| **MAKE** a cake | faire un gâteau |
| **MAKE** the bed | faire mon lit |
| **MAKE** sure | vérifier |

Deux de ces expressions s'emploient souvent à la forme négative :

It **doesn't make sense**.
Il n'y pas de sens, ce n'est pas logique.

It **doesn't make any difference**.
Ça ne change rien / Ça n'a aucune importance.

## 2. DEUXIÈME USAGE – DO comme **auxiliaire** dans l'interrogation et la négation.

DO aide à faire les phrases interrogatives et négatives des deux temps verbaux – *Present Simple* et *Past Simple* qui sont examinés en détail dans le Chapitre 12 Present Simple, page 95 et Chapitre 20 Past Simple, page 187.

(-) **Forme négative**

**DO NOT** ou **DOES NOT (he/she/it)** – pour *Present Simple*
Traduit par « ne... pas ».

do not = **don't**

does not = **doesn't**
(formes contractées qui s'utilisent dans le langage parlé)

Attention! Avec **he/she/it** – **doesn't**, et pas ~~don't~~ !

I **don't** live in England.
Je n'habite pas en Angleterre.

He **doesn't** live in England.
Il n'habite pas en Angleterre. (pas ~~He don't live~~.)

**DID NOT = DIDN'T** – pour *Past Simple* (passé)

I **didn't** go to work yesterday.
Je ne suis pas allé au travail hier.

He **didn't** call me this morning.

Il ne m'a pas appelé ce matin.

(?) **Forme interrogative**

**DO** ou **DOES (he/she/it)** – pour *Present Simple*

**Do** you live in France?
Est-ce que tu habites en France ?

Where **do** you live?
Où est-ce que tu habites ?

Attention! Avec **he/she/ it** – **DOES,** et pas **~~do~~ !**

Where **does** he live?
Où est-ce qu'il habite ?

**Does** she work in Paris?
Est-ce qu'elle travaille à Paris ?

**DID** – pour *Past Simple* (passé)

Avec le passé c'est plus facile, parce qu'il y a une seule forme pour toutes les personnes, y compris he/she/it – **did**.

**Did** he watch the football last night? Est-ce qu'il a regardé le match hier soir ?

Where **did** you go last night? Où est-ce que tu es allé hier soir ?

Vous allez souvent rencontrer dans la lecture ou à l'écoute le verbe DO dans son rôle d'auxiliaire, et cela vous aidera à l'utiliser correctement.

5 CHAPITRE

# HAVE

## 1. PREMIER USAGE : HAVE comme verbe **ordinaire**. Signifie AVOIR, posséder.

**Présent**

(+) **Forme Affirmative**

| | |
|---|---|
| **I have** | j'ai |
| **You have** | tu as, vous avez |
| **He/she/it has** | il/elle a |
| **We have** | nous avons |
| **They have** | ils/elles ont |

(-) **Forme négative**
avec **do not/does not**, contracté **don't/doesn't**

I **don't** have a car. Je n'ai pas de voiture.

He **doesn't** have a car. Il n'a pas de voiture.

(?) **Forme interrogative** – avec **do/does**

**Do** you have a car? Est-ce que tu as une voiture ?

**Does** he have a car? Est-ce qu'il a une voiture ?

(-?) **Forme interro-négative** – avec **don't/doesn't**

Don't you have a car? Est-ce que tu n'as pas de voiture ?

Doesn't he have a car? Est-ce qu'il n'a pas de voiture ?

**Réponses courtes :**

La règle « d'or » des réponses courtes est : **Telle question, telle réponse**. Pour faire la réponse, vous utilisez le même mot qui est dans la question.

**Do** you have a car? Yes, I **do**. No, I **don't**.
Dans la question il y a **do**, et donc, dans la réponse aussi.

**Does** he have a car? Yes, he **does**. No, he **doesn't**.

**Moi aussi** – **So do I** (me too)

**Moi non plus – I don't either / Neither do I**

- I have an iphone. J'ai un iphone.
- **So do I**. (ou Me too) Moi aussi.
- I don't have an iphone. Je n'ai pas de iphone.
- I **don't either**. Moi non plus. (pas ~~Me too~~)

**N'est-ce pas?** – don't you?

You have a laptop, **don't you**? Tu as un laptop, n'est-ce pas ?

**C'est vrai?** – Do you?

- I have an orange tree at home. J'ai un oranger à la maison.
- **Do you**? C'est vrai ?

## HAVE GOT = HAVE

**Have got** est synonyme de **have** et signifie aussi « avoir ».
Dans l'anglais britannique on rencontre **have got** plus souvent que **have**.

We have a dog = We have got a dog. Nous avons un chien.

Dans le langage parlé on utilise les formes contractées de **have got** :

| | |
|---|---|
| I have got = **I've got** | j'ai |
| You have got = **You've got** | tu as, vous avez |
| He/she/it has got = **He/she/it's got** | il/elle a |
| We have got = **We've got** | nous avons |
| They have got = **They've got** | ils/elles ont |

**Have** et **have got** ont le même sens, mais font des formes interrogatives et négatives de façon différente.

Comme on a déjà vu, **have** forme la question avec « do/does » et la négation avec « don't/doesn't », tandis qu'avec **have got** la question se fait avec **inversion**, et la négation – uniquement avec **not**.

**(-) <u>Forme négative</u>** – avec **not**

Dans le langage parlé on utilise les formes contractées :

have not got = haven't got

has not got = hasn't got

I **haven't got** a bicycle. Je n'ai pas de vélo.

He **hasn't got** a bicycle. Il n'a pas de vélo.
(pas ~~He doesn't have got~~)

**(?) <u>Forme interrogative</u>** – inversion
(on change les places du sujet et **have**)

Have you got a pet? Est-ce que tu as un animal de compagnie ?

Has she got a pet? Est-ce qu'elle a un animal de compagnie ?

**(-?) <u>Forme interro-négative</u>**

Haven't you got a credit card?
Est-ce que tu n'as pas une carte de crédit ?

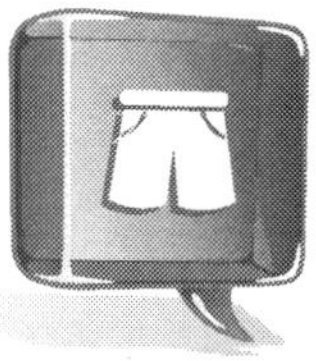

**<u>Réponses courtes</u>** :

Selon la règle des réponses courtes (Telle question, telle réponse), on utilise le mot avec lequel la question a été posée.

**Have** you got a pet? Yes, I **have**. / No, I **haven'**t.
(pas ~~Yes, I do. / No, I don't~~.)

**Moi aussi** So have I ; **Moi non plus** I haven't either.

- I have a landline phone. J'ai un téléphone fixe.
- **So have I.** (ou Me too) Moi aussi.

- I haven't got a landline phone. Je n'ai pas de fixe.
- I **haven't either**. Moi non plus. (pas ~~Me too~~)

**N'est-ce pas?** Haven't you? Have you?

You've got an English dictionary, **haven't you**?
Tu as un dictionnaire anglais, n'est-ce pas ?

**C'est vrai?** Have you? Haven't you?

- I've got a collection of cooking books. J'ai une collection de livres de cuisine.
- **Have you**? I must see it. C'est vrai ? Je dois la voir.

## **COMPARAISON** ENTRE **HAVE** ET **HAVE GOT**

La différence principale :
HAVE fait la question et la négation avec **do/does**,
et avec HAVE GOT **il n'y a pas** ~~do/does~~.

| HAVE | HAVE GOT |
|---|---|
| I have an ipad. | I've got an ipad. |
| I **don't** have an ipad. | I haven't got an ipad. |
| **Do** you have an ipad? | Have you got an ipad? |
| Yes, I **do**. / No, I **don't**. | Yes, I **have**. / No, I **haven't** |

**HAVE GOT** peut remplacer **HAVE** dans les cas suivants :

1. **Posséder, avoir des choses matérielles** (objets, argent) ou abstraites – temps, idée, travail, rêve.

We have / *We've got* a house in Autoir, in the Lot.
Nous avons une maison à Autoir, dans le Lot.

I have an idea. / I've *got* an idea. J'ai une idée.

He has / *He's got* an appointment at 11am. Il a un rendez-vous à 11 heures

She has / *She's got* a good job. Elle a un bon travail.

2. **Famille et amis**

He has / *He's got* a new girlfriend. Il a une nouvelle petite amie.

Do you have / *Have you got* any brothers or sisters?
Est-ce que tu as des frères ou des sœurs ?

They have / *They've got* three children. Ils ont trois enfants.

3. **Apparence physique**

She has / *She's got* blonde hair. Elle a des cheveux blonds.

He has / *He's got* brown eyes. Il a des yeux marron.

4. **Mal à la tête, froid, grippe**

I have / *I've got* a headache. J'ai mal à la tête.

Do you have / *Have you got* a cold? Tu as pris froid ?

## EXPRESSIONS AVEC HAVE

HAVE ne peut pas être remplacé ici par ~~Have got~~ :

| | |
|---|---|
| **Have** a baby | avoir un bébé |
| **Have** a swim | aller nager |
| **Have** a look | jeter un coup d'oeil |
| **Have** a rest | se reposer |
| **Have** a chat | bavarder |
| **Have** fun | s'amuser |
| **Have** a good time | passer un bon moment |
| **Have** a party | faire une fête |
| **Have** a shower | prendre une douche |
| **Have** breakfast | prendre son petit déjeuner |
| **Have** lunch | déjeuner |
| **Have** dinner | dîner |
| **Have** a coffee | prendre un café |
| **Have** a sandwich | prendre un sandwich |

Avec les repas : petit déjeuner, déjeuner, dîner, il n'y a pas de « **a** » – have breakfast, et pas ~~have a breakfast~~.

Quand les anglais parlent de la nourriture, ils utilisent plus souvent le verbe **have** que le verbe **eat** (manger) ou **drink** (boire). En français ça correspond à « prendre » :

I'll have a beer.
Je vais prendre une bière.

I had a coffee this morning.
J'ai pris un café ce matin.

What did you have for lunch?
Qu'est-ce que tu as pris au déjeuner ?

## 2. DEUXIÈME USAGE – HAVE comme <u>auxiliaire</u>

**Have** est auxiliaire dans tous les *Perfect tenses* :
*Present Perfect, Present Perfect Continuous, Past Perfect, Past Perfect Continuous.*
Nous allons les examiner en détail plus loin.

Dans les textes des chansons (lyrics) on trouve souvent des *Perfect tenses* :

Rod Steward « **Have you ever seen** the rain…coming down on a sunny day ? »
As-tu déjà vu de la pluie pendant une journée ensoleillée ?

Bryan Adams « **Have you ever really loved** a woman ? »
As-tu déjà aimé vraiment une femme ?

Rihanna « Where **have you been**? » Où étais-tu ?

Il y a de phrases où **have** joue ses deux rôles – de verbe ordinaire et d'auxiliaire.

Exemple :

I'm not hungry. I **have had** lunch.
Je n'ai pas faim. J'ai déjeuné.

« Had » est le participe passé du verbe **have**.

Un analogue français serait, « j'ai eu », où « avoir » a deux fonctions :
verbe auxiliaire (ai) et verbe ordinaire (eu).

## EXERCICES Complétez les phrases :

**1. - .................. you usually have breakfast in the morning?**
Est-ce que tu prends ton petit-déjeuner le matin ?

**- Sometimes. But most often I just .................. a cup of coffee.**
Oui, des fois. Mais plus souvent, je prends juste un café.

...

**2. - Have you .................. a minute?**
Tu as un peu de temps ?

**- Yes, I .................. Why?**
Oui, pourquoi ?

...

3. **- I .................. a new computer.**
J'ai un nouvel ordinateur.

**- .................. you? What brand is it?**
Oh, il est de quelle marque ?

...

4. **- I always .................. fun when I am with them.**
Je m'amuse toujours quand je suis avec eux.

**- .................. . Their parties are great.**
Moi aussi. Leurs fêtes sont super.

...

5. **- I .................. an appointment with the dentist tomorrow.**
J'ai un rendez-vous chez le dentiste demain.

**- Why? .................. you .................. a toothache?**
Pourquoi ? Tu as mal aux dents ?

**- No, .................. Just a regular check.**
Non, je n'ai pas mal. Une simple visite de contrôle.

...

6. - **Where.................. you usually.................. lunch?**
Où est-ce que tu déjeunes d'habitude ?

**- Most often I .................. a quick sandwich in the cafe next to the office.**
Le plus souvent je prends rapidement un sandwich dans le café à côté du bureau.

## DIALOGUE 2

audio

www.grammar-marydell.com

« SUR LA BEAUTÉ DE LA FRANCE »

*Au bureau. Julien discute avec des collègues qui s'intéressent à la France.*

Colleague: Tell us more about France. Are you from Paris?

Julien: Yes, I am. But my parents come from Grenoble, and **I have** a lot of cousins there so I often go to see them.

Colleague: I would love to take my girlfriend to a holiday in France.
Can you recommend us a nice place?

Julien: Oh **we have** so many beautiful places... If you want to take your girfriend to a really romantic holiday, there is nothing better than Paris. I can show you some lovely spots hidden from the crowds of tourists. Another perfect destination is la Cote d'Azur – Nice, Cannes or Saint-Tropez, a lot of sun, blue sky, some great rosé. Or Biarritz, which is on the west coast. They are all fabulous. If you like the mountain, we also **have** some fantastic ski resorts, Avoriaz en Haute Savoie, for exemple, and the one I know well because it is not far away from Grenoble – Autrans-Méaudre.

Colleague: Talking about mountains I remember now a funny French movie, about some friends who went skiing. There were amazing mountain views in this movie.

Julien: You are probably talking about « Les bronzés font du ski ». Yes, we have wonderful mountains, and not only for skiing. Summer is a paradise for hiking. Long distance high mountain routes, like the Haute Randonnee Pyreneenne or lighter

Collègue : Raconte-nous un peu plus sur la France. Est-ce que tu es de Paris ?

Julien : Oui, je suis de Paris, mais mes parents sont de Grenoble, et j'ai beaucoup de cousins là-bas. J'y vais souvent les voir.

Collègue : J'ai envie de prendre ma petite amie en vacances en France.
Tu peux me recommander un bel endroit ?

Julien : Oh nous avons tellement de beaux endroits... Si tu veux offrir des vacances vraiment romantiques à ton amie, il n'y a pas mieux que Paris. Je peux te montrer quelques coins magnifiques cachés des foules de touristes. Une autre destination intéressante, c'est la Côte d'Azur – Nice, Cannes ou Saint-Tropez, beaucoup de soleil, ciel bleu et du bon rosé. Ou bien Biarritz, qui est sur la côte ouest, c'est aussi fabuleux. Si vous aimez la montagne, nous avons aussi des stations de ski fantastiques, Avoriaz en Haute Savoie, par exemple, ou une autre que je connais bien, parce qu'elle n'est pas loin de Grenoble – Autrans-Méaudre.

Collègue : Je me rappelle maintenant que j'ai vu un film français amusant où quelques amis étaient allés faire du ski.
Il y avait des paysages de montagne magnifiques dans ce film.

Julien : Tu parles probablement du film « Les bronzés font du ski ». Oui, nous avons des montagnes magnifiques, et pas seulement pour faire du ski. L'été, c'est un paradis pour la randonnée. De longues routes dans les hautes montagnes, comme la Haute Randonnée Pyrénéenne, ou bien, des

options like Luberon Natural Regional Park with its picturesque small villages where you can taste traditional French cuisine, and good wine, of course. Or a Mediterranean trail which runs from Menton to Marseille.

Colleague: Wow! That sounds so attractive! But you just gave me a lot of information, I am not sure I retained everything.

Julien: You know what, I have an idea. A cousin of mine in Grenoble works for a travel agency, he is very competent on this subject. You can talk to him and he will tell you everything about different opportunities for a nice holiday in France.

Colleague : Great!
Thank you very much!

options plus faciles, comme Le Parc Naturel Régional du Luberon avec ses petits villages pittoresques où vous pouvez goûter de la cuisine traditionnelle française, et du bon vin, bien sûr. Encore la randonnée dans les Alpes Maritimes qui va de Menton à Marseille.

Collègue : Wow ! Ça parait très attirant ! Mais tu viens de me donner beaucoup d'informations, je ne suis pas sûr d'avoir tout retenu.

Julien : Tu sais quoi, j'ai une idée.
Un de mes cousins à Grenoble travaille pour une agence touristique, il est compétent en la matière. Tu peux parler avec lui, il va te faire le point sur les différentes opportunités pour de belles vacances en France.

Collègue : Super !
Merci beaucoup !

**VOCABULAIRE UTILE : nationalités, famille, description d'une personne**

**Where are you from?**
Tu es d'où ?

**Where do you come from?**

**France** – France ; **French** – français
**Frenchman** – Français ; **Frenchwoman** – Française
**England** – Angleterre ; **English** – anglais
**Englishman** – Anglais ; **Englishwoman** – Anglaise
**Great Britain** – Grande Bretagne ; **British** – Britannique
**The United Kingdom** = **England, Scotland, Wales** and **Northern Ireland**
Le Royaume Uni = l'Angleterre, l'Ecosse, le Pays de Galles et l'Irlande du Nord.
**Scotland** – l'Ecosse ; **Scot** – Ecossais, e

**Scotch** – whisky écossais
**Wales** – le Pays de Galles ; **Welshman** – Gallois ; **Welshwoman** – Galloise
**Ireland** – l'Irlande ; **Irish** – irlandais
**Irishman** – Irlandais; **Irishwoman** – Irlandaise
**The United States of America (USA)** – les États-Unis
**American** – Américain, e

**Family - famille**
**Mother** – mère ; **Mum** – maman
**Father** – père ; **Dad** – papa
**Parents** [ˈpeərənts] – parents (même orthographe anglais / français, mais prononciation complètement différente !)
**Husband** – mari ; **Wife** – femme (épouse) ; **Spouse** – époux, se
**I was born in** – je suis né (e) à
**Child** – enfant ; **Children** – enfants ; **Adult** – adulte
**Baby** – bébé ; **Twins** – jumeaux ; **Teenager** – adolescent
**Son** – fils ; **Daughter** – fille ; **Sister** – sœur ; **Brother** – frère
**Grandmother** – grand-mère ; **Grandma** – grand-maman
**Grandfather** – grand-père ; **Grandpa** – grand-papa
**Grand-parents** [ˈgrænpeərənts] – grands-parents
**Aunt** – tante ; **Uncle** – oncle ; **Nephew** – neveu ; **Niece** [ni:s] – nièce
**Cousin** [ˈkʌzn] – cousin; **Godfather** – parrain; **Godmother** – marraine
**Mother-in-law** – belle-mère
**Father-in-law** – beau-père

Tous les membres de la famille de l'époux / de l'épouse sont appelés en anglais **in-law** (littéralement « selon la loi ») :
son-in-law, daughter-in-law, sister-in-law; brother-in-law.
Cela correspond à *beau*, *belle* en français.
Sans doute les français montrent ici beaucoup plus de finesse et d'élégance. ☺

**Friend** – ami, e ; **Boy** – garçon ; **Girl** – fille
**Boyfriend / girlfriend** – petit ami / petite amie
**Relationship** – relation
**Friendship** – amitié
**Be in love with** – être amoureux ; **fall in love with** – tomber amoureux
**Go out with** – sortir avec quelqu'un
**Get on well with / get along with** – s'entendre bien avec
**Get engaged** – se fiancer
**Get married** – se marier
**Split up with** – rompre
**Argue with** – se disputer

**Décrire une personne – Describe a person :**
**What does he look like?** Comment est-il/elle (physiquement) ?
**He/she is...** Il/elle est...
**short** – petit, e; **tall** – grand, e
**slim** – mince ; **large, plump, chubby** – large, corpulent, e, arrondi, e
**beautiful** – belle ; **pretty** – jolie ; **gorgeous** – adorable
**handsome** – beau (pour un homme)
**good looking** – beau, belle
**attractive** – séduisant, e; attrayant, e
**charming** [ˈtʃɑːʳmɪŋ] – charmant, e
**cute** – mignon, ne
**young** – jeune
**younger son / daughter** – fils cadet / fille cadette
**elder son / daughter** – fils aîné / fille aînée
**elder brother / sister** – frère aîné / sœur aînée
**the youngest** – le cadet, la cadette ; **the eldest** – l'aîné, l'aînée
**middle-aged** – d'âge moyen
**elderly** – âgé, e; **old** – vieux, vieille

**Décrire la personnalité – Describe the personality :**
**What is she like?** Comment est-il/elle ? (comme personne)
**He/she is...** Il/elle est...
Notez la différence entre les deux questions qui se ressemblent au premier regard :
**What does she look like?** – question sur l'apparence physique
**What is she like?** – question sur le caractère de la personne

Comme la prononciation reste l'un des plus grands défis, surtout pour les mots qui s'écrivent de la même ou presque de la même façon en français et en anglais, vous en trouverez certains ci-après avec leur transcription à côté.

**Attention à l'accent** qui n'est presque jamais comme en français, et qui est marqué par [ˈ] devant la syllabe accentuée, et dans certains mots longs par un deuxième, plus faible [ˌ].

**lovely** – magnifique ; **adorable** [əˈdɔːrəbəl] – adorable
**helpful** – serviable, aimable; **understanding** – compréhensif, ve
**charismatic** [kærɪzˈmætɪk] – charmant, e ; charismatique
**sociable** [ˈsouʃəbəl] – sociable ; **friendly** – gentil, le ; sympathique
**easy-going** – facile à vivre ; **upbeat** – optimiste ; **brave** – courageux, se
**daring** – audacieux, se ; **open-minded** – ouvert d'esprit
**tolerant** [ˈtɒlərənt] – tolérant, e ; **absent-minded** – distrait, e
**ambitious** [æmˈbɪʃəs] – ambitieux, euse ; **hard-working** – travailleur, euse
**self-confident** – sûr, sûre de soi ; **competent** [ˈkɒmpɪtənt] – compétent, e
**persevering** [ˌpɜːsiˈviəriŋ] – persévérant, e
**diligent** [ˈdɪlɪdʒənt] – appliqué, e ; assidu, e
**stubborn** – têtu, e ; obstiné, e

**affectionate** [ə'fɛkʃənət] – affectueux, se
**polite** [pə'laɪt] – poli, e ; **kind** – gentil, le ; aimable ; **calm** – calme
**selfless** – désintéressé, e
**careful / cautious** – prudent, e
**bad-tempered** – avoir un mauvais caractère
**impulsive** [ɪm'pʌlsɪv] – impulsif, ve; **bossy** – autoritaire ; **selfish** – égoïste
**aggressive** [ə'grɛsɪv] – agressif, ve ; **rude** – impoli, e ; **cheat** – tricheur, se
**unscrupulous** – sans scrupules ; **mean** – avare ; radin, e
**greedy** – gourmand, e ; avide
**cheeky** – insolent, e ; a **cheeky** smile – un sourire provocateur
**boring** – ennuyeux, se
**shy** – timide
**anxious** ['æŋkʃəs] – anxieux, se ; inquiet, e
**lazy** – paresseux, se ; **curious** ['kjuəriəs] – curieux, euse
**outgoing** – extraverti, e ; **funny** – drôle ; **talkative** – bavard, e
**reserved** – réservé, e
**intelligent** [ɪn'telɪdʒənt] / **clever** – intelligent, e ; habile
**creative** [kri'eɪtɪv] – créatif, ve
**witty** – plein d'esprit ; spirituel, le
**smart** (familier) – intelligent, e ; vif, vive d'esprit
**observant** [əb'zə:ʳvənt] – observateur, trice
**honest** ['ɒnɪst] – honnête
**modest** ['mɒdɪst] – modeste
**proud** – fier, e ; **reliable** – fiable
**stupid** ['stju:pɪd] / **silly** – stupide, bête
**You are being silly!** Tu fais des bêtises ! (familier)

« Smart » est souvent utilisé dans ses deux sens – d'élégant et de vif d'esprit. Il participe aussi dans une expression courante avec une nuance ironique – **You're being smart!** qui correspond en français à « Tu fais l'intéressant ».

<u>**Zodiac signs** – Signes du Zodiaque</u>

**Aquarius** – Verseau ; **Pisces** – Poissons ; **Aries** – Bélier ;
**Taurus** – Taureau ; **Gemini** – Gémeaux ; **Cancer** – Cancer ;
**Leo** – Lion ; **Virgo** – Vierge ; **Libra** – Balance ; **Scorpio** – Scorpion ;
**Sagittarius** – Sagittaire ; **Capricorn** – Capricorne.

Si vous vous intéressez au Zodiaque, vous pouvez vérifier votre horoscope du jour sur des sites anglais ou encore regarder des vidéos sur Youtube où il y a des récits fascinants sur les étoiles, les constellations, etc. Toute source d'information, à condition qu'elle soit en anglais, est bonne. ☺

**6 CHAPITRE**

# THERE IS

<u>**Forme affirmative**</u>

**There is** - il y a (singulier)

**There are** - il y a (pluriel)

**There is** a fridge in the kitchen.
Il y a un frigo dans la cuisine.

**There are** a lot of cupboards in the kitchen.
Il y a plusieurs placards dans la cuisine.

**(-)** <u>**Forme négative**</u>

Avec **not**

**There is not** = there isn't
Il n'y a pas

**There are not** = there aren't
Il n'y a pas (pluriel)

Dans le langage parlé on utilise les formes contractées.

**There isn't** a table in the room.
Il n'y a pas de table dans la chambre.

**There aren't** any pictures on the wall.
Il n'y a pas de tableaux au mur.

(?) <u>**Forme interrogative**</u>

Avec <u>inversion</u> (« there » et « is » changent de place)

**Is there** any beer in the fridge?
Est-ce qu'il y a de la bière dans le frigo ?

**Are there** many pubs in the centre?
Est-ce qu'il y a beaucoup de bistrots au centre ?

__Réponses courtes :__

Is there any milk in the fridge?
Est-ce qu'il y a du lait dans le frigo ?

Yes, **there is**. Oui, il y en a.

No, **there isn't**. Non, il n'y en a pas.

**Are there** any letters in the post box?
Est-ce qu'il y a des lettres dans la boîte aux lettres ?

Yes, **there are**. Oui, il y en a.

No, **there aren't**. Non, il n'y en a pas.

## COMPARAISON ENTRE HAVE ET THERE IS

La différence entre **Have** et **There is** est comme la différence entre « avoir » et « il y a » en français.

They **have** a dog.
Ils ont un chien.

She **has** a lot of money.
Elle a beaucoup d'argent.

Si c'est impersonnel, il faut utiliser **there is / there are.**

**There is** a pen on the table.
Il y a un stylo sur la table.

**There is** a mirror on the wall.
Il y a un miroir au mur.

**There are** a lot of things to see in Paris.
Il y a beaucoup de choses à voir à Paris.

**Are there** any tickets for the concert?
Est-ce qu'il y a des billets pour le concert ?

## EXERCICES

**Complétez les phrases :**

1. – **... he... a certificate in English?** Est-ce qu'il a un certificat d'anglais?

– **I don't know but he speaks very well.** Je ne sais pas, mais il parle très bien.

...

**2. – ... you.. a pen in your bag?** Tu as un stylo dans ton sac?

– **I think I .... Let me check.** Je pense que oui. Je vérifie.

...

**3. – ... a sale in Zara next week.** Il y a des soldes à Zara la semaine prochaine.

– **Really? We must go.** C'est vrai? On doit y aller.

...

**4. – They ... many friends.** Ils n'ont pas beaucoup d'amis.

– **I know. They are quite reserved.** Je sais, ils sont assez timides.

...

**5. – ... enough tomato sauce for the spaghetti?**
Est-ce qu'il y a suffisamment de sauce tomate pour les spaghettis?

– **No, ... I'll go to buy some.** Non, il n'y en a pas. Je vais en acheter.

...

**6. – I think ... a party next door.** Je crois qu'il y a une fête chez les voisins.

– **Yes, it is their daughter's birthday.** Oui, c'est l'anniversaire de leur fille.

...

**7. – I ... any free time.** Je n'ai aucun temps libre.

– **You work too hard, I think you should slow down.**
Tu travailles trop, je pense que tu devrais ralentir le rythme.

...

**8. Tony and I are drummers. We ... drums at home.** Tony et moi sommes batteurs.
Nous avons des batteries à la maison.

– **Don't tell me that you play at your place?! What about neighbours, don't they complain?**
Ne me dis pas que vous jouez chez vous, et les voisins, ils ne se plaignent pas ?

**– In fact, we live in a house and ..... any other houses nearby.**
En fait, nous habitons une maison et il n'y en a pas d'autres à proximité.

...

**9. .... a post office in this village ?** Est-ce qu'il y a un bureau de poste dans ce village ?

**– I don't think so.** We should ask. Je ne pense pas, il faut se renseigner.

...

**10. – ... a lot of mosquitoes this summer. They often disturb me at night.**
Il y a beaucoup de moustiques cet été. Ils me gènent souvent la nuit.

**– ... (not) you a mosquito net for windows ?** Tu n'as pas de moustiquaires aux fenêtres ?

**– Yes, I do, for the windows but not for the door of the balcony and they manage to come in.**
Si, pour les fenêtres, mais pas pour la porte du balcon et ils parviennent à entrer.

...

**11. – .... any juice in the fridge?** I am thirsty. Est-ce qu'il y a du jus dans le frigo? J'ai soif.

**– I think .... only a few bottles of beer. I will check straight away.** Je pense qu'il y a seulement quelques bouteilles de bière. Je vais vérifier tout de suite.

...

**12. – My sister ... a lot of toys in her room.** Ma sœur a beaucoup de jouets dans sa chambre.

**– And my brothers twins ... plenty of Legos. They love building.**
Et mes frères jumeaux ont des quantités de Legos. Ils aiment construire.

...

**13. – ... some beautiful flowers in this park.** Il y a de belles fleurs dans ce parc.

– **Yes, especially in Spring.** Oui, surtout au printemps.

...

**14. – Our neighbours .... five dogs.** Nos voisins ont cinq chiens.

**– No, you can't .... five dogs in an apartment!**
Non, on ne peut pas avoir cinq chiens dans un appartement !

**– Well, the neighbours live in a house, and .... a little house for the dogs in the yard.**
Bon, les voisins habitent une maison et il y en a une petite pour les chiens dans le jardin.

## DIALOGUE 3

audio

www.grammar-marydell.com

« A LA RECHERCHE D'UN MAGASIN DE MUSIQUE »

*Julien se promène un jour dans une partie inconnue de Londres et décide de trouver un magasin de musique. Partout où il va, il cherche ce qui est lié à la musique.*

- Excuse me, **is there** a music shop nearby?
- Let me think... Yes, **there is** one not far away from here.
- How can I get there?
- Well, you go straight on, then take the first right. Go past a big supermarket and continue until you get to the traffic lights. At the traffic lights turn left onto Bond Street, and the music shop is on the right, opposite the cinema.
- Thanks a lot!
- No problem. Have a nice day!

- Excusez-moi, est-ce qu'il y a un magasin de musique dans les environs ?
- Attendez, je réfléchis un instant... Oui, il y en a un qui n'est pas loin.
- Comment je peux y aller ?
- D'abord allez tout droit, puis prenez la première à droite. Vous allez passer le long d'un grand supermarché, continuez jusqu'aux feux. Aux feux tournez à gauche sur Bond Street, le magasin de musque est à votre droite, en face du cinéma.
- Merci beaucoup !
- Je vous en prie ! Bonne journée !

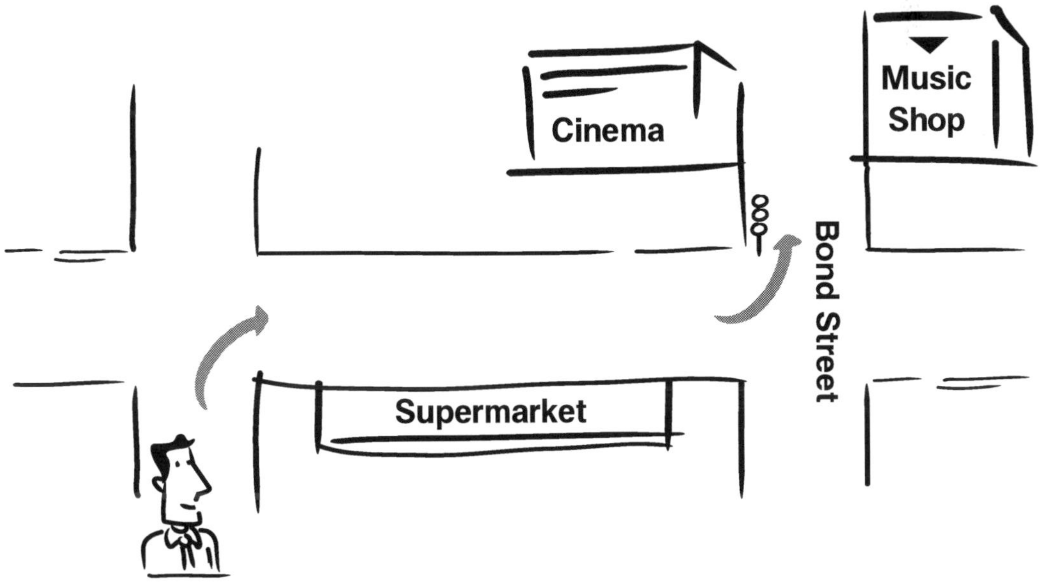

**VOCABULAIRE UTILE : comment indiquer le chemin**

Asking for directions – Demander son chemin

> **Excuse me, how can I get to...?**
> Excusez-moi, comment je peux aller jusqu'à...?
>
> Could you tell me how to get to?
> Pourriez-vous me dire comment aller jusqu'à...?
>
> Excuse me, is there a pharmacy nearby?
> Excusez-moi, est-ce qu'il y a une pharmacie dans les environs ?

**go straight on / ahead** – allez tout droit
**then** – puis
**take the first left** – prenez la première à gauche
**take the second right** – prenez la deuxième à droite
**go /walk past** ... – passez à côté de...
**it's on the left** – c'est du côté gauche (de la rue)
**it's on the right** – c'est du côté droit
**continue until you get to** ... – continuez jusqu'à...
**traffic lights** – feux
**pedestrian crossing** – passage piéton
**at the traffic lights turn right** – aux feux tournez à droite
**go along** – allez sur...
**cross the street** – traversez la rue
**at the corner** – au coin
**next to** – à côté de
**opposite** – en face
**between** – entre

Je ne sais pas pour vous, mais à moi, il m'arrive souvent d'expliquer aux étrangers comment trouver leur chemin. Le cas le plus récent c'était avec un italien qui venait d'arriver et qui cherchait son hôtel. On peut penser que nous sommes à une époque technologique, munis tous de *Gps, Google maps*, etc, mais la réalité fait qu'on ne peut pas toujours compter sur les technologies. Et donc, il vaut mieux savoir comment aider quelqu'un à trouver son chemin ou demander comment aller quelque part quand vous êtes à l'étranger, et comprendre ce qu'on vous explique. ☺

7 CHAPITRE

# LE TEMPS

Dans cette leçon nous allons parler du temps dans ses deux aspects – comme climat et comme temps, durée. En anglais il y a deux mots distincts :
**weather** – temps, climat ; **time** – temps, durée.

## A. THE **WEATHER** – TEMPS (CLIMAT)

### WHAT IS THE WEATHER LIKE?

QUEL TEMPS IL FAIT ?

**The weather is nice / fine.** Il fait beau.

Les expressions liées au temps commencent par **It is** :

**It is hot.** Il fait chaud. (**heat** – chaleur ; **drought** [draut] – sécheresse)
**It is cold.** Il fait froid. **It is freezing cold**. Il gèle dehors ; **chilly** - frais.
**It is sunny.** Il y a du soleil. **(sunrise** – lever du soleil ; **sunset** – coucher du soleil)
**It is cloudy.** C'est nuageux. **(clouds** – nuages ; **overcast** – couvert)
**It is windy.** Il y a du vent. (**wind** – vent ; **hurricane** [ˈhʌrɪkeɪn] – ouragan)
**It is foggy.** Il y a du brouillard. (**fog/mist** – brouillard ; **it is drizzling** – il bruine)
**It is raining.** Il pleut. (**rain** – pluie ; **rainbow** – arce-en-ciel ; **storm** – orage)
**It is snowing.** Il neige. (**snow** – neige ; **snowflake** – flocon ; **hail** – grêle)

Comme « **it is** » est une forme du verbe BE, la question se fait toujours avec une inversion : Is it... ?

**Is it** hot there? Est-ce qu'il fait chaud là-bas ?
**Is it** snowing there? Est-ce qu'il neige là-bas ?

Autres mots liés au temps :

**sky** – ciel ; **star** – étoile ; **freeze** – geler
**air temperature** [ˈtɛmprətʃə] – température de l'air
**below zero/above zero** – au-dessous de zéro / au-dessus de zéro
**weather forecast** – la météo
**according to the weather forecast** – selon la météo
**clear sky** – ciel dégagé ; **overcast** – couvert; **showers** – averses

Avant de parler de l'heure, nous allons nous rappeler les nombres.

## NOMBRES CARDINAUX ET ORDINAUX

DIRE LES DATES, LES ANNÉES

**Number** [nʌmbəʳ] – nombre ; **figure/digit** – chiffre

Les chiffres par définition sont les symboles de 0 à 9, à l'aide desquels les nombres sont formés.

597 is a three-figure number. 597 est un nombre à trois chiffres.

**digital** [ˈdɪdʒɪtəl] – numérique
**even** – pair ; **odd** – impair

<u>**Numbers** – Nombres Cardinaux et Ordinaux</u>

| N | Cardinal numbers | Ordinal numbers |
|---|---|---|
| 0 | zero [ˈzɪərəʊ] | |
| 1 | one | first (premier, e) |
| 2 | two | second (deuxième) |
| 3 | three | third (troisième) |
| 4 | four | fourth |
| 5 | five | fifth |
| 6 | six | sixth |
| 7 | seven | seventh |
| 8 | eight | eighth |
| 9 | nine | ninth |
| 10 | ten | tenth |
| 11 | eleven | eleventh |
| 12 | twelve | twelfth |
| 13 | thirteen | thirteenth |
| 14 | fourteen | fourteenth |
| 15 | fifteen | fifteenth |
| 16 | sixteen | sixteenth |
| 17 | seventeen | seventeenth |
| 18 | eighteen | eighteenth |
| 19 | nineteen | nineteenth |

| | | |
|---|---|---|
| **20** | twenty | twentieth (vingtième) |
| **30** | thirty | thirtieth (trentième) |
| **40** | forty | fortieth |
| **50** | fifty | fiftieth |
| **60** | sixty | sixtieth |
| **70** | seventy | seventieth |
| **80** | eighty | eightieth |
| **90** | ninety | ninetieth |
| **21** | twenty-one | twenty-first |
| **32** | thirty-two | thirty-second |
| **95** | ninety-five | ninety-fifth |
| **100** | one hundred | hundredth |

**200** two hundred (sans ~~s~~) ; **300** three hundred
**130** one hundred **and** thirty ; **591** five hundred **and** ninety-one
**1,000** one thousand
**2,000** two thousand (pas two ~~thousands~~)
**3,786** three thousand seven hundred **and** eighty-six
**100,000** a hundred thousand
**1,000,000** one million; **3,000,000** three million
**1,000,000,000** one billion (un milliard)

## Lire les numéros de téléphone

Les numéros de téléphone se lisent chiffre par chiffre, et le zéro d'habitude se lit comme la lettre « O » [ou], et pas « zero ».

0789 354670 – [ou] seven eight nine three five four six seven [ou]

S'il y a deux chiffres identiques l'un après l'autre, par exemple 77, on peut dire « double seven » au lieu de « seven seven ».

## Les années

1879 – eighteen seventy-nine (ce n'est pas comme en français « mille huit cent... », mais vous séparez en deux couples : 18 – eighteen et 79 – seventy-nine)

1957 – nineteen fifty-seven

Les années rondes se lisent ainsi :

1600 – sixteen hundred
1900 – nineteen hundred
1905 – nineteen [ou] five ([ou] comme la lettre « O » de l'alphabet)

De 2000 à 2010 :
2000 – two thousand; 2005 – two thousand **and** five; 2010 – two thousand **and** ten
Dès 2011, deux façons de lire les années :
2011 – two thousand and eleven ou twenty eleven (en deux couples : 20 et 11)
2023 – two thousand and twenty three ou twenty twenty three
En parlant de période, par exemple « **in the 90s »** – dans les années quatre vingt-dix.

**Les dates**

En français les dates, à l'exception du 1er (le premier) sont exprimées avec des nombres cardinaux (le quatre, le dix, etc), tandis qu'en anglais toutes les dates sont exprimées par des nombres ordinaux – the first, the fourth, the tenth, etc.:

le 14 juillet – **the** fourteenth **of** July
le 3 janvier – **the** third **of** January.
Notez qu'en disant une date, on met « the » avant le nombre et « of » - après.

Les Américains commencent par le mois, et puis ils ajoutent le nombre.
Les deux dates suivantes seraient dites en américain :

le 14 juillet – July the fourteenth ; le 3 Janvier – January the third.

Cet usage chez les américains a été et continue d'être une source de confusion. Par exemple, la date 7/5/2018, comment pouvez-vous être sûrs s'il s'agit du 7 mai ou du 5 juillet ?! Seul le contexte pourrait vous aider.

I was born on 17 April. Je suis né le 17 avril.

On écrit « on 17 April », et on dit « on **the** seventeen**th of** April ».
En anglais américain « on April, the seventeenth ».

Fractions / Decimals [ˈdɛsɪməls]

1/2 a half

1/3 a third

2/5 two fifths

7.5 seven point five

Si vous voulez vous amuser un peu, regardez une vidéo drôle de deux écossais qui ne peuvent pas se faire comprendre dans un ascenseur « parlant ». On peut trouver cette vidéo sur Youtube à l'aide du mot-clé « **eleven** ». L'accent écossais est très spécifique et même les anglais et les américains ont des difficultés à le comprendre.

Retournons maintenant au deuxième sens du mot « **temps** » – la durée :

## B. THE **TIME**

Le temps que nous mesurons en minutes, heures, jours, etc.

### WHAT'S THE TIME? OU WHAT TIME IS IT?

QUELLE HEURE EST-IL ?

Comme en français, en anglais aussi il y a deux façons de dire l'heure – dans le langage officiel et dans le langage familier.

1. Langue officielle

On dit d'abord l'heure et puis les minutes :
10.30 – ten thirty; 11.15 – eleven fifteen

Cette forme est utilisée quand on parle d'un horaire (bus, train, etc) ou du programme d'une conférence ou d'un autre événement.

2. Langage parlé

C'est à l'inverse, on commence d'abord par les minutes :
9.20 – twenty past nine; 11.10 – ten past eleven

Le « et » en français correspond à **past** (la moitié droite de la montre)
Le « moins » correspond à **to** (la moitié gauche de la montre)

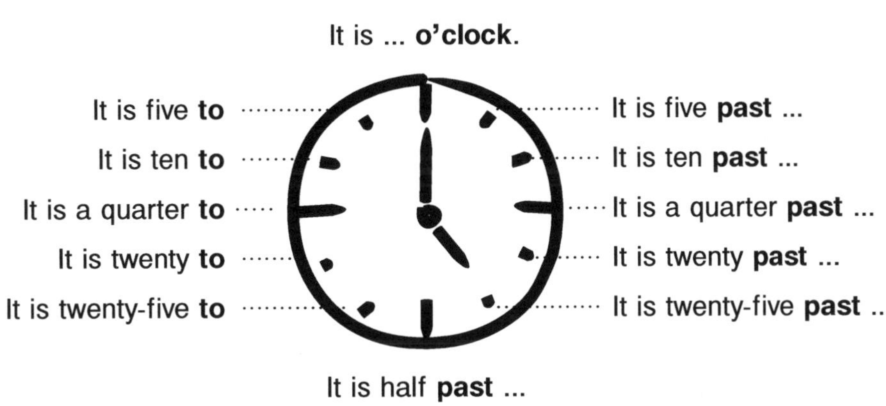


| | | | |
|---|---|---|---|
| **quarter**<br>quart | **half**<br>demie | **half past**<br>et demie | **a quarter to**<br>moins le quart |

It's five **o'clock**

It's ten **past** five

It's **quarter past** five

It's twenty **past** five

It's **half past** five

It's twenty **to** six

It's **quarter to** six

It's five **to** six

## WHAT TIME…?

A QUELLE HEURE...?

La préposition pour dire l'heure est **at** – à.

The film starts **at** 8 o'clock.
Le film commence à 20 heures.

Les Anglais n'utilisent pas dans le langage courant, ni même à l'écrit, de grands nombres – 13 heures, 16 heures, etc. Ils divisent la journée en deux parties et ajoutent à côté de l'heure a.m. (ante meridiem, avant midi) ou p.m. (post meridiem, après-midi).

3am = 3 heures ; 3pm = 15 heures
8am = 8 heures ; 8pm = 20 heures

**noon** – midi
**midnight** – minuit

**from … until** – de ... à

**by/before** – avant

**during the day** - pendant la journée

**at night** – la nuit

**in the morning** – le matin

**in the afternoon** – l'après-midi

**in the evening** – le soir

**at the weekend** (British English) / **on the weekend** (American English)
pendant le weekend

**fortnight** – two weeks

Jours de la semaine – **Days of the week**

Avec la préposition **on** :

**on**
- **Monday**
- **Tuesday**
- **Wednesday**
- **Thursday**
- **Friday**
- **Saturday**
- **Sunday**

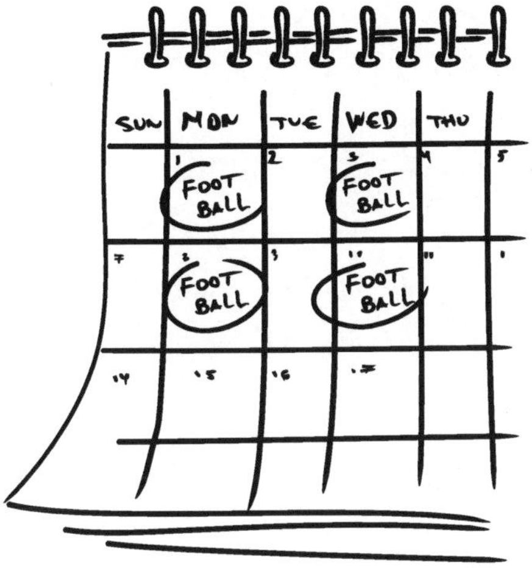


Devant les dates la préposition est aussi on :
**On** 1 January (on dit: on « **the** first **of** January »)

Mois - **Months**

Avec la préposition **in** :

**in**
- **January**
- **February**
- **March**
- **April**
- **May**
- **June**
- **July**
- **August**
- **September**
- **October**
- **November**
- **December**

Saisons – **Seasons** [ˈsiːzᵊns]

Avec la préposition **in** :

**in**
- **spring** au printemps
- **summer** en été
- **autumn** en automne
- **winter** en hiver

Années – **Years**

avec la préposition **in**

in **2001** – en 2001
in **the 80s** – dans les années 80
in **the 20th century** – au XXe siècle

## EXERCICES Complétez les phrases :

**1. – This band was popular … the 90s.** Ce groupe était populaire dans les années 90.

**– Was it? I have never heard about them.** Ah bon? Je n'en ai jamais entendu parler.

…

**2. – We usually have dinner … 8pm.** On dîne d'habitude à 20 heures.

**– In our family dinner is often very late … night.**
Dans notre famille, le dîner est souvent servi très tard le soir.

…

**3. – The weather is rather cold … January in my country.** Il fait assez froid en janvier dans mon pays.

**– Is it? And we rarely have temperatures … zero.**
C'est vrai? Nous, nous avons rarement des températures au dessous de zéro.

…

**4. The workshop starts … Monday, … 9am.** Le séminaire commence lundi, à 9 heures.

**– We can go together. What time do you want me to pick you up?**
On peut aller ensemble. A quelle heure tu veux que je vienne te chercher ?

**– Maybe … 8?** Peut être à 8 heures ?

**– Perfect. See you … Monday then!** Parfait. A lundi alors !

…

**5. – In Vietnam they celebrate New Year … 1 … February.**
Au Vietnam, on fête le Nouvel An le 1er février.

**– Why is it different than in the western world ?** Pourquoi c'est différent avec le monde occidental ?

**– I think they use a lunar calendar.** Je pense qu'ils utilisent le calendrier lunaire.

**6. – Shops in Spain do not open early … the morning.**
Les magasins n'ouvrent pas tôt le matin en Espagne.

**– Yes, I know, and I think most shops close …2pm for a siesta.** Oui, je sais, et je pense que la plupart des magasins ferment à 14 heures pour la sieste.

…

**7. – Could you check for me what time the next bus is?** Tu peux vérifier pour moi à quelle heure est le prochain bus ?

**– It is ... 8.15 (quarter ... eight).** A 8 heures et quart.

**– That's too early actually. I'd like to have a coffee.** C'est trop tôt en fait. Je voudrais prendre un café.

**– There is one ... 8.45 (quarter ... nine).** Il y en a un à 9 heures moins le quart.

**– Yes, I'll take that one.** Oui, je vais prendre celui-là.

**– When will you be back?** Tu reviens quand ?

**– The meeting is ... 10am ... 1pm and I guess I'll stay for lunch. After that I'll catch a bus and will probably be back ... 5.** La réunion est de 10 heures à 13 heures et je suppose que je vais rester pour déjeuner. Ensuite je prends le bus et je vais probablement rentrer avant 17 heures.

**– Good, see you later then!** Bien, à plus tard donc !

...

**8. – What is the forecast for this weekend?** Que prévoit la météo pour le weekend ?

**– Most probably it will rain.** Très probablement il va pleuvoir.

**– I don't like the rain. It's not fun especially ... the weekends when you have some free time to go out.** Je n'aime pas la pluie. Ce n'est pas amusant, surtout le weekend quand on a un peu de temps libre pour sortir.

**– Doesn't it ... in your country?** Est-ce qu'il ne pleut pas dans ton pays?

**– It does but rarely. Most often it is ... and ....** Si, mais rarement. Le plus souvent le temps est ensoleillé et chaud.

**– Does it ... in winter?** Est-ce qu'il neige en hiver?

**– You must be joking! We don't even have winter. Temperatures are always ... zero. Sometimes it gets very ... though.** Tu plaisantes ! Nous n'avons même pas d'hiver. Les températures sont toujours au-dessus de zéro. En revanche, il y a parfois du vent très fort.

...

**9. – Shall we go for lunch?** On sort pour déjeuner ?

**– Yes, ... ... already ten ... two.** Oui, il est déjà 14 heures dix.

**– I'd like to try the new café on the corner of the High Street. We can sit outside and enjoy the last nice days before winter.** Je voudrais essayer le nouveau café au coin de High Street. On peut se mettre dehors et profiter des dernières belles journées avant l'hiver.

**– I wouldn't say it is a nice day today. There was a ... this morning.** Je ne dirais pas que c'est une belle journée aujourd'hui. Il y a eu une tempête ce matin.

**– Yes, but the sky is ... now.** Oui, mais le ciel est dégagé maintenant.

**– But there's a gusty ... that makes it a bit ... .** Mais il y a du vent en rafales et il fait assez frais.

**– We can wear out coats. Come on, you know it's been ... for weeks. I want to stay in the sun for a little while.** On peut prendre nos manteaux. Allez, tu sais qu'il a plu pendant des semaines. Je veux rester un peu au soleil.

**– Ok, but if it starts to ... we'll go inside, alright?** D'accord, mais s'il commence à neiger, on entre, OK ?

...

**10. – What days do you play soccer?** Tu joues au football quels jours?

**– I play ... Tuesday and Friday nights.** Je joue mardi et vendredi soir.

**– Nice. I only play ... the weekends.** C'est bien. Moi, je joue seulement le weekend.

**– Really? Can I come to play with you?** Ah bon? Je peux venir jouer avec vous ?

**– Of course. We play ... Saturday and Sunday ... ten.** Bien sûr. On joue samedi et dimanche à partir de 10 heures.

**– Great! See you this weekend!** Parfait ! On se voit ce weekend !

**– See you!** A bientôt !

...

**11. – We are going to that new Chinese restaurant. Would you like to come?**

On va à ce nouveau restaurant chinois ce soir. Tu veux venir avec nous?

**– Yes, that would be nice. What time are you going?** Oui, ce serait bien. A quelle heure vous y allez ?

**... 8pm. Shall we come and pick you up?** Autour de 20 heures. On vient te chercher ?

**– Yes, great.** Oui, parfait.

**– OK, I'll give you a ring ... half ... 7. Hope you'll be ready!** OK, je t'appelle à 19 heures et demie. J'espère que tu seras prêt !

8 CHAPITRE

# NOMS / PLURIEL

## NOMS

Les noms en anglais ne font pas de distinction entre le masculin et le féminin. Cependant, le genre est parfois représenté par différents mots, comme par exemple *boy / girl*.

La plupart des noms qui réfèrent au rôle ou au travail de quelqu'un peuvent être utilisés tant avec un sujet masculin qu'avec un sujet féminin, comme par exemple *doctor*, *student*, *colleague*, *cousin*, *friend*. Il est possible de faire la distinction en ajoutant les adjectifs *male* ou *female – a female friend*.

Certaines terminaisons typiques des noms communs :

| | |
|---|---|
| **- tion** | **relation** [rɪˈleɪʃᵊn] ; **vocation** [vəuˈkeɪʃᵊn] |
| **- dom** | **freedom** [ˈfri:dəm] ; **kingdom** [ˈkɪŋdəm] |
| **- ity** | **charity** [ˈtʃærəti] ; **identity** [aɪˈdentɪti] |
| **- ness** | **happiness** [ˈhæpinəs] ; **kindness** [ˈkain(d)nəs] |
| **- ship** | **friendship** [ˈfren(d)ʃɪp] ; **relationship** [rɪˈleɪʃənʃɪp] |
| **- ence/- ance** | **conference** [ˈkɒnfərəns] ; **resistance** [rɪˈzɪstəns] |
| **- ment** | **development** [dɪˈveləpmənt] ; **improvement** [ɪmˈpru:vmənt] |
| **- hood** | **motherhood** [ˈmʌðərˌhʊd] ; **likelihood** [ˈlaɪklihʊd] |
| **- ism** | **socialism** [ˈsəʊʃəˌlɪzəm] ; **impressionism** [ɪmˈpreʃənˌɪzəm] |
| **- er** | **teacher** [ˈti:tʃə(r)] ; **reader** [ˈri:də(r)] |
| **- ist** | **nationalist** [ˈnæʃənəlɪst] ; **specialist** [ˈspeʃəlɪst] |
| **- ent/-ant** | **student** [ˈstju:dənt] ; **assistant** [əˈsɪstənt] |
| **- ee** | **employee** [ɪmˈplɔɪi:] ; **trainee** [treɪˈni:] |

Des préfixes négatifs qui donnent au nom un sens opposé :
**dis-** (advantage / **disadvantage**), **mis-** (understanding / **misunderstanding**), **non-** (sense / **nonsense**), **un-** (employment / **unemployment**).

# PLURIEL

La prononciation en anglais : **plural** [ˈplʊərəl]

Ce sont les noms **comptables** (comme *apple, pencil,* etc.) qui ont un pluriel, à la différence des noms non-comptables que nous verrons un peu plus tard.

## COMMENT
EST-CE QU'ON LE FORME ?

On **ajoute** au nom la terminaison **-s** ou -**es**.
C'est la règle, et il y a quelques exceptions que nous allons examiner.

## COMMENT
FAUT-IL PRONONCER LA TERMINAISON ?

On prononce [s], [z] ou [iz]. Ça dépend du son par lequel le mot se termine :

**1.** [s] – après une consonne sourde * : p, k, t

cup → **cups** [cʌps] tasses
book → **books** livres
cat → **cats** chats

**2.** [z] – après une consonne sonore ou une voyelle : b, d, g, l, m, n, r, v, e

bag → **bags** [bægz] sacs
doll → **dolls** poupées
tree → **trees** arbres
boy → **boys** garçons

**3.** [iz]

la terminaison est **-es :**

– après **c, s, ss, ch, sh, x, z**

bus → **buses** [bʌsiz] bus
box → **boxes** boîtes
wish → **wishes** désirs

* Les consonnes sourdes sont celles qu'on prononce sans utiliser les cordes vocales, comme t, p, k, f, tandis que dans la prononciation des consonnes sonores les cordes vocales participent (si vous vous touchez le cou, vous allez sentir la vibration), comme b, l, m, n, v, z.

– après « **consonne + y** » (y se transforme en i !)

baby → **babies** [beibiz] bébés
lady → **ladies** dames, mesdames
country → **countries** pays

## Cas particuliers :

➥ Si le mot se termine par un « o », la terminaison est soit -**s**, soit -**es**. Dans les deux cas elle se prononce [z].

**-s**

phot**o** → **photos** [ˈfəʊtəʊz] photos
kil**o** → **kilos** [ˈkiːləʊz] kilos
zer**o** → **zeros** [ˈzɪərəʊz] zéros

**-es**

her**o** → **heroes** [ˈhɪərəʊz] héros
tomat**o** → **tomotoes** tomates
potat**o** → **potatoes** pommes de terres

➥ Si le mot se termine par **f** ou **fe**, **f** se transforme en **v** et la terminaison devient **-ves**:

| | | | |
|---|---|---|---|
| half → | **halves** [ha:vz] moitiés | leaf → | **leaves** feuilles |
| knife → | **knives** couteaux | wife → | **wives** épouses |
| life → | **lives** vies | thief → | **thieves** voleurs |
| wolf → | **wolves** loups | | |

**Mais :**

| | | | |
|---|---|---|---|
| roof → | **roofs** [ru:fs] – toits | chief → | **chiefs** – chefs |
| chefs → | **chefs** – cuisiniers | cliff → | **cliffs** – rochers |

## Exceptions :

**man** [mæn] → **men** [men] hommes
**woman** [wumʌn] → **women** [wimin] femmes
**child** → **children** enfants
**person** → **people, persons** gens, personnes
**tooth** → **teeth** dents
**mouse** → **mice** souris
**foot** → **feet** pieds
**penny** → **pence** les centimes anglais

➥ Certains noms communs **ne changent pas** au pluriel :

**sheep** → **sheep** brebis
**fish** → **fish** poissons
**series** → **series** séries
**species** → **species** espèces (biologiques)

➥ D'autres s'emploient **uniquement au pluriel** :

**trousers** pantalon
**glasses** lunettes
**goods** marchandise, articles
**clothes** vêtements
**politics** politique
**economics** économie
**athletics** athlétisme
**jeans** jeans
**scissors** ciseaux
**stairs** escaliers
**pyjamas** [pɪˈdʒɑːməz] pyjama
**mathematics** maths
**physics** physique

➥ Les mots d'origine latine qui se terminent par **-um**, ont un pluriel spécifique avec la terminaison **-a** :

datum → **data** données
phenomenon → **phenomena** phénomènes
medium → **media** médias
bacterium → **bacteria** bactéries

➥ Des mots d'origine grecque, qui se terminent par **-on, -is, -us** :

criterion [kraɪˈtɪərɪən] → **criteria** [kraɪˈtɪərɪə] critères
crisis [ˈkraɪsɪs] → **crises** [ˈkraɪsɪz] crises
analysis → **analyses** analyses
nucleus [ˈnjuːkliəs] → **nuclei** [ˈnjuːkliaɪ] noyaux

Attention !

- **Nouvelles** (pluriel en français) se traduit en anglais **NEWS** (mot singulier, même s'il y a un « s » à la fin !)
Le verbe aussi doit être conjugué au singulier. On dira :

What **is** the news? Quelles sont les nouvelles ?
(pas ~~What are the news?)~~

9 CHAPITRE

# WHO, WHAT, WHERE...

MOTS INTERROGATIFS

**Question pronouns and adverbs – pronoms et adverbes interrogatifs**

Il s'agit de pronoms et d'adverbes que nous appelons ici pour simplifier les choses des « mots » interrogatifs (qui, quand, que...). Dans ce chapitre nous allons faire abstraction des temps verbaux, même si les questions en anglais se forment en fonction du temps. Les temps seront étudiés en détail plus tard, et pour le moment nous nous intéressons uniquement aux mots interrogatifs.

<u>**WHO** – QUI</u>

**Who** est employé pour des personnes :

**Who** is the best football player in the team of France?
**Qui** est le meilleur footballeur de l'équipe de France ?

**Who** are the new managers?
Qui sont les nouveaux dirigeants ?

<u>**WHAT** – QUE, QU'EST-CE QUE</u>

**What** est employé pour des objets :

**What** is this?
Qu'est-ce que c'est ?

**What** would you like to drink?
Qu'est-ce que vous voulez boire ?

**What time** does your train leave?
A quelle heure part ton train ?

<u>**WHICH** – QUEL, QUELLE, QUELS, QUELLES</u>

Avec **which** on pose des questions pour un ou plusieurs objets ou personnes parmi d'autres.

**Which** dress should I choose?
Quelle robe je dois choisir ?

**WHICH ONE** – LEQUEL, LAQUELLE, LESQUELS, LESQUELLES
(remplace un nom qui a été déjà mentionné)

All your dresses are beautiful. **Which one** is your favourite?
Toutes tes robes sont belles. Laquelle est ta préférée ?

**What** peut être utilisé à la place de **which** pour des objets ou des personnes au pluriel.

**What** movies do you like?
Quels films tu aimes ?

**WHOSE** – À QUI

**Whose** is this book? ou **Whose** book is this?
Ce livre est à qui ?

**WHERE** – OÙ

**Where** are you?
Où es-tu ? (la question courante au téléphone)

**WHEN** – QUAND

**When** did you start learning English?
Quand est-ce que tu as commencé à apprendre l'anglais ?

**WHY** – POURQUOI

**Why** do you want to learn English?
Pourquoi tu veux apprendre l'anglais ?

**HOW** – COMMENT

**How** are you?
Comment vas-tu ?

Attention !

Les questions qui commencent par un mot interrogatif ont une **intonation descendante** !

**How** fait partie de certains mots interrogatifs composés :

**HOW LONG** – COMBIEN DE TEMPS ; DEPUIS QUAND
(Attention : deux usages différents, explication en détail au Chapitre 22 Present Perfect, page 205)

**How long** did you live in England?
Combien de temps vous avez vécu en Angleterre ?

**How long** have you lived in England?
Depuis quand tu habites en Angleterre ?

**HOW OLD** – QUEL ÂGE

**How old** is he?
Quel âge a-t-il ?

**HOW OFTEN** – À QUELLE FRÉQUENCE

C'est un peu curieux que **how often**, un mot interrogatif assez souvent utilisé en anglais, n'a pas d'analogue direct en français. La traduction qui semble naturelle serait « est-ce que tu..... souvent ? »

**How often** do you go to the mountains?
Est-ce que tu vas souvent à la montagne ?

**HOW FAR** – À QUELLE DISTANCE

**How far** is Lyon from Paris?
A quelle distance se trouve Lyon de Paris ?

**HOW MUCH** – COMBIEN
(pour des noms non-comptables)

**How much** does it cost?
Combien ça coûte ?

**HOW MANY** – COMBIEN
(pour des noms comptables)

**How many** people took part in the marathon?
Combien de personnes ont participé au marathon ?

## WHAT, WHO, WHICH, WHERE AVEC PRÉPOSITIONS – pour qui, avec qui, d'où

Dans les cas suivants l'ordre des mots n'est pas comme en français - la préposition se trouve à la fin de la phrase :

> **Where** are you **from**?
> D'où es-tu ?

La préposition **from** (de) est séparée de **where** (où) et on la met à la fin.

> **Who** did you talk **to**?
> Avec qui tu as parlé ?

**TO** (avec) se trouve à la fin, et la question commence par **who**.

Théoriquement, on peut faire un ordre des mots, similaire au français, avec **whom** :

**WHOM** – QUI

> To whom did you talk?
> Tu as parlé avec qui ?

**Whom** n'est presque jamais utilisé dans l'anglais parlé moderne, et même à l'écrit il paraît un peu archaïque.

Il y a cependant une expression avec **whom** dans la correspondance officielle qu'on rencontre souvent: « **To whom it may concern** ». On l'utilise au début d'une lettre qui ne s'adresse pas à une personne particulière et correspond à « A qui de droit » en français.

Dans le langage parlé les questions du type « avec qui », « pour qui », « de quoi » commencent par **who** ou **what**, et la préposition est mise à la fin de la phrase.

> **Who** is this man waiting **for**?
> Cet homme attend qui ?

> **Who** did you send the mail **to**?
> A qui as-tu envoyé le mail ?

> **What** did you talk **about**?
> De quoi avez-vous parlé ?

> **What** did you spend all your money **on**?
> En quoi as-tu dépensé tout ton argent ?

Le choix de la préposition dépend du verbe. A chaque verbe correspond en principe une préposition. Dans l'Annexe I, page 361, vous trouverez une liste de certains des verbes les plus utilisés avec « leurs » prépositions. Cette liste peut vous aider, mais ce qui vous aidera le plus, c'est la pratique – **écouter et lire le plus possible**.

10 CHAPITRE

# ME, YOU, HIM, HER...

PRONOMS PERSONNELS

## PERSONAL PRONOUNS

[ˈpɜːsənəl ˈprəʊnaʊns]

Nous avons vu au début les pronoms personnels qui remplacent le sujet (celui qui fait l'action) : je, tu, il, elle... Voici maintenant les pronoms qui remplacent le complément : me, te, le, la, lui...

| **Subject** | | **Object** | |
|---|---|---|---|
| **I** | je | **me** | me, moi |
| **You** | tu | **you** | te, toi |
| **He** | il | **him** | le, lui |
| **She** | elle | **her** | la, lui, elle |
| **It** | il/elle | **it** | le, la |
| **We** | nous | **us** | nous |
| **You** | vous | **you** | vous |
| **They** | ils/elles | **them** | les, leur |

Exemple d'une phrase simple avec les deux types de pronoms :

Alain loves Marie.
Alain aime Marie.

Alain est le sujet (qui fait l'action), Marie est l'objet (l'action est dirigée vers elle). Quand on les remplace par des pronoms, la phrase devient :

**He** loves **her**.
Il l'aime.

En anglais c'est plus facile qu'en français où il y a plusieurs formes – la (il **la** regarde), lui (il **lui** parle), elle (il vient avec **elle**). Dans tous ces cas, en anglais on traduit **her** : he is looking at **her**, he is talking to **her**, he is coming with **her**.

## ONE, YOU, THEY - PRONOMS POUR GÉNÉRALISER

*Generic personal pronouns*

Ils peuvent être appelés aussi *Impersonal pronouns* et s'utilisent quand on parle « en général ».

En français on traduit par « on », « tu » ou par une construction impersonnelle.

| ONE | YOU |
| --- | --- |
| utilisé à l'écrit, principalement dans **les textes juridiques** | utilisé dans **le langage parlé** |

**You** can use the Internet without understanding cookies.
On peut utiliser Internet sans comprendre les cookies.

**You** never know.
On ne sait jamais.

**You** can't always do what you want.
Tu ne peux pas toujours faire ce que tu veux. (en général)

### THEY

**They** comme *generic pronoun* est utilisé pour designer un ensemble de personnes, par exemple les fonctionnaires d'une institution ou de l'Etat :

**They** are chopping down the rainforests.
Ils sont en train d'abattre les forêts.

**They** have opened a new cinema in the city centre.
Ils ont ouvert un nouveau cinéma au centre ville.

On utilise **they** et **them** avec les pronoms impersonnels *somebody, anyone, everyone*. (voir Chapitre 14 Some and any, page 117)

If someone wants to talk to me, tell **them** to call later.
Si quelqu'un veut parler avec moi, dis-lui d'appeler plus tard.

Anyone can do it, if **they** are really motivated.
Chacun peut le faire s'il est vraiment motivé.

## MYSELF, YOURSELF... - PRONOMS RÉFLÉCHIS

*Reflexive pronouns*

| | | | |
|---|---|---|---|
| **Myself** | me | **Ourselves** | nous |
| **Yourself** | te | **Yourselves** | vous |
| **Himself / herself itself** | se | **Themselves** | se |

**I always enjoy myself at their parties.**
Je m'amuse toujours à leurs fêtes.

If you want some more spaghetti, **help yourselves**.
Si vous voulez encore un peu de spaghettis, servez-vous.
(dit à plusieurs personnes)

Peter **introduced himself** to the other guests at the party.
Peter s'est présenté aux autres invités à la fête.

Les pronoms réfléchis s'utilisent moins souvent qu'en français, parce que plusieurs verbes qui sont pronominaux en français **ne sont pas pronominaux en anglais**.

Exemples :

| | |
|---|---|
| **dress** | s'habiller |
| **wash** | se laver |
| **feel** | se sentir |
| **complain** | se plaindre |
| **remember** | se rappeler |
| **get up** | se lever |

I got up and dressed quickly. (pas ~~got up myself~~, ni ~~dressed myself~~)
Je me suis levé et je me suis habillé vite.

Les pronoms réfléchis peuvent être utilisés aussi pour **mettre l'accent** : **myself/yourself/himself/herself** – moi-même, toi-même, lui-même, elle-même.

I didn't know anything **myself.**
Moi-même je ne savais rien.

He repaired the machine **himself**.
Il a réparé la machine lui-même.

You can do it **yourself**.
Tu peux le faire toi-même.

↪ **By myself** = on my own = alone – seul

I went on holiday **by myself** / on my own.
Je suis allé en vacances seul.

He likes living **by himself** / on his own.
Il aime vivre seul.

↪ **Each other** – se

Quand il s'agit d'un lien entre deux personnes, le « nous », « vous » ou « se » français correspond à « each other » :

We know **each other** very well.
Nous nous connaissons très bien.

They looked **at each other.**
Ils se sont regardés.

They help **each other** a lot.
Ils s'aident beaucoup.

↪ **One another** – synonyme de « each other », mais moins souvent employé.

Ben and Tom live near **one another**.
Ben et Tom habitent pas loin l'un de l'autre.

## EXERCICES

**Complétez les phrases :**

**1. – We ... a new teacher of maths.** Nous avons un nouveau professeur de maths.

**– ... is ... name? I might know him.** Comment s'appelle-t-il ? Je peux le connaitre.

...

**2. – ... kind of music do you like?** Quel genre de musique tu aimes ?

**– I like rock and jazz. My favourite band is The Mavericks. ... about you? ... is your favourite singer?** J'aime le rock et le jazz. The Mavericks est mon groupe préféré. Et toi ? Quel est ton chanteur préféré ?

...

**3. – I know that you expect your friends from Poland. ... do they arrive?**
Je sais que tu attends tes amis de la Pologne. Quand est-ce qu'ils arrivent ?

**– They arrive... 5 April.** Ils arrivent le 5 avril.

– **... are they going to stay?** Combien de temps ils vont rester?

– **They are staying for ten days.** Ils restent dix jours

– **I guess you will be moving around. ... do you plan to take them?**
Je suppose vous allez faire un tour. Où envisages-tu de les emmener?

– **Not sure yet. At least to Bordeaux, my cousins there already invited ...**
Je ne sais pas encore. Au moins à Bordeaux où mes cousins nous ont déjà invités.

...

**4. ... – ... department do you work in?** Tu travailles dans quel département?

**I am the head of design. ... about you?** Je suis chef du design. Et toi ?

– **I am responsible for social media and marketing.**
Je suis responsable pour les médias sociaux et le marketing.

– **... do you like best about your job?** Qu'est-ce que tu aimes le plus dans ton travail ?

– **I like the people I work with.** J'aime les gens avec qui je travaille.

...

**5. – ... is that man ? ... are you looking at ... like this?**
Qui est cet homme ? Pourquoi tu le regardes comme ça ?

– **I think he is the man who is going to replace our marketing director.**
Je pense que c'est l'homme qui va remplacer notre directeur marketing.

– **... can you know?! Nobody has said that there would be a change.**
Comment tu peux savoir ?! Personne n'a dit qu'il y aurait un changement.

– **I talked to a girl from the accounting department yesterday. She was the one who told me and I know that she is always well informed.** J'ai parlé avec une fille de la comptabilité hier. C'est elle qui me l'a dit et je sais qu'elle est toujours bien informée.

...

**6 – ... is the meeting?** A quelle heure est la réunion?

– **... 10am.** A 10 heures.

– **...did the boss tell us to be there .. 9am?** Pourquoi le chef nous a dit de venir à 9 heures?

– **I have no idea. He might want to talk to .. before the others arrive.**
Je n'ai aucune idée. Peut-être veut-il nous parler avant que les autres n'arrivent.

...

**7. – I like your winter coat very much. ... did you buy it?**
J'aime bien ton manteau d'hiver. Tu l'as acheté où ?

– **At Ecclo. It is really great, super warm.** Chez Ecclo. Il est vraiment top, super chaud.

– **... was it?** Combien tu l'as payé ?

– **It was on sale so just 55 euros.** Il était soldé, donc, seulement 55 euros.

...

**8. – Do you like Ana Moura?** Tu aimes Ana Moura ?

– **I have not even heard about ... . ....is she?** Je n'ai même pas entendu parler d'elle. C'est qui ?

– **She is a great fado singer.** Elle est une chanteuse géniale de fado.

– **... is fado?** C'est quoi fado ?

– **Fado is the traditional Portuguese music. I love it.**
Le fado est la musique traditionnelle portugaise. Je l'aime.

...

**9. – Betty, did you write this poem ...?** Betty, c'est toi même qui as écrit ce poème ?

– **In fact, no, I found it somewhere on the internet.** En fait, non, je l'ai trouvé quelque part sur internet.

...

**10. – We could not do our homework ..... Can you help ..., please?**
Nous n'avons pas pu faire notre devoir à la maison tout seuls. Tu peux nous aider ?

– **OK, but you normally should do it ...**
D'accord, mais normalement vous devez le faire vous-mêmes.

...

**11. – Did someone talk to Jane from the marking agency this morning?**
Est-ce que quelqu'un a parlé à Jane de l'agence marketing ce matin ?

– **Yes, I called ...** Oui, moi, je l'ai appelée.

...

**12. – ... is Mr Garret? I need to talk to ...** Où est M. Garret? Je dois parler avec lui.

– **He is on a business trip today but Ms Right is here. You can talk to ... .**
Il est en voyage d'affaires aujourd'hui, mais Mme Right est là. Vous pouvez parler avec elle.

Comme on vient de voir, les pronoms réfléchis sont à peu près de la même complexité que leurs analogues en français. Ce n'est pas pareil avec les pronoms et les adjectifs possessifs qui sont beaucoup plus faciles en anglais qu'en français. Une forme correspond à trois ou parfois même à quatre formes en français !

11 CHAPITRE

# MY, YOUR, HIS, HERS...

PRONOMS ET ADJECTIFS POSSESSIFS

## POSSESSIVE ADJECTIVES AND PRONOUNS

**1. Adjectifs possessifs** – ils accompagnent toujours un nom :

**my** sister – ma soeur
**their** house – leur maison
**his** parents – ses parents

**2. Pronoms possessifs** – ils sont indépendants et s'utilisent pour éviter la répétition d'un nom déjà cité :

Their car is Fiat, and **ours,** Citroën.
Leur voiture, c'est une Fiat, et la nôtre, une Citroën.

| **Adjectifs** (accompagnent un nom) | | **Pronoms** (indépendants) | |
|---|---|---|---|
| **My** | mon, ma, mes | **mine** | le mien, la mienne, les miens, les miennes |
| **Your** | ton, ta, tes | **yours** | le tien, la tienne, les tiens, les tiennes |
| **His** | son, sa, ses | **his** | le sien, la sienne, les siens, les siennes |
| **Her** | son, sa, ses | **hers** | le sien, la sienne.... |
| **Its** | son, sa, ses | **its** | le sien, la sienne... |
| **Our** | notre, nos | **ours** | le nôtre, la nôtre, les nôtres |
| **Your** | votre, vos | **yours** | le vôtre, la vôtre, les vôtres |
| **Their** | leur, leurs | **theirs** | le leur, la leur, les leurs |

What is **his name**?
Comment s'appelle-t-il ?

**Our school** is near here.
Notre école est proche.

**Their son** is an engineer.
Leur fils est ingénieur.

**Your bag** is bigger than **mine**.
Ton sac est plus grand que le mien.

**My** son is 5 years old, and **hers** is still a baby.
Mon fils a 5 ans, et le sien est encore bébé.

Les pronoms indépendants, et surtout **mine,** s'utilisent dans le cas suivant :

**A friend of mine** – un ami, un de mes amis (littéral – « un ami des miens »)
A colleague **of hers** – un de ses collègues

## POSSESSION AVEC **'S** ET **OF**

**Possessive «'s »**

En français il n'y a pas d'importance si le possesseur est une personne ou un objet, c'est toujours « de » qui exprime la possession. Ce n'est pas pareil en anglais :

↪ **Si le possesseur est un objet ou une idée,** l'ordre des mots est comme en français et « of » correspond à « de » :

the lid **of** the saucepan – le couvercle de la casserole
the owner **of** the restaurant – le propriétaire du restaurant
the title **of** the book – le titre du livre

On utilise aussi la structure « noun + noun » en évitant le « of » :

his **life story** = the story of his life
the **city centre** = the centre of the city
a **taxi driver** = a driver of a taxi

En fait, la combinaison de deux mots communs qui permet d'éviter le « of » et qui n'a pas d'analogue en français, est fréquemment utilisée : World Cup, television programme, work problems, etc.

↪ **Si le possesseur est une personne,** l'ordre des mots est inversé. A la différence du français, on commence par le possesseur, on met une apostrophe et un « s » :

Pierre**'s** wife - la femme de Pierre
Marie**'s** book - le livre de Marie
my sister**'s** boyfriend - le petit ami de ma sœur

**Le « 's » s'utilise aussi dans ce type de questions :**

What is **your teacher's name**?
Comment s'appelle ton professeur ?

What is **his girlfriend's name**?
Comment s'appelle sa petite amie ?

**Si le possesseur est au pluriel :**

– avec « s » à la fin (comme la majorité des mots au pluriel)
La possession est marquée uniquement par une apostrophe :

**my parents' house** - la maison de mes parents

– sans « s » à la fin (comme men, children, etc.)
On ajoute le « 's » possessif :

**our children's teacher** – le professeur de nos enfants

Pour des groupes de personnes on peut souvent utiliser les deux : le « 's » ou le « of » :

the **world's** population ou the population **of** the world
the **company's** success ou the success **of** the company

## EXERCICES Complétez les phrases :

**1. – Do you know that Lili .................. a new boyfriend?**
Tu sais que Lili a un nouveau petit ami ?

**– .................. she? Tell me a bit more.** C'est vrai ? Et quoi encore ?

**– I saw ............. last night in a cafe. He ............. tall and .............. blue eyes and blonde hair.**
– Je les ai vus hier soir dans un café. Il est grand, blond, avec des yeux bleus.

**– Sounds interesting. What's .................. name?** Ça semble intéressant. Comment s'appelle-t-il ?

**– .................. name is Alexander.** Il s'appelle Alexander.

**– Is he a student like.................. ?** Est-ce qu'il est étudiant comme elle ?

**– Yes, .................. go to the same university.** Oui, ils vont à la même université.

**2. – .................. neighbours have a brand new Lamborghini!**
Nos voisins ont une Lamborghini toute neuve !

**– Wow! Is.................. nice?** Waou! Est-ce qu'elle est belle ?

**– It is fantastic! I think .................. husband is a bit jelous.**
Elle est fantastique ! Je pense que mon mari est un peu jaloux.
...

**3. – ... sister is angry with ..................** Ma sœur est fâchée contre moi.

**– .................. she? Why?** Ah bon, et pourquoi ?

**– I .................. no idea. She .................. always grumpy. I can never understand........**
Je n'ai aucune idée. Elle fait la tête tout le temps. Je ne peux jamais la comprendre.
...

**4. – We .................. a new boss at work.** Nous avons un nouveau directeur au bureau.

**– Is he cool?** Est-ce qu'il est sympa ?

**– Yes, I like .................. He .................. young and friendly.**
Oui, je l'aime bien. Il est jeune et gentil.
...

**5. – Lina and Sam know .................. quite well.** Lina et Sam se connaissent assez bien.

**– Yes, I often see .................. together.** Oui, je les vois souvent ensemble.
...

**6. – She makes decorative accessories and sells.................. .**
Elle fait des accessoires déco et les vend.

**– I know, I've bought some very nice things from..................**
Je sais, j'ai déjà acheté de très belles choses chez elle.

...

**7. – Fish and chips is ... daughter ... favorite dish.** Poisson et frites, c'est le plat préféré de notre fille.

**– Fish is a good food, but ... son doesn't like .... Sometimes I force ... to eat at least a bit.**
Le poisson c'est de la bonne nourriture, mais mon fils ne l'aime pas. Parfois je l'oblige d'en manger au moins un peu.

...

**8. – Have you met the new neighbours next to Leana ... house?**
Tu connais les nouveaux voisins à côté de la maison de Leana ?

**– Not yet, but I already met ... dog. It barks every time I pass nearby.**
Pas encore, mais je connais déjà leur chien. Il aboie chaque fois que je passe à côté.

...

**9. – I have not seen ... car recently. ... is ...?** Je n'ai pas vu ta voiture récemment. Elle est où ?

**I sold it. You must see ... new one.** Je l'ai vendue, tu dois voir ma nouvelle voiture.

**12 CHAPITRE**

# PRESENT SIMPLE

TRADUIT EN FRANÇAIS PAR LE **PRÉSENT** (je travaille).

On l'utilise quand on parle des choses **en général**, des actions de **routine**, des **habitudes**, des états **permanents**.

Peter **works** in a travel agency.
Peter travaille dans une agence touristique.

Cette phrase nous dit qu'il travaille là-bas en principe, mais nous ne savons pas ce qu'il fait en ce moment. Il peut être en vacances et bronzer à la plage. Si nous voulons parler de ce que quelqu'un est en train de faire, nous utilisons un autre présent, appelé *Present Continuous (*page 159).

Peter **plays** tennis three times a week.
Peter joue au tennis trois fois par semaine.

Il y a une régularité, une répétition, et donc le verbe doit être au *Present Simple*.

## COMMENT
EST-CE QU'ON LE FORME ?

**(+) Forme affirmative**

La forme affirmative est faite à partir de l'infinitif du verbe sans changement, à l'exception de **he/she/it** (3ème personne du singulier) où on ajoute un **s**.

Exemple : le verbe **work** (travailler) au *Present Simple* :
I/you/we/they work
He/she/it work**s**

Particularités :

Dans certains cas on ajoute **-es** à la 3ème personne du singulier et on prononce différemment :

**he does** [dʌz] – il fait
**he watches** ['wɒtʃiz] – il regarde
**he says** [sez] – il dit (on prononce « sez », et pas « ~~seiz~~ » !)
**he goes** [gouz] – il va
**he studies** ['stʌdiz] – il étudie

La pratique témoigne que ce « **s** » tourmente les étudiants en anglais qui l'oublient souvent. Mais, en fait c'est sans doute plus simple qu'en français où la terminaison varie pour chaque personne : -e, -es, -e, -ons, -ez, -ont. Et les verbes irréguliers ?!

(-) <u>Forme négative</u>

avec DO NOT et DOES NOT (**she/he/it**)

Dans le langage parlé on utilise les formes contractées **DON'T** et **DOESN'T.** Ici DO est un auxiliaire et se combine avec NOT pour former une particule négative. La forme DO NOT (don't) est pour toutes les personnes, à l'exception de **she/he/it** où c'est DOES NOT (doesn't) :

I do not work = I **don't** work.
Je ne travaille pas.

He/she/it does not work = He/she/it **doesn't** work.
Il/elle ne travaille pas.

He **doesn't live*** in Paris. (pas He ~~not lives~~ in Paris.)
Il n'habite pas à Paris.

They **don't go*** to school on Saturdays. (pas They ~~not go~~...)
Ils ne vont pas à l'école le samedi.

> Attention ! Dans la phrase négative où il y a **doesn't/don't**, le verbe reste à l'**infinitif** !

(?) <u>Forme interrogative</u>

avec DO et DOES.

Ici aussi le verbe DO est auxiliaire et représente une particule interrogative. La forme DO est utilisée pour toutes les personnes à l'exception de **he/she/it** où c'est DOES :

**Do** you work? (pas ~~Work you?~~ )
Est-ce que tu travailles ?

**Does** he/she/it work? (pas ~~Works he?~~)
Est-ce qu'il/elle travaille ?

**Do** they work? (pas ~~Work they?)~~
Est-ce qu'ils travaillent ?

Evitez l'erreur de former la question avec une inversion.
Seul l'auxiliaire **do/does** permet de faire les formes interrogatives au *Present Simple*.
Si dans la phrase il y a un mot interrogatif, l'ordre des mots est le suivant :

Mot interrogatif + do/does +sujet+ verbe (à l'infinitif !)

> Where **does** he live?
> Où est-ce qu'il habite ? (pas ~~where lives he~~ )

Evitez l'erreur de dire : ~~Where is he live?~~ ou ~~Where are you live?~~.
« Is » et « are » ne peuvent pas être auxiliaires au *Present Simple*.

Exception :

Il y a un seul cas où dans la formulation d'une question **il n'y a pas DO/DOES** – c'est quand la question vise à trouver **le sujet**, celui qui fait l'action :

> **Who** lives in this house? (il n'y a pas « does »)
> Qui habite dans cette maison ?
>
> **How many people** work for this company? (il n'y a pas « do »)
> Combien de personnes travaillent pour cette entreprise ?
>
> **What** happens at the end of the film? (il n'y a pas « does »)
> Qu'est-ce qu'il se passe à la fin du film ?

Les mots interrogatifs qui servent à trouver le sujet sont :
WHO, WHAT, WHICH, HOW MANY, HOW MUCH.

Voici une phrase simple (à première vue) pour s'exercer :

> Anne loves Tom. Anne aime Tom.
> (Anne est le sujet, Tom est le complément).
>
> Nous pouvons poser deux questions :
> pour Anne (le sujet) et pour Tom (le complément).
>
> **Who** loves Tom? Qui aime Tom ? Anne.
> (il n'y a pas de « does », la question vise à trouver le sujet)
>
> **Who** does Anne love? Anne aime qui ? Tom.
> (il y a « does », la question vise à trouver le complément)

En résumé : dans une question avec **who, what, how many**, on met « do/does », quand on s'interroge sur le complément, et on ne met pas « do/does » quand on s'interroge sur le sujet.

Si vous faites une question avec n'importe quel autre mot interrogatif – *where, when, what time, why, how, how long*, il n'y a aucun besoin de réfléchir – tout de suite après le mot interrogatif, vous mettez DO/DOES, puis le sujet, et à la fin, le verbe à l'infinitif.

**Why do you** want to learn English?
Pourquoi tu veux apprendre l'anglais ?

**How long does it** take to go from Paris to Bordeaux?
Ça prend combien de temps pour aller de Paris à Bordeaux ?

**What time do you** start work?
A quelle heure tu commences le travail ?

**Do** et **does** peuvent également être employés dans une phrase affirmative pour renforcer le sens du verbe ou exprimer de l'émotion. On les prononce en y mettant l'accent :

I **do** love you! He **does** work hard!

**Forme interro-négative**

La forme interro-négative au *Present Simple* s'utilise quand on veut exprimer une émotion, pour proposer quelque chose ou encore pour donner un conseil.

**Don't you have** a smartphone?
Est-ce que tu n'as pas de smartphone ?

Why **don't you come** with me?
Pourquoi tu ne viens pas avec moi ?

Il ne faut pas oublier que les règles de formation du *Present Simple* s'appliquent à tous les verbes, à l'exception du verbe BE. Avec BE la question se fait par inversion, et pas à l'aide de l'auxiliaire « do ».

**Réponses courtes**

Les réponses courtes sont avec «do/does ».

C'est facile, parce que la particule est déjà dans la question, on la reprend pour faire la réponse :

**Do** you speak English?
Parlez-vous anglais ? Yes, I **do**. / No, I **don't**.

**Does** he speak English? Est-ce qu'il parle anglais ?

Yes, he **does**. / No, he **doesn't**.

**Moi aussi.**

**1. So do I.** Moi aussi.
– I like swimming. J'aime nager.
– **So do I**. (ou Me too) Moi aussi.

**2. I don't either. (Neither do I)** Moi non plus.
– I don't like doing the washing-up. Je n'aime pas faire la vaisselle.
– **I don't either**. (pas ~~Me too~~) Moi non plus.

## N'est-ce pas ?

**Do you? Don't you? Does he? Doesn't he?**

« N'est-ce pas » se fait avec **DO** ou **DOES**, à la forme affirmative ou négative, opposée à celle du verbe dans la phrase. (+/-), (-/+)

You like France, **don't you**?
Tu aimes la France, n'est-ce pas ?

He still works with you, **doesn't he**?
Il travaille toujours avec toi, n'est-ce pas ?

He doesn't play professionally anymore, **does he**?
Il ne joue plus en tant que professionnel, n'est-ce pas ?

## C'est vrai ? Vraiment ? Ah bon ?

**Do you? Don't you? Does he? Doesn't he?**

Pour exprimer l'étonnement à la suite d'une phrase affirmative, on utilise « do » ou « does ». La forme est affirmative aussi, tout comme le verbe dans la phrase : (+/+). Si la phrase est négative, la réponse sera avec « don' t » ou « doesn' t » : (-/-)

– I go to the mountains every Sunday.
Je vais à la montagne tous les dimanches.
– **Do you**? That's great!
C'est vrai ? Super !

– He doesn't live in England anymore.
Il n'habite plus en Angleterre.
– **Doesn't he**? Where is he now?
Ah bon ? Où est-il maintenant ?

## Impératif :

La forme à l'impératif est identique à **l'infinitif :**

**Wait** for me, please!
Attends-moi, s'il te plaît !

**Put on** your coat, it is very cold!
Mets ton manteau, il fait très froid !

L'impératif négatif est formé avec **don't**:

**Don't close** the window!
Ne ferme pas la fenêtre !

**Don't tell** anyone about this!
Ne parle à personne de ça !

## QUAND

EST-CE QU'ON EMPLOIE **PRESENT SIMPLE ?**

**He usually gets up at 7 am.**

**He starts work at 9 am.**

**He walks his dog every evening.**

**1.** Activités régulières, répétitives, **habitudes**.

I **play** tennis every Sunday. Je joue au tennis tous les dimanches.
This shop **opens** at 10 am. Ce magasin ouvre à 10 heures.
He **smokes**. Il fume. (il est fumeur)

**2.** Etats **permanents**, facultés, qualités.

She **sings** very well. Elle chante très bien.
He **speaks** three languages. Il parle trois langues.
They **live** in Nantes. Ils habitent à Nantes.

**3. Vérités scientifiques**

The Sun **rises** in the East. Le soleil se lève à l'est.
The Moon **goes** round the Earth. La lune tourne autour de la terre.
Water **freezes** at zero degrees. L'eau gèle à zéro degré.

**4. Futur** dans les horaires (de bus, train, etc), programmes (film, télé, conférence)

The train **leaves** at 9.30am. Le train part à 9.30.
What time **does** the football match **start**? A quelle heure commence le match ?

<u>**Mots clés**</u> pour *Present Simple* :
Tous ceux qui expriment la **fréquence**, la répétition, la régularité :

**every** – chaque / tous les ....

**every day** – tous les jours
**every month** – tous les mois
**every week** – toutes les semaines
**every year** – chaque année

**once** a week – une fois par semaine
**twice** a week/month/year – deux fois par semaine/mois/année

<u>**Adverbes de fréquence**</u> :
**always** - toujours
**usually** - d'habitude
**normally / generally** - normalement
**often / frequently** - souvent
**sometimes** - parfois
**occasionally** - de temps en temps
**seldom** - rarement
**rarely** - rarement
**hardly ever** - presque jamais
**never** - jamais

La place de l'adverbe est d'habitude **avant le verbe** :

> They **often** <u>do</u> the shopping on Saturdays. Ils font souvent leurs achats le samedi.
> He **usually** <u>watches</u> TV in the evening. D'habitude il regarde la télé le soir.

Mais, si le verbe est BE (am, is, are, was, were) ou bien modal (can, must, should, etc), la place de l'adverbe est après la forme de BE ou le verbe modal :

> He <u>is</u> **always** in good mood. Il est toujours de bonne humeur.
> You <u>should</u> **never** do this again. Tu ne dois plus jamais faire comme ça.

« Usually », « occasionally », « sometimes » peuvent être au début de la phrase quand nous voulons y mettre l'accent :

> **Sometimes** I meet her for a coffee. Parfois je prends un café avec elle.

Attention avec **never!**
Quand il y a « never » dans la phrase, c'est suffisant pour la négation et il ne faut pas mettre « not ». C'est comme avec l'omission de « pas » en français en présence de « jamais » ou un autre mot de négation.

Il ne boit jamais de café le soir. He never drinks coffee in the evening.
(pas ~~He never doesn't drink coffee in the evenings.~~)

**How often** – le mot interrogatif avec lequel on fait les questions pour marquer la fréquence.

**How often do you go** to the cinema? Est-ce que tu vas souvent au cinéma ?
**How often do you charge** the battery? Tu charges la batterie à quelle fréquence ?

## EXERCICES Complétez les phrases :

**1. – ... you still... to your callanetics class?** Est-ce que tu vas toujours à tes cours de callanétics ?

**– Oh yes, I.... It .... me stay in good shape.** Oh, oui, ça me permet d'être en forme.

**– How often ....you...?** Combien de fois par semaine tu y vas ? - **Twice a week.** Deux fois.

...

**2. – He .......... in the USA, ............ he?** Il habite aux Etats Unis, n'est-ce pas ?
(conversation au sujet d'un ancien camarade d'école)

**– Yes, he ... . He lives in Albuquerque, New Mexico.** Oui, il habite à Albuquerque, Nouveau Mexique.

**– What ... he... there?** Qu'est-ce qu'il fait là-bas ?

**– He ... for a scientific research centre.** Il travaille dans un centre de recherche scientifique.

**– .............. he often ............... back to France?** Est-ce qu'il rentre souvent en France ?

**– Not very often, once a year or once every two years.** Pas très souvent, une fois par an ou tous les deux ans.

...

**3. – ... you... any sport?** Tu fais du sport ?

**– Not actively, but we ... skiing every winter with the children.**
Pas activement, mais on fait du ski tous les hivers avec les enfants.

**– Where ... you usually ...?** Où allez-vous d'habitude ?

**– Sometimes to Chamonix, sometimes to Megève. I also love Serre Chevalier.**
Parfois à Chamonix, parfois à Megève. J'aime aussi Serre Chevalier.

...

**4. – .... she ... in Paris?** Est-ce qu'elle habite à Paris ?

**– Yes, she .... but she .... born in Paris.** Oui, mais elle n'est pas de Paris.

**– Where ... she born?** Elle est née où ? - **In Toulouse.** A Toulouse.

...

**5. – ... you ...?** Est-ce que vous fumez ?

**– Yes, I ... I smoke at least one pack a day.** Oui, je fume au moins un paquet par jour.

...

**6. – What .... this word ... (mean)?** Que signifie ce mot ?

**– I ... (not know). I must look it up in the dictionary.** Je ne sais pas. Je dois vérifier dans le dictionnaire.

...

**7. – What time .... usually (go) to bed?** A quelle heure tu vas au lit d'habitude ?

**– It depends. If I ... (not watch) a film on TV, quite early.** Ça dépend. Si je ne regarde pas de film à la télé, assez tôt.

...

**8. – Your father is a teacher, isn't he?** Ton père est enseignant, n'est-ce pas?

**– Yes, ... . He ... (teach) French in England, in Maidstone.** Oui. Il enseigne le français en Angleterre, à Maidstone.

**– Really? So he ... (not live) in France?** Ah bon? Il ne vit donc pas en France?

**– Yes, he ... (live) in France, in Normandy but he ... (work) in England.** Si, il vit en France, en Normandie, mais il travaille en Angleterre.

**– That's sounds impossible! What time ... he (have to) get up to go to work?** Ça semble impossible ! A quelle heure il doit se lever pour aller au travail ?

**– Well, he only ... (go) to Maidstone once a week. The other days he ... (give) online courses.** Eh bien, il va à Maidstone seulement une fois par semaine. Les autres jours il donne des cours en ligne.

**– How long ... it (take) him to go to Maidstone?** Combien de temps ça lui prend pour aller à Maidstone?

**– The journey there and back ... (take) twelve hours. Every Monday he ... (leave) home at 2.30 in the morning and ... (drive) to Boulogne-sur-Mer where he ... (leave) his car and ... (catch) the ferry to Folkstone, then the train to Maidstone and arrives at the school at 8.30.** Aller retour ça fait douze heures. Tous les lundis il part à 2.30 du matin et conduit jusqu'à Boulogne-sur-Mer où il laisse sa voiture. Il prend le ferry pour Folkstone, puis le train pour Maidstone et il arrive à l'école à 8.30.

**– It must be very tiring to travel six hours to go to work. I guess he really loves his work.** Ça doit être très fatigant de voyager six heures pour aller au travail. Je suppose qu'il aime vraiment son travail !

**– That's true. He ... (love) it.** C'est vrai. Il l'aime.

...

**9. – Good morning ! Can I ... (have) your passport?** Bonjour ! Je peux voir votre passeport ?

**– Here you are.** Voilà, je vous prie.

**– Thank you. What ... (prefer)? A window or an aisle seat?** Qu'est-ce que vous préférez? Siège fenêtre ou couloir ?

**– An aisle seat, please. I ... (not feel) comfortable by the window.** Un siège couloir, s'il vous plaît. Je ne me sens pas à l'aise à côté de la fenêtre.

**– ... (have) any luggage?** Vous avez des bagages ?

**– Yes, this suitcase and this hand luggage. What time ... we (arrive) in London ?** Oui, cette valise et ce sac à main. A quelle heure on arrive à Londres?

**– At 11.15pm.** A 23.15.

**– ... you (think) I'll have enough time for my connecting flight?** Vous pensez que j'aurais suffisamment de temps pour mon vol de correspondance ?

**– Sure! You ... (have) two hours and your next flight ... (be) on the same terminal so no worries at all.** Bien sûr ! Vous avez deux heures de temps et votre vol suivant est depuis le même terminal, et donc aucun problème.

**10. – ... you ... (do) your shopping at Whole foods market?** Tu fais tes achats à Whole foods market ?

**– No, never. Are the products nice?** Non, jamais. Est-ce que les produits sont bons?

**– The products are wonderful.** Les produits sont magnifiques.

**– Are they? Me, I ... (go) to Vons for my groceries.** C'est vrai ? Moi, je vais chez Vons pour mes provisions d'épicerie.

**– I ... (not know) Vons well, but I prefer the food at Whole foods.** Je ne connais pas bien Vons, mais je préfère les produits de Whole foods.

**– What ... you (not like) about Vons?** Qu'est-ce que tu n'aimes pas chez Vons?

**– They ... (not offer) a wide range of organic foods.** Ils n'offrent pas une grande variété de produits bio.

**– ... they ... (have) organic food at Whole foods?** Est-ce qu'ils ont des produits bio à Whole foods ?

**– Of course! That's the place to go to get healthy food.** Bien sûr ! C'est là où il faut aller pour trouver de la nourriture saine.

...

**11. – How can I help you?** Comment je peux vous aider?

**– What time ... the library (close)?** A quelle heure ferme la bibliothèque ?

**– The library ... (close) at 6pm.** La bibliothèque ferme à 18 heures.

**– ... it (close) at the same time every night?** Est-ce qu'elle ferme à la même heure tous les jours?

**– Not actually. On Fridays we ... (work) until half ... six.** En fait, non. Vendredi on travaille jusqu'à 18 heures et demie.

**– What about Saturday? ... you (work) on Saturdays?** Et samedi ? Vous travaillez samedi ?

**– Yes, we... . ... 9am ... 6.30pm.** Oui. De 9 heures jusqu'à 18 heures et demie.

**– OK, thank you.** D'accord, merci.

**– ... you (need) any other information?** Vous avez besoin de plus d'informations ?

**– No, thanks.** Non, merci.

## DIALOGUE 4

audio

www.grammar-marydell.com

« DISCUSSION SUR LE FOOTBALL, LE TENNIS, LE TRAVAIL »

*Au bistrot. Le match de rugby va bientôt commencer.*

Julien: Hi, Peter, how are you?

Peter: Very well, thanks, and you?

Julien: Not too bad. I had a busy day at work and now I just **want** to relax. **What time does the match start?**

Peter: At 8.30pm. Journalists and sport experts **usually have a talk** before the game. They **make comments** on the strategy, the players, the chances of each team to win.

Julien: Same thing in France before a football game. In fact, **I don't know** much about rugby. Our French rugby team is good but still **we watch** football much more often.

Peter: I suppose that **the French love football** even more now, after winning a second World Cup.

Julien: Yes, we are very proud with our national team, and brilliant players like Mbappé, Griezmann, Pogba...

Peter: **I know** them all. I've seen Pogba play for Manchester United. What about tennis? It is popular in France, isn't it, with your spectacular Roland Garros?

Julien: Not as much as football, but yes, it is. We are always excited when Tsonga or Monfils are on the court. **I like playing** tennis, not just watching.

Peter: **Do you?** I'm keen on tennis too. **I play every Sunday morning.** You are welcome to join our club.

Julien: Oh, thanks, that's very kind of you! But you will probably regret it when I start beating you!

Julien: Salut, Peter, comment ça va ?

Peter: Très bien, merci, et toi ?

Julien: Pas mal. J'ai eu une journée chargée au travail, et maintenant j'ai envie de me détendre. A quelle heure commence le match ?

Peter: A 20.30. Avant le match il y a d'habitude des journalistes et des experts qui discutent, font des commentaires sur la stratégie, les joueurs, les chances de chaque équipe de gagner.

Julien: C'est la même chose en France avant un match de football. En fait, je ne connais pas le rugby très bien. Notre équipe de rugby est bonne, et pourtant on regarde le foot beaucoup plus souvent.

Peter: Je suppose que les français aiment le football davantage après avoir gagné une deuxième Coupe du monde.

Julien: Oui, nous sommes très fiers de notre équipe nationale, et des joueurs brillants comme Mbappé, Griezmann, Pogba...

Peter: Je les connais tous. J'ai regardé Pogba jouer à Manchester United. Et le tennis ? Il est populaire en France, n'est-ce pas, avec votre spectaculaire Roland Garros

Julien: Pas autant que le football, mais oui, il est populaire. On est toujours ému quand Tsonga ou Monfils sont sur le court. Moi, j'aime jouer au tennis, pas seulement le regarder.

Peter: C'est vrai? Moi aussi, je suis passionné par le tennis. Je joue tous les dimanches matin. Tu es le bienvenu à rejoindre notre club.

Julien: Oh, merci, c'est très gentil ! Mais tu vas le regretter probablement quand je commence à te battre !

Peter: Haha, no way! I have a lot of experience plus **I try hard** to keep fit - **I go jogging** every morning.

Julien: So do I. Well, not every day, but at least three times a week. **I get up** at 6.30, **go jogging** in the park and then I have enough time left to get ready for work.

Peter: **What time do you start work?**

Julien: At 9. I'm supposed to work until 6pm but **I often stay** until 7 or even later.

Peter: Me too, but I can go late in the morning. I also have one day of the week when I can work from home. **I usually choose** Friday. And in the evening I am always here, of course.

Peter: Haha, impossible ! J'ai beaucoup d'expérience, et puis je fais des efforts pour être en forme – je cours tous les matins.

Julien: Moi aussi. Bon, pas tous les jours, mais au moins trois fois par semaine. Je me lève à 6.30, je cours dans le parc, et après il me reste suffisamment de temps pour me préparer à aller au travail.

Peter: Tu commences le travail à quelle heure ?

Julien: A 9 heures. Normalement je dois travailler jusqu'à 18 heures, mais je reste souvent jusqu'à 19 ou même plus tard.

Peter: Moi aussi, mais je peux aller plus tard le matin. J'ai en plus un jour de la semaine où je peux travailler de chez moi. D'habitude je choisis vendredi. Et le soir, je viens ici, bien sûr.

**VOCABULAIRE UTILE : vie au quotidien, temps libre, sport**

Activités quotidiennes - Every day routine:

**wake up** – se réveiller ; **get up** – se lever ; **have a shower** – prendre une douche
**have breakfast** – prendre son petit déjeuner ; **go to work** – aller au travail
**have a break** – faire une pause ; **have lunch** – déjeuner ; **finish work** – finir le travail
**do the shopping** – faire des courses ; **go home** – rentrer à la maison
**have dinner** – dîner ; **go to bed** – aller au lit ; **have an early night** – se coucher tôt
**fall asleep** – s'endormir ; **sleep** – dormir ; **dream** – rêver
**schedule** ['ʃedʒu:l] – emploi du temps, programme
**free time / spare time / leisure time** – temps libre, temps de loisirs
**What do you do in your free time**? Que fais-tu de ton temps libre ?

A la maison :

**listen to music** – écouter de la musique ; **listen to the radio** – écouter la radio
**watch TV** – regarder la télé ; **surf the net** – surfer sur Internet
**chat on the phone** – parler au téléphone
**read a book / a newpaper / a magazine** – lire un livre / un journal / un magazine
**do crosswords** – faire des mots-croisés ; **invite friends** – recevoir des invités
**cook** – faire la cuisine ; **have dinner with friends** – dîner avec des amis

**order a take-away** – commander un repas à emporter
Sortir :
**Go to a restaurant / to the pub / to a nightclub**
aller au restaurant / au bistrot/ dans un bar
**Go out for dinner** – sortir dîner ; **go out for a drink** – sortir boire un verre
**Go to a football match** – aller à un match de football
**Go to the cinema / to the theatre / to a concert** – aller au cinéma / au théâtre / au concert
**Go for a walk** – se promener ; **go shopping** - faire les magasins
**Do you like…?** Est-ce que tu aimes**…?**
Like / love + -ing
Le verbe qui suit **like / love** se termine par **-ing**
(plus de détail sur les verbes suivis de **-ing** au Chapitre 25 Verb patterns, page 247)
**Do you like dancing?** Tu aimes danser ?
**Do you like playing** computer games? Tu aimes jouer sur l'ordinateur ?
**I like hiking. What about you?** J'aime la randonnée. Et toi ?
**Do you play** tennis? Tu joues au tennis ?
**Do you like** football? Tu aimes le football ?
**Do you like reading?** Est-ce que tu aimes lire ?
**What kind of music do you like?** Tu aimes quel genre de musique ?
**What kind of movies do you like?** Tu aimes quel genre de films ?

**play** – jouer
Comme « jouer » en français, « play » s'utilise pour les sports
et pour les instruments de musique.
**play tennis** – jouer au tennis
**play the piano** – jouer du piano (devant l'instrument de musique on met « **the** »)
Do you play any sports? Tu fais du sport ?
What sport do you do? Quel sport tu pratiques ?
**What is your favourite sport?** Quel est ton sport préféré ?

Avec les sports on utilise trois verbes : **GO, DO** et **PLAY**.
- **GO** + -ing : **go swimming / go skiing / go fishing / go dancing**
- **DO** + sports individuels sans ballon : **do judo / do aerobics / do yoga**
- **PLAY** + sports individuels ou en équipe avec ballon, ainsi que les jeux de table :
**play volleyball / play tennis / play snooker / play squash / play bridge / play chess**

Si vous vous intéressez au fitness, je voudrais vous recommander un site internet intéressant et utile, avec plus de 500 vidéos en anglais. Il s'appelle « Fitness blender ». Les instructeurs sont très sympas, expliquent bien, et donnent toutes sortes de conseils pour rester en forme, même des recettes de plats sains ☺

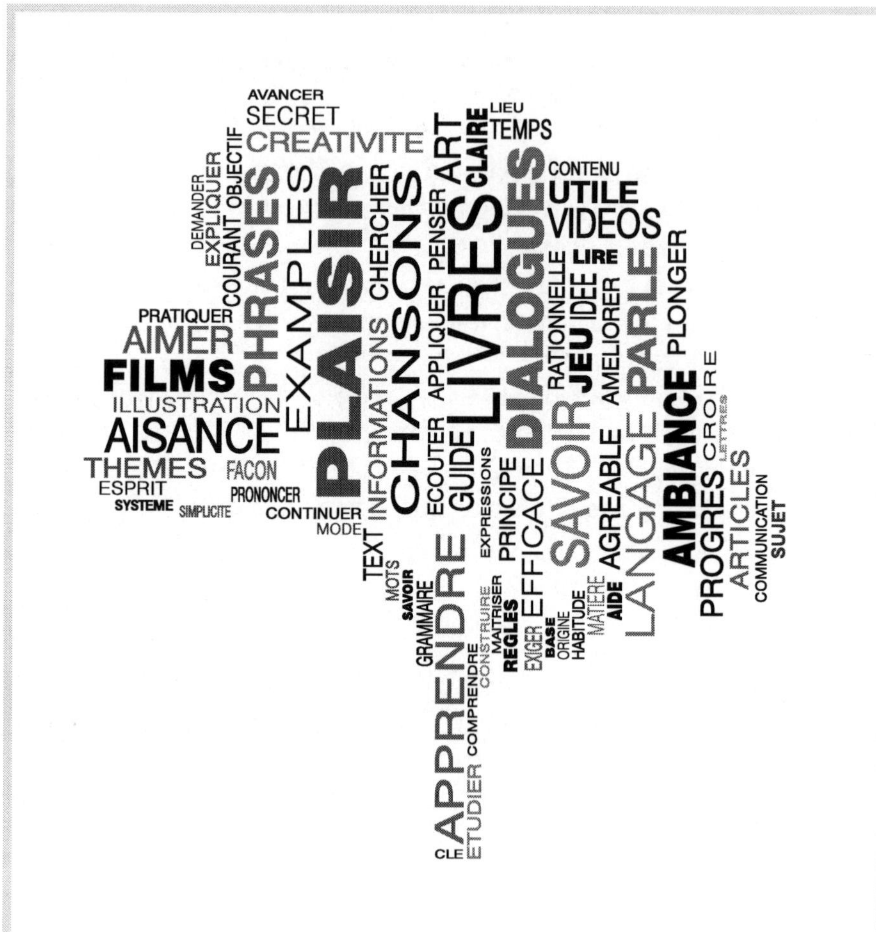
AVANCER
SECRET
CREATIVITE
LIEU
TEMPS
CLAIRE
ART
CONTENU
UTILE
VIDEOS
DEMANDER
EXPLIQUER
COURANT
OBJECTIF
PHRASES
EXAMPLES
PLAISIR
CHERCHER
CHANSONS
PENSER
LIVRES
DIALOGUES
LIRE
RATIONNELLE
IDEE
JEU
AMELIORER
PARLE
PLONGER
PRATIQUER
AIMER
FILMS
ILLUSTRATION
AISANCE
THEMES
ESPRIT
SYSTEME
SIMPLICITE
FACON
PRONONCER
CONTINUER
MODE
INFORMATIONS
APPLIQUER
ECOUTER
GUIDE
EXPRESSIONS
PRINCIPE
EFFICACE
SAVOIR
AGREABLE
LANGAGE
AMBIANCE
CROIRE
LETTRES
PROGRES
ARTICLES
COMMUNICATION
SUJET
TEXT
MOTS
SAVOIR
GRAMMAIRE
APPRENDRE
CONSTRUIRE
MAITRISER
REGLES
EXIGER
BASE
ORIGINE
HABITUDE
MATIERE
AIDE
COMPRENDRE
ETUDIER
CLE

13 CHAPITRE

# A/AN ET THE

## ARTICLES

Tout d'abord rappelons qu'en anglais, comme en français, les noms peuvent être :

- **Comptables** – ceux que nous pouvons compter, comme *book* - livre, *chair* - chaise, *bag* – sac, etc., et qui ont un singulier et un pluriel.
- **Non-comptables**, comme *tea* – du thé, *sugar* – du sucre, *beauty* – de la beauté, etc. qui n'ont pas de pluriel.

**a** ou **an** – *Indefinite article* – article indéfini.
Il est utilisé uniquement devant les noms **comptables au singulier.**
On ne le met pas devant des noms comptables au pluriel ou non-comptables.

Il est traduit en français par **un** ou **une**.
**a** book – un livre ; **a** door – une porte ; **an** elephant [ˈɛlɪfənt] – un éléphant

**the** – *Definite article* – article défini.
Il correspond aux articles définis français le, la, les. « The » peut être utilisé avec tous les types de noms : comptables singulier ou pluriel, et non-comptables.
**the** door – la porte ; **the** child – l'enfant ; **the** countries – les pays ; **the** truth – la verité

En principe, l'article indéfini **a/an** s'emploie quand on parle de quelque chose pour la première fois, et l'article défini **the** – quand on l'a déjà mentionné et on en reparle :

They live in **a** house. Ils habitent une maison.

Nous parlons de « maison » pour la première fois, et donc, nous utilisons un article indéfini.

**The** house is nice and big. La maison est grande et belle.

On a déjà mentionné la maison, et ici on donne plus d'informations, donc on utilise un article défini.

Maintenant nous allons voir les articles en détail :

## A/AN
ARTICLE INDÉFINI

**A** ou **an** s'utilise devant un nom **comptable** au **singulier** :

a cup – une tasse
a pen – un stylo
pas ~~a chairs~~ – des chaises (ne s'emploie pas avec le pluriel !)
pas ~~a wine~~ – du vin (ne s'emploie pas avec les noms non-comptables !)

Quelle est la différence entre **a** et **an** ?

**a** – devant des mots qui commencent par une **consonne**.
Il se prononce d'habitude **[ə]**, mais peut aussi se prononcer **[ei]**. Le **[ei]** est utilisé quand nous voulons appuyer sur le mot.

**a** flower – une fleur
**a** song – une chanson
**a** beautiful woman – une belle femme

**an** – devant des mots qui commencent par une **voyelle** ou **h muet** pour la mélodie de la langue. On l'entend [ən] et on le lie avec le mot.

**an** egg – un œuf
**an** umbrella – un parapluie
**an** English dictionary – un dictionnaire d'anglais
**an** hour – une heure (« h » muet)

## QUAND
EST-CE QU'ON EMPLOIE **A/AN** ?

**1.** Quand nous parlons de quelque chose **pour la première fois**

This is **an** interesting book. C'est un livre intéressant.
I have **a** pen in my bag. J'ai un stylo dans mon sac.

**2.** Dans le sens de « **quelqu'un** »

There is **a** boy in front of the house.
Il y a un garçon devant la maison.

**3.** Devant **<u>les noms de professions</u>**

He is **<u>a</u>** journalist. Il est journaliste.
She is **<u>an</u>** engineer. Elle est ingénieur.

**4.** Expressions avec **<u>a</u>**

Have **<u>a</u>** shower – prendre une douche
Go for **<u>a</u>** walk – aller se promener
Do **<u>a</u>** favour – rendre service
Make **<u>a</u>** cake – faire un gâteau

> Attention ! O**n ne met pas « a »** dans les expressions des repas :
> have breakfast ; have lunch ; have dinner.

## <u>THE</u>
### <u>ARTICLE DÉFINI</u>

**The** correspond à « le, la, les » en français.
La prononciation est :

**[ðə]** devant une consonne
the **[ðə]** city – la ville

**[ði]** devant une <u>voyelle</u>, ou bien
devant une <u>consonne</u> quand nous voulons <u>appuyer</u> sur le mot
the **[ði]** engine – le moteur
the **[ði]** umbrella – le parapluie
the **[ði]** Brexit
(au lieu de the **[ðə]** Brexit, si vous voulez appuyer)

> Attention ! Le son **[ð]** est très spécifique et ne se prononce pas comme [z] !

## <u>QUAND</u>
### <u>EST-CE QU'ON EMPLOIE **THE**?</u>

**1.** Nous **<u>connaissons</u>** l'objet (ou la personne).

**The** cat is under **the** table. Le chat est sous la table. (c'est notre chat, notre table)
You must talk to **the** teacher. Tu dois parler au professeur.
(nous savons de quel professeur il s'agit.)

**2.** L'objet a été **déjà mentionné**.

I watched a Japanese film on TV last night.
**The** actors were good but **the** film was too long.
J'ai regardé un film japonais à la télé hier soir.
Les acteurs étaient bons, mais le film était trop long.

**3.** L'objet est **unique.**

**The** Sun – le Soleil **The** Moon – la Lune
**The** highest mountain in the world – la plus haute montagne au monde

**4.** Dans certaines expressions avec **go**

Go to **the** dentist – aller chez le dentiste
Go to **the** doctor – aller chez le médecin
Go to **the** bank – aller à la banque
Go to **the** post – aller à la poste
Go to **the** cinéma – aller au cinéma
Go to **the** theatre – aller au théâtre
Attention ! Il y a d'autres expressions courantes avec **go** qui ne contiennent pas **the** :
Go to work – aller au travail
Go home – aller à la maison
Go to bed – aller au lit

**5.** Dans les expressions avec **play** – jouer d'un instrument de musique

Play **the** piano – jouer du piano
Play **the** violin [ˈvaɪəlˌɪn] – jouer du violon

**6.** Avec les **notions géographiques**

- certains **pays**

La plupart des pays sont dénommés sans **the**, par exemple Japan, France, Germany, Italy.

**Mais**:

**The** United Kingdom – le Royaume-Uni
**The** United States of America – les Etats-Unis
**The** Netherlands – les Pays-Bas
**The** Czech Republic – la République Tchèque
**The** Philipines – les Philippines
Attention ! Il n'y a pas **the** avec les continents:
Europe ( pas ~~the~~ Europe ) ; North America ; Africa

- chaînes de **montagnes**

**The** Alps – les Alpes
**The** Pyrenees [ˌpɪrəˈniːz] – les Pyrénées

- **<u>fleuves, mers, océans</u>**

**The** Mediterranean [ˌmɛdɪtəˈreɪniən] – la Méditerranée
**The** Black Sea – la mer Noire
**The** Atlantic Ocean – l'océan Atlantique
**The** Thames – la Tamise
**The** Loire – la Loire

- **<u>les points cardinaux</u>**

**The** East – l'est ; Eastern – de l'est
**The** North – le nord ; Northern – du nord
**The** West – l'ouest ; Western – de l'ouest
**The** South - le sud ; Southern - du sud

<u>Avec la préposition **in** :</u>

**in the** South of France / **in** Southern France – dans le sud de la France

<u>Avec la préposition **on** :</u>

**on the** East coast of England – sur la Côte est de l'Angleterre

Pour indiquer la direction (à partir d'un endroit donné), deux options sont possibles : soit **sans préposition, ni « the »**, soit avec « **to the »** :

**north of** = **to the north of** – au nord de
**south of** = **to the south of** – au sud de

Il y a une petite nuance entre les deux. Quelque chose qui est « to the north of X » est relativement proche de X, et quelque chose qui est « north of X » est assez loin de X.

Versailles is t**o the west of** Paris. Versailles est à l'ouest de Paris.
Lyon is **south of** Paris. Lyon se trouve au sud de Paris.

**7.** Devant les noms de journaux – **<u>newspapers</u>**

**The** Financial Times; **The** Guardian

:xpressions

- **<u>périodes de la journée</u>**

in **the** morning – le matin
in **the** afternoon – l'après-midi
in **the** evening – le soir
listen to **the** radio - écouter la radio **<u>Mais :</u>** watch TV – regarder la télé (sans ~~the~~)

**NO ARTICLE** - SANS ARTICLE

Attention ! Quand on parle des choses en général, **on ne met pas d'article.** Cela présente une certaine difficulté, parce qu'en français on met un article défini (le, la, les) dans ces cas-là.

He loves animals. Il aime les animaux. (pas "~~the animals~~")
Olive oil is good for your health. L'huile d'olive est bonne pour la santé. (pas ~~"the olive oil"~~, ni "~~the health~~")
Life is wonderful. (pas ~~"The life")~~ La vie est belle.
I prefer rock music to classical music.
(pas "~~the rock music to the classical music~~")
Je préfère la musique rock à la musique classique.

**The** peut être utilisé, en revanche, avec un nom au singulier (quand on parle de quelque chose en général), si ce nom est une variété spécifique d'un nom générique. Par exemple, « tulip » est une variété de « flower » et on peut dire :

**The** tulip is my favourite flower. La tulipe est ma fleur préférée.
**The** tulip is my favourite flower = Tulips are my favourite flowers.

**The** elephant is the biggest of all animals. L'éléphant est le plus grand de tous les animaux.
**The** elephant is the biggest animal = Elephants are the biggest animals.

**The** + adjective
**The** peut être utilisé avec un adjectif seul sans le nom qu'il qualifie et c'est sous-entendu qu'il s'agit du pluriel.

**The** rich = rich people in general – les riches
I think the rich must pay more taxes. Je pense que les riches doivent payer plus d'impôts.

**The** + nationality adjective
Utilisé quand on parle du peuple d'un pays.

**The** French – les Français
**The** Spanish – les Espagnols
**The** British – les Britanniques
**The** Japanese – les Japonais

Pour certaines nationalités, en revanche, nous sommes obligés d'utiliser un nom au pluriel qui se termine avec -s :
(the) Italians ; (the) Arabs ; (the) Turks

(the) Scots – les Écossais

## EXERCICES **Complétez avec a/an/the ou laissez sans article :**

**1. – What does she do?**
Qu'est-ce qu'elle fait dans la vie ?

**– She is ............ graphic designer.**
Elle est graphic designer.

...
**2. – My son doesn't eat chocolate.**
Mon fils ne mange pas de chocolat.
**- Perfect .................. chocolate is not good for .................. children.**
C'est parfait. Le chocolat n'est pas bon pour les enfants.

...

**3. – Do you stay at .................. hotel when you go to Rome?**
Est-ce que vous logez dans un hôtel quand vous allez à Rome ?

**– No, most often we stay with .................. friend of ours.**
Non, le plus souvent nous allons chez un ami.

...

**4. – Sara can play .................. guitar.**
Sara peut jouer de la guitare.

**– Can she? I thought she could only play .................. piano.**
Ah bon ? Moi, je pensais qu'elle ne pouvait jouer que du piano.

...
**5. – Where are .................. children?**
Où sont les enfants ?
**– They are in .................. garden.**
Ils sont dans le jardin.

...
**6. – I think that .................. money is not the most important thing in .................. life.**
Je pense que l'argent n'est pas la chose la plus importante dans la vie.
**– Maybe not, but .................. life becomes difficult when you are short of money.**
Peut-être pas, mais la vie devient difficile quand tu n'as pas suffisamment d'argent.

...

**7. – This is .................. expensive umbrella.**
Il est cher, ce parapluie.
**– Yes, but .................. transparent umbrellas are quite fashionable at the moment.**
Oui, mais les parapluies transparents sont à la mode maintenant.

**8. – Yesterday I bought ... book and ... pen. I left ... pen in my bag but I can't find now ... book. Have you seen ... book with ... red cover somewhere?** Hier j'ai acheté un livre et un stylo. J'ai laissé le stylo dans mon sac, mais je ne peux pas trouver maintenant le livre. Tu as vu quelque part un livre avec une couverture rouge ?
**– I don't think so. Did you put it on ... shelves?** Je ne pense pas. Tu l'as mis sur l'étagère ?
**– I can't remember but no, it is not on ... shelves. I just checked.** Je ne me rappelle pas, mais non, il n'est pas sur l'étagère. Je viens de vérifier.
**– You might have forgotten it in ... bookstore. Why don't you call them?** Tu peux l'avoir oublié dans la librairie. Pourquoi tu ne les appelles pas?
**– Yes, that's a good idea. I'll call them.** Oui, c'est une bonne idée. Je vais les appeler.
...
**9. – Have you heard that Marcel and ... whole family have moved to ... country?** Tu es au courant que Marcel et toute la famille ont déménagé en province ?
**– Really? To ... south of France?** C'est vrai ? Au sud de la France ?
**– No, they bought ... house ... ... West coast, not far away from Nantes.** Non, ils ont acheté une maison à la côte ouest, pas loin de Nantes.
**– What a surprise. I thought they had ... apartment in Marseille.** Quelle surprise, Moi, je pensais qu'ils avaient un appartement à Marseille.
**– ... apartment where they once invited all of us? Non, it was ... rented one.** L'appartement où ils nous avaient tous invités une fois? Non, celui-là était loué.
...
**10. – My aunt has ... dog and ... cat. ... dog never bites ... cat but ... cat sometimes scratches ... dog.** Ma tante a un chien et un chat. Le chien ne mord jamais le chat, mais le chat griffe parfois le chien.
**– I have seen a lot of videos where ... cat and ... dog are in a very friendly relationship. It seems to me that this is myth that ... dogs hate ... cats and chase them all the time. It's just not true.** J'ai vu beaucoup de vidéos où un chat et un chien sont en relation très amicale. Il me semble que c'est un mythe que les chiens détestent les chats et les pourchassent tout le temps. Ce n'est tout simplement pas vrai.
...
**11. – Did ... police find ... person who stole your bicycle?** Est-ce que la police a trouvé la personne qui t'avait volé la bicyclette ?
**– Not yet but they are working on ... case. They have talked to ... neighbour who saw ... boy near ... place I had left ... bicycle.** Pas encore, mais ils travaillent sur le dossier. Ils ont parlé avec un voisin qui avait vu un garçon près de l'endroit où j'avais laissé la bicyclette.
**– ... neighbours usually see more than you can suppose.** Les voisins d'habitude voient plus que ce qu'on peut supposer.
...
**12. – Would you like ... orange?** Tu veux une orange?
**– No, thanks. I'll have ... apple.** Non, merci. Je vais prendre une pomme.
**– Don't you like ... citrus fruits?** Tu n'aimes pas les agrumes?
**– Yes, I do but I like ... apples as well.** Si, mais j'aime aussi les pommes.

14 CHAPITRE

# SOME ET ANY

**Some** et **any** expriment une **quantité indéfinie** et peuvent être traduits par « certains », « quelques », « un peu », « aucun ».

## NOMS comptables et non comptables

**Some** et **any** s'emploient devant :

- des noms **comptables** au **pluriel**, comme *books, cups, bags,* etc.
- des noms **non-comptables**

Les noms non-comptables sont ceux qu'on ne peut pas dénombrer, et qui prennent en français un article partitif – du, de la, de l', des. Le plus souvent ils sont :

- des produits alimentaires, comme **water** (de l'eau), **milk** (du lait), **sugar** (du sucre).
- des matériaux, comme **glass** (du verre), **paper** (du papier), **gold** (de l'or).
- des notions abstraites, comme **knowledge** (des connaissances), **truth** (vérité), **luck** (chance).

Attention à certains noms non-comptables en anglais dont les équivalents en français sont comptables :

**advice** – un conseil (on ne peut pas dire « ~~one advice~~ »)
**furniture** – des meubles (pas « ~~one furniture~~ »)
**jewelry** – des bijoux (pas « ~~one jewelry~~ »)
**news** – des nouvelles (pas « ~~one news~~ »)
**information** – des informations, des renseignements
**work** (non-comptable) – du travail
**job** (comptable) – un travail

Devant les noms non-comptables **on ne met ni** un article indéfini « a/an », **ni** un nombre :

I'd like some information about... Je voudrais me renseigner sur...
(pas I'd like ~~an information~~)

Can you give me some advice? Tu peux me donner un conseil ?
(pas Can you give me ~~an advice~~ ou ~~one advice~~)

- Les noms non-comptables **n'ont pas de pluriel**, et le verbe qui suit peut être uniquement au singulier.

    **Today's news is** very encouraging.
    Les nouvelles d'aujourd'hui sont très encourageantes.
    (pas today's ~~news are~~.... En anglais **news** est non-comptable.)

- Les noms non-comptables se combinent avec **some, any**, ainsi qu'avec des expressions qui déterminent la quantité :

| | | | |
|---|---|---|---|
| **a loaf of** bread (pas ~~one bread~~) | un pain | **a slice of** bread | une tartine de pain |
| **a cup of** coffee | une tasse de café | **a glass of** wine | un verre de vin |
| **a packet of** flour | un paquet de farine | **a piece of** furniture | un meuble |
| **a piece of** news (pas ~~one news~~) | une nouvelle | **a piece of** advice (pas ~~one advice~~) | un conseil |

Dans certains cas rares devant un nom non-comptable il peut y avoir un adjectif qui le limite, qui le fait concret (comme s'il le faisait comptable), et dans ces cas-là on met « a/an ».

Par exemple :

We had **a** wonderful time. On a passé un très bon moment.
Have **a** good sleep! Dors bien !

Certains noms peuvent être comptables ou non-comptables en fonction du contexte :

**some chocolate** – du chocolat (non-comptable)
Would you like **some** chocolate? Tu veux un peu de chocolat ?
**a chocolate** – un chocolat (comptable)
Would you like **a** chocolate? Tu veux un chocolat ?
**some ice-cream** – de la glace (non-comptable)
Do you like ice-cream? Est-ce que tu aimes la glace ?
**an ice-cream** – une glace (un cornet)
Would like **an** ice-cream? Tu veux une glace ?
**some coffee** – du café  **a coffee** – un café (une tasse de café)
**some beer** – de la bière  **a beer** – une bière (un verre de bière)

Les mots qui peuvent être comptables et non-comptables ont en général des équivalents en français. Il y a cependant certaines exceptions, comme :

**hair** – des cheveux et un poil
**jam** – de la confiture et un bouchon (sur la route)
**room** – de la place (de l'espace) et une chambre

## SOME, ANY, NO : pronoms indéfinis

## SOME

Employé en principe dans des phrases **affirmatives** (+).
Traduit par : **quelque, certains, quelques, un peu, des**

There are **some** pictures on the wall.
Il y a des tableaux (ou quelques tableaux) au mur.

**Some people** think that they know everything.
Il y a des gens qui croient tout savoir.

I'm going to buy **some beer** for tonight.
Je vais acheter de la bière pour ce soir.

I have **some** work to do.
J'ai du travail à faire.

### Exception : SOME dans une question

**Some** (ou l'une de ses dérivées) s'emploie **par exception** dans des phrases interrogatives dans les trois cas suivants :

**1.** Invitation ou proposition

Would you like **some cake**?
Tu veux un peu de gâteau ?

Shall we take **some warm clothes** with us?
Est-ce que nous ne devons pas prendre des habits chauds ?

**2.** Demande

Can I have **some water**, please?
Vous pouvez me donner un peu d'eau, s'il vous plaît ?

Plus de détails sur les invitations et les demandes au Chapitre 15 Would you like... ? Can I have... ?, page 135.

**3.** Quand nous attendons une réponse « oui » à notre question

Are you going to buy **some bread** when you go to the shop?
Est-ce que tu vas acheter du pain quand tu fais les achats ?

Is there **something** you want to tell me?
Est-ce qu'il y a quelque chose que tu veux me dire ?
(« something » est une dérivée de « some »)

## ANY

↳ (?) dans des phrases interrogatives : du, de la, des

Do you have **any questions**? Est-ce que vous avez des questions ?
Is there **any sugar** in the box? Est-ce qu'il y a du sucre dans la boîte ?

↳ (-) dans des phrases négatives : aucun, aucune, personne, pas du tout

There aren't **any people** in the street. Il n'y a personne dans la rue.
There isn't **any difference**. Il n'y a aucune différence.

↳ (+) dans des phrases affirmatives : n'importe quoi, n'importe qui

You can come **any time**.
Tu peux venir à n'importe quelle heure.

Please, feel free to contact me if you have **any questions**.
N'hésitez pas à me contacter si vous avez des questions (quelles qu'elles soient)

↳ combiné avec **hardly**, **rarely**, **without**

**hardly any** – presque pas
She has **hardly any** friends. Elle n'a presque pas d'amis.

↳ **without any** – sans aucun

We found the address **without any** problems.
Nous avons trouvé l'adresse sans aucun problème.

## NO

NO sert à exprimer la négation, tout comme l'une des fonctions de « any », mais à la différence de « any », NO doit être combiné avec un **verbe à la forme affirmative** car deux mots de négation ne peuvent pas cohabiter dans une phrase.

**There are no** glasses on the table.
Il n'y a pas de verres sur la table.
(pas ~~there aren't no glasses~~ on the table)
ou There aren't any glasses on the table.

**I have no** idea.
Je n'ai aucune idée.

**I see no** reason to leave this job.
Je ne vois pas de raison de quitter ce travail.
ou I don't see any reason to leave this job.

Autres expressions courantes avec NO :

| | | | |
|---|---|---|---|
| **no doubt** | sans doute | **no need** | pas besoin |
| **no point** | pas de sens | **no problem** | pas de problème |

No – interdiction

| | |
|---|---|
| **No smoking** | Ne pas fumer |
| **No entry** | Entrée interdite |
| **No pets allowed** | Animaux de compagnie interdits |

## NONE = NOT ANY

NONE, tout comme NO, se combine avec un verbe à la forme affirmative. Il s'emploie pour éviter la répétition.

I bought some coffee the other day, and now **there is none left**.
L'autre jour j'ai acheté du café, et maintenant il n'en reste plus.

Le même sens peut être exprimé par « **not any** » :

I bought some coffee the other day, and now **there isn't any** left.

## SOME / ANY / NONE + OF

Traduits par :

certains
quelques-uns
personne

Souvent utilisés avec des pronoms : **some of us** – certains d'entre nous ; **none of them** – personne d'entre eux.

**Some of** the students speak French.
Certains des étudiants parlent français.

Did **any of** you take part in the event?
Est-ce que qu'il y a quelqu'un parmi vous qui a participé à l'événement ?

**SOME, ANY** et **NO** ont des dérivées qui sont souvent utilisées dans le langage parlé :

**Dérivées de SOME:**

↪ **Somebody** ou **someone** – quelqu'un
**Somebody** has to do the job. Quelqu'un doit faire le travail.

↪ **Something** – quelque chose
I have s**omething** funny to tell you. J'ai quelque chose d'amusant à te dire.

↪ **Somewhere** – quelque part
I've seen him **somewhere**, I'm sure. Je l'ai vu quelque part, je suis sûr.

**Dérivées de ANY:**

↪ **Anybody / anyone**
(?) dans une phrase interrogative – **quelqu'un**

Is there **anyone** who wants to work with me on this project?
Est-ce qu'il y a quelqu'un qui veut travailler avec moi sur ce projet ?

(-) dans une phrase négative – **personne**

There isn't **anybody** in the office.
Il n'y a personne au bureau.

(+) dans une phrase affirmative – **chacun**, n'importe qui

**Anybody** can apply for this job.
Chacun peut postuler cet emploi.

↪ **Anything**
(?) dans une question – **quelque chose**

Do you know **anything** about this?
Est-ce que tu sais quelque chose sur ça ?

(-) dans une phrase négative - **rien**

She did not say **anything**.
Elle n'a rien dit.

(+) dans une phrase affirmative – **tout,** n'importe quoi

I can do **anything** for you.
Je peux tout faire pour toi.

↪ **Anywhere**
(?) dans une question – **quelque part**

Did you go **anywhere** last night?
Est-ce que vous êtes allés quelque part hier soir ?

(-) dans une phrase négative– **nulle part**

I can't find my sunglasses **anywhere**.
Je ne peux trouver mes lunettes de soleil nulle part.

(+) dans une phrase affirmative – partout, **n'importe où**

I could live **anywhere**, as long as I am with you.
Je pourrais vivre n'importe où pourvu que je sois avec toi.

↪ **Anyway** – de toute façon ; enfin ; quand-même ; bon (pour changer le sujet)

Don't worry that you forgot, it wasn't urgent **anyway**.
Ne t'inquiète pas d'avoir oublié, de toute façon ce n'était pas urgent.

Thanks **anyway**!
Merci quand-même !

**Anyway**, and how are things at work?
Bon, et au travail, comment ça se passe ?

↪ **Any more / any longer** – ne....plus

They don't live here **any more** (ou **any longer**). They moved to the USA.
Ils n'habitent plus ici, ils sont allés vivre aux Etats Unis.

**Any more** et **any longer** se mettent à la fin de la phrase, à la différence de **no longer**, qui signifie aussi « ne...plus », mais se place au milieu de la phrase.

You will **no longer** see posts from this person in your News Feed.
Vous n'allez plus voir les posts de cette personne dans votre News Feed.

Un tel message peut vous être envoyé par Facebook, si vous marquez « unfollow » pour un de vos amis virtuels. **Si vous choisissez l'anglais** comme langue opérationnelle pour votre profil Facebook, mail ou portable, vous vous donnez un moyen supplémentaire de faire des progrès sans beaucoup d'efforts.

**Dérivées de NO :**

Tout comme NO, ses dérivées se combinent avec un verbe à la forme affirmative pour éviter la double négation.

↪ **Nobody / no one** – personne

**Nobody** knows the answer.
Personne ne connaît la réponse. (pas ~~Nobody doesn't know~~ the answer)

↪ **Nothing** – rien

« **Nothing** else matters » (Metallica) – Rien d'autre ne compte

↪ **Nowhere** – nulle part

We can go **nowhere** until it stops raining.
ou We can't go anywhere until it stops raining.
On ne peut aller nulle part avant que la pluie ne s'arrête.

**In the middle of nowhere**
Au milieu de nulle part

Do you really want to buy this house?! It is **in the middle of nowhere**!
Tu veux vraiment acheter cette maison ?! Elle est au milieu de nulle part !

## MUCH, MANY, A LOT, FEW, ENOUGH, TOO

↪ **MANY et MUCH** – beaucoup
Les deux signifient « beaucoup », mais ils ne sont pas interchangeables :

**Many** : avec des noms comptables
**Much** : avec des noms non-comptables

Avec les **noms comptables :**
**Many** – beaucoup
Principalement dans des phrases négatives et interrogatives.

There aren't **many cars** in the street.
Il n'y a pas beaucoup de voitures dans la rue.

Were there **many people** in the queue?
Est-ce qu'il y avait beaucoup de monde à la queue ?

**Many** peut être employé dans une phrase affirmative aussi, en particulier quand il est combiné avec **of**.

**many of** us – beaucoup d'entre nous
**many of** you – beaucoup d'entre vous

I guess that **many of you** will enroll in this course.
Je suppose que beaucoup d'entre vous vont s'inscrire à ce cours.

Synonymes de **MANY** :

**A number of** – nombreux, un certain nombre de (utilisé plutôt dans la langue écrite)
**A number of reasons** led to this crisis.
De nombreuses raisons ont mené à cette crise.

Avec les **noms non-comptables :**
**Much** – beaucoup

Généralement dans des phrases négatives et interrogatives.

There is not **much sugar** left.
Il ne reste pas beaucoup de sucre.

Does it use **much electricity**?
Est-ce que ça consomme beaucoup d'énergie ?

<u>Synonymes de **MUCH** :</u>

**A great deal of / a large amount of** – beaucoup, une grande quantité de (utilisé plus souvent dans la langue écrite)

**There is a great deal of** concern in the scientific world about global warming.
Il y a beaucoup d'inquiétude dans le milieu scientifique au sujet du réchauffement climatique.

Avec les <u>**noms comptables et non-comptables**</u>

➥ **A LOT OF / LOTS OF** – beaucoup
Généralement dans des phrases affirmatives.

There are **a lot of candidates** for this job. (**candidate** - comptable)
Il y a beaucoup de candidats pour cet emploi.

I should put **a lot of parsley** in this dish. (**parsley** - non-comptable)
Je dois mettre beaucoup de persil dans ce plat.

**Lots of love.**
Gros bisous.

➥ **TOO** – trop
Peut renforcer **many** et **much** :

**Too many/too much** – trop de

There are **too many cars** in Paris.
Il y a trop de voitures à Paris.

You've put **too much** salt in the dish.
Tu as mis trop de sel dans le plat.

**That's too much**.
C'est trop. (la quantité est plus grande que nécessaire)

**That's too much** now!
Ça, c'est déjà trop !
(exprime un mécontentement fort avec l'intonation convenable)

**Too** peut aussi accompagner un adjectif ou un adverbe :

**too expensive** – trop cher
**too late** – trop tard

**very** – très (accentue des adjectifs, mais peut aussi accentuer **much**) :

I like her **very much.**
Je l'aime bien.

➥ **FEW** et **LITTLE** – peu

**Few** : avec des noms comptables
**Little** : avec des noms non-comptables

Avec les **noms comptables** :

**Few** – peu
Peut être renforcé avec **very** : **very few** – très peu

> **Very few** students passed the exam.
> Très peu d'étudiants ont réussi à l'examen.

**A few** – quelques, pas beaucoup

> There are **a few oranges** in the fridge.
> Il y a quelques oranges dans le frigo.

**Quite a few** – plusieurs, pas mal de

> She knows **quite a few people** connected with politics.
> Elle connaît plusieurs personnes liées à la politique. (ou pas mal de monde...)

**Several** – plusieurs, quelques

> They tested the new machine **several** times.
> Ils ont testé la nouvelle machine plusieurs fois.
>
> **Several** countries refused to accept the convention.
> Plusieurs pays ont refusé de ratifier la convention.

Avec les **noms non-comptables** :

**Little** – peu
**Very little** – très peu

> There is **very little** cheese left.
> Il reste très peu de fromage.

A **little** – un peu

> There is **a little butter**, it will be enough for the pancakes.
> Il y a un peu de beurre, il va suffire pour les crêpes.

**A bit of** – un peu (familier)

I need **a bit of help**.
J'ai besoin d'un peu d'aide.

**A bit of a** – un peu, un peu comme (familier)

It is **a bit of a mess** in my room.
C'est un peu désordonné dans ma chambre.

That's **a bit of a problem**, but we'll cope with it.
C'est un peu problématique, mais on va régler ça.

Différence entre **a few** et **few**, **a little** et **little** :

**a few** – quelques / **a little** – un peu de (peu, mais suffisant, nuance positive)
**few/little** – peu de (peu, insuffisant, nuance négative)

We've got **a little time** before the meeting starts. Let's go and have a coffee.
Nous avons un peu de temps avant la réunion, on peut aller prendre un café.
(suffisamment de temps pour un café)

We've got **little time**, we must hurry up.
Nous avons peu de temps, il faut se dépêcher. (trop peu de temps)

| | |
|---|---|
| few | little |
| a few | a little |
| a number of | a great deal of<br>a great amount of |
| many | much |
| a lot of; lots of; plenty of | |
| **NOMS COMPTABLES** | **NOMS NON-COMPTABLES** |

→ **ENOUGH** – assez, suffisant, e, suffisamment
Notez la prononciation : [iˈnʌf]

**Enough** se place :

- **devant** un nom : **enough** + noun

**enough** petrol – suffisamment d'essence
**enough** bread – assez de pain

There is **enough** wine for the guests, I won't buy any more.
Il y a suffisamment de vin pour les invités, je ne vais pas en acheter.

- **après** un adjectif / adverbe : adjective /adverb + **enough**

qualified **enough** – assez qualifié
fast **enough** – assez vite

This bag isn't large **enough** for the laptop.
Ce sac n'est pas assez grand pour le laptop.

**Enough** peut aussi être autonome :

I'll buy some tomatoes if there aren't **enough.**
Je vais acheter des tomates, s'il n'y en a pas assez.

That's **enough**.
Ça suffit.

**Plenty of** – more than enough – beaucoup plus qu'assez

Don't worry, we've got **plenty of time** to get ready.
Ne t'inquiète pas, nous avons tout notre temps pour nous préparer.

## EACH, EVERY, ALL

### ↪ EACH / EVERY

**Each** – chacun, e (séparément)
**Every** – chacun, e, tous, toutes

Dans certains cas ils sont échangeables, comme par exemple :
every time = each time – chaque fois.

**Every time** (or **each time**) I go to Berlin, I see them.
Chaque fois que je vais à Berlin, je les vois.

Dans d'autres cas, on ne peut pas utiliser l'un à la place de l'autre :

**Each** (et pas ~~every~~):

**Each** team has its chances to win.
Chacune des équipes a ses chances de gagner. (football)

These avocados cost 1 dollar **each.**
Ces avocats coûtent 1 dollar chaque.

**Every** (et pas ~~each~~):

They go out **every** Friday.
Ils sortent tous les vendredis.

There is a train **every** hour.
Il y a un train toutes les heures.

They visited **every** village in the region.
Ils ont visité chaque village dans la région.

**Each and every** – chacun (utilisé pour mettre l'accent)

These problems affect **each and every one of us**.
Ces problèmes influencent chacun de nous.

**Every** est utilisé souvent avec ses **dérivées** :

**EVERYONE, EVERYBODY** – tout le monde

**EVERYTHING** – tout

**Everyone** had fun at the wedding.
Tout le monde s'est amusé au mariage.

**Everything** is OK.
Tout va bien.

↪ **ALL** – tout, toute, tous

**All day** – toute la journée

He worked **all day** yesterday.
Il a travaillé toute la journée hier.

**All the time** – tout le temps

My teenagers are hungry **all the time**.
Mes adolescents ont faim tout le temps.

**All of** them speak English.
Ils parlent tous anglais.

**All** the neighbours came to the meeting.
Tous les voisins sont venus à la réunion.

**BOTH, EITHER, NEITHER**

On utilise « both, either, neither », quand on parle de **deux** choses ou de **deux** personnes :

↪ **BOTH** – les deux

**Both players** are very young.
Les deux joueurs sont très jeunes.

She likes **both** classic and modern music.
Elle aime la musique classique et moderne.

**In both cases** - dans les deux cas

The structure of the element is the same **in both cases**.
La structure de l'élément est la même dans les deux cas.

➥ **EITHER** [aɪðə] ou [i:ðə] – l'un(e) ou l'autre, n'importe lequel

You can access the building **on either side**.
Tu peux accéder à l'immeuble d'un côté ou de l'autre.

**In either case** = **either way** – dans les deux cas

**Either way**, you will be fine.
Tu seras bien dans les deux cas.

**Either... or...** - ou bien.... ou bien; soit....soit

**Either** you leave, **or** you stay, you must decide soon.
Soit tu pars, soit tu restes, tu dois décider vite.

**(-) Either** avec verbe à la forme **négative**

- ni l'un(e), ni l'autre

I don't like **either** of them.
Je n'aime ni l'un, ni l'autre.

- non plus

I don't know him, and I don't want to know him **either**.
Je ne le connais pas, et je n'ai pas non plus envie de le connaître.

➥ **NEITHER** [naɪðə] ou [ni:ðə] – aucun(e) **des deux**, ni l'un(e) ni l'autre...
(combiné avec une forme positive du verbe)

**Neither** team played well yesterday.
Aucune des équipes n'a bien joué hier.

**Neither** ... **nor** - ni ... ni

He is German and he speaks **neither** French **nor** English.
Il est allemand et il ne parle ni français ni anglais.

**... not either** ou **neither** – moi non plus

- I haven't been to Sweeden.
Je n'ai pas été en Suède.

- I have**n't either** (ou **Neither** have I).
Moi non plus.

« Moi non plus » en anglais est chaque fois différent en fonction du temps verbal, mais **not either** (ou **neither**) participent toujours dans la formule. Dans chaque chapitre consacré à un temps verbal, vous pouvez voir les formes.

## EXERCICES Complétez les phrases :

**1. - I always put .................. sugar in the coffee.**
Je mets toujours un peu de sucre dans le café.

**- And I don't put ..................**
Et moi, je ne mets pas du tout.

...

**2. - I have .................. photos to show you.**
J'ai beaucoup de photos à te montrer.
**- Great! Let me see.**
Super ! Je veux les voir.

...

**3. - Are there .................. new proposals on the project?**
Est-ce qu'il y a de nouvelles propositions sur le projet ?

**- Yes, there are .................. I have just received a mail from our partners.**
Oui, il y en a quelques-unes. Je viens de recevoir un mail de nos partenaires.

...

**4. - Would you like.................. honey for the tea?**
Tu veux du miel pour le thé ?

**- Yes, ..................**
Oui, un peu.

...

**5. - There are not .................. students interested in this course.**
Il n'y a pas beaucoup d'étudiants qui s'intéressent à ce cours.
**- Yes.. I wonder why.**
Oui.. je me demande pourquoi.

...

**6. - I have.................. to do tonight.**
Je n'ai rien à faire ce soir.

**- Why don't you watch TV? There must be .................. interesting.**
Pourquoi tu ne regardes pas la télé? Il doit y avoir quelque chose d'intéressant.

...

**7. – I am going shopping. Do you need ..................?**
Je vais faire des achats. Tu as besoin de quelque chose ?

**– You can buy .................. olive oil. We have .................. left.**
Tu peux acheter de l'huile d'olive. Il en reste très peu.

...

**8. – Is there .... news about the elections ?**
Est-ce qu'il y a des nouvelles sur les élections ?

**- Yes, there is .... that will surprise you.**
Oui, il y a quelque chose qui va te surprendre.

...

**9. - Shall I put .................. pepper in the dish?**
Est-ce que je mets du poivre noir au plat ?

**- OK, but not ..................**
D'accord, mais pas trop.

**10. – There aren't ... parks in the centre.** Il n'y a pas beaucoup de parcs au centre.
**– You are right, there are ...indeed.** Tu as raison, il y en a effectivement très peu.

...

**11. – It is very quiet. I wonder why there aren't almost ... people at this time of the evening. Usually it is crowded.** C'est très calme. Je me demande pourquoi il n'y a presque personne à cette heure de la soirée. D'habitude il y a plein de monde.

**– It must be because of the football match.** Ça doit être à cause du match de football.

...

**12. – I'll be back in ... minutes.** Je reviens dans deux minutes.

**– ... are you going?** Où vas-tu?

**– I am going to the baker's shop to buy ... croissants.**
Je vais à la boulangerie acheter des croissants.

...

**13. – Did you fix your problem with the laptop?** Tu as réglé ton problème d'ordinateur?

**– Not yet. I know two computer specialists, I contacted them ... , but ... had time to come and see what the problem is.** Pas encore. Je connais deux techniciens en ordinateurs, je les ai contactés les deux, mais aucun n'a eu le temps de venir voir quel est le problème.

...

**14. - Ouch ! There is ... in my eye.** Aie ! J'ai quelque chose dans l'œil.

**Let me look. No, I can't see ...** Fais voir. Non, je ne vois rien.

...

**15. - It is so cold this winter. Let's go ... hot for a week.** Il fait si froid cet hiver. Allons quelque part où il fait chaud pour une semaine.

**You know we can't go ... We don't have ... money.** Tu sais qu'on ne peut aller nulle part. Nous n'avons pas d'argent.

**We can borrow from ...** On peut emprunter à quelqu'un.

**Who from? It's not ... like in the past. Nowdays ... would lend you money.** A qui ? Ce n'est plus comme dans le passé. De nos jours personne ne te prêterait de l'argent.

...

**16. - I think I lost my glasses. I looked ... but couldn't find them.** Je pense que j'ai perdu mes lunettes. J'ai cherché partout, mais je n'ai pas pu les trouver.

**Don't you have a spare pair?** Tu n'as pas une paire de réserve ?

**Not here. Now I cannot see ... !** Pas ici. Maintenant je ne vois rien !

...

**17. - I know you have ... things to do today. What time shall I call you?** Je sais que tu as beaucoup de choses à faire aujourd'hui. Je t'appelle à quelle heure ?

**You can call me ... time you like. If I can't answer I'll call you back later.** Tu peux m'appeler à n'importe quelle heure. Si je ne peux pas répondre, je vais te rappeler.

...

**18. - Have you heard about John Banville?** Tu as entendu parler de John Banville ?

**Yes, I know he is a writer but I haven't read ... of his books.** Oui, je sais qu'il est écrivain, mais je n'ai lu aucun de ses livres.

**My friend Tom has read ... of them and says he is great.** Mon ami Tom les a tous lus et dit qu'il est génial.

...

**19. - You told me you wanted to visit again the village where you grew up. Did you go?** Tu m'avais dit que tu voulais visiter le village où tu as grandi. Tu es allé ?

**Yes, I went there last week and you now, it made me sad. It used to be a nice community with two farms and ... old cottages. I quickly realized that ... is the same .... .** Oui, j'y suis allé la semaine passée et tu sais, ça m'a rendu triste. Dans le passé c'était une belle communauté avec deux fermes et plusieurs vielles maisons. Je me suis vite rendu compte que rien n'est plus pareil.

**Why? What has changed?** Pourquoi ? Qu'est-ce qui a changé ?

**Well, ... pretty cottages are still there and ... farmhouses too but ... ... the inhabitants are local people. ... of them work in the nearby town. The land has been sold and managed by ...**

**who has ... interest in this village. There are ... new houses but they don't have ... feature of the traditional architecture in the region. You can find the same style ... in the country.** Euh, toutes les jolies maisons sont encore là et les deux fermes aussi, mais plus aucun habitant n'y est originaire. Ils travaillent tous dans la petite ville à côté. La terre a été vendue et gérée par quelqu'un qui a très peu d'intérêt dans ce village. Il y a de nouvelles maisons, mais elles n'ont aucun trait de l'architecture traditionnelle de la région. Tu peux trouver le même style n'importe où dans le pays.

...

**20. - We can make omelettes for lunch.** On peut faire des omelettes pour déjeuner.

**Do we have ... eggs?** On a des œufs ?

**Yes, there are ....** Oui, il y en a quelques-uns.

**What about butter?** Et du beurre ?

**There is .... It must be enough.** Il y en a un peu. Ça doit suffire.

**You can add ... parsley as well.** Tu peux aussi ajouter du persil.

...

**21. - This town is nice but not very lively.** Cette ville est jolie, mais pas très animée.

**You are right. There are ... restaurants and there aren't ... pubs.** Tu as raison. Il y a très peu de restaurants et aucun bar.

**Fortunately there are ... parks but really ... to do in the evenings.** Heureusement qu'il y a beaucoup de parcs, mais vraiment pas grand chose à faire le soir.

...

**22. - Who were you talking to?** Tu parlais avec qui ?

**I was talking to ... .** Je ne parlais à personne.

**I could hear ... voices.** J'ai entendu des voix.

**There weren't ... voices.** Il n'y avait pas de voix.

...

**23. - How are things going at university?** Comment ça va à l'université ?

**It's great. I have ... friends and there are ... great professors. I don't have ... money but that's OK. Also I'm really busy these day so I don't have ... free time.** C'est super. J'ai beaucoup d'amis et il y a des professeurs géniaux. Je n'ai pas beaucoup d'argent, mais ce n'est pas grave. Je suis très chargé ces jours-ci et je n'ai pas de temps libre.

...

**24. - We cancelled the party because ... of the people we invited could come.** On a annulé la fête, parce qu'aucun de ceux qu'on avait invités ne pouvait venir.

**Why? It was planned for Friday night, wasn't it?** Pourquoi ? C'était prévu pour vendredi soir, non?

**Yes, but they were ... busy. ... were away for the weekend, others were going to a concert or theatre booked a long time before.** Oui, mais ils étaient tous occupés. Certains partaient pour le weekend, d'autres allaient au concert ou au théâtre. Ils avaient réservé depuis longtemps.

15 CHAPITRE

# WOULD YOU LIKE...? CAN I HAVE...?

Ces questions d'usage courant sont comme les deux faces d'une monnaie.
Avec la première on offre :

**Would you like**...? Est-ce que tu veux... ? Voulez-vous... ? Est-ce que vous voudrez... ?

Et avec la deuxième, on demande poliment :

**Can I have**...? Est-ce que je peux / je pourrais avoir... ?
**Can I** ...? Est-ce que je peux... ?
Can **you** ...? Est-ce que tu peux / vous pouvez... ?

« Would like » doit être clairement distingué de « Like » :

## LIKE ET WOULD LIKE

Ce sont deux verbes qui se ressemblent beaucoup, mais le sens est différent.
L'un signifie « plaire, aimer », l'autre – « vouloir ».

→ **LIKE** – plaire, aimer

**Do you like**...?
Est-ce que tu aimes / vous aimez... ?

**Do** you **like** jazz?
Est-ce que tu aimes le jazz ?

**Does** she **like** classical music?
Est-ce qu'elle aime la musique classique ?

She **likes** hip-hop.
Elle aime le hip-hop.

→ **WOULD LIKE** – vouloir (version plus polie que « want »)

**Would you like**...?
Est-ce que tu veux ? Est-ce que vous voudrez ?

**Would you like** a biscuit?
Est-ce que tu veux un biscuit ?

**I'd like** some juice.
Je voudrais un peu de jus.

« I would like » se contracte presque toujours en « I'd like », et devient encore plus proche de « I like ». C'est uniquement un « d » qui les distingue dans la prononciation :

**I like** – j'aime
**I like** apples.
J'aime les pommes.

**I'd like** – je veux
**I'd like** an apple.
Je voudrais une pomme.

Il faut aussi différencier clairement les questions :

**Do you like** peaches?
Tu aimes les pêches ?

**Would you like** a peach?
Tu veux une pêche ?

## CAN, COULD, MAY

DEMANDER

↪ **CAN I**...? Est-ce que je peux... ?
**Can you**...? Est-ce que tu peux / vous pouvez... ?

**Can I have** some water, please?
Est-ce que je peux avoir un peu d'eau, s'il vous plaît ?

**Can I see** your new phone?
Je peux voir ton nouveau téléphone ?

**Can you lend me** your bicycle?
Tu peux me prêter ton vélo ?

Réponse possible : **Sure** – naturellement

↪ **COULD you**...?
Est-ce que tu pourrais / vous pourriez... ? (demander plus poliment)

**Could you** help me with the translation, please?
Est-ce que vous pourriez m'aider avec la traduction s'il vous plaît ?

**Could you do** me a favour?
Est-ce que tu pourrais me rendre un service ?

↪ **MAY** – demander permission très poliment (soutenu)

**May I have** a word with you?
Est-ce que je peux vous parler ?

**May I leave** earlier?
Est-ce que je pourrais partir plus tôt ?

Réponses possibles :
**Certainly / Of course** – bien sûr

Autres façons de demander permission :

**Do you mind if** I open the window?
Ça ne te (vous) dérange pas, si j'ouvre la fenêtre ?

**Would you mind** if I opened the window? (soutenu)
Vous n'avez pas d'objection si j'ouvre la fenêtre ?

Notez qu'après **Woud you mind** if..., le verbe est au passé !

Une réponse possible serait : **Of course not.** Bien sûr que non.

## DIALOGUE 5

audio
www.grammar-marydell.com

« DANS UNE BOUTIQUE DE VÊTEMENTS »

Julien: Excuse me, **can I try on** the brown jacket in the window?

The shop assistant:
Sure, what size?

Julien: Large.

The shop assistant: Unfortunately, we only have it in a Medium and XL. **Would you like to try on** this one? It is a similar model and we have it in Large.

Julien: Yes, why not!

The shop assistant: Very well. The fitting rooms are over there.

*A little later.*

Julien: It is perfect, I will take it.

The shop assistant: You know we have 10% discount on all men's

Julien : Excusez-moi, je peux essayer la veste marron qui est dans la vitrine ?

La vendeuse :
Bien sûr, quelle taille ?

Julien : L

La vendeuse : Malheureusement, nous n'avons que M et XL. Voulez-vous essayer celle-là ? Le modèle est similaire, et nous l'avons en L.

Julien : Oui, pourquoi pas!

La vendeuse : Très bien. Les cabines d'essayage sont par là.

*Un peu plus tard :*

Julien : Elle est parfaite. Je la prends.

La vendeuse : Vous savez que nous faisons une réduction de 10% sur toute la collection

clothes?

Julien: That's great! So it is 55 pounds, isn't it?

The shop assistant: Exactly.
**How would you like to pay**?

Julien: By credit card, please.
By the way, do you have an online shop?

The shop assistant: Of course. Here is our website address.

Julien: Thanks. Is delivery free of charge?

The shop assistant: Yes, it is, as long as the order is over £100.

Julien: OK, thank you very much.
Bye.

hommes ?

Julien : Super ! Alors ça fait 55 livres, n'est-ce pas ?

La vendeuse : Tout à fait.
Comment voulez-vous payer ?

Julien : Avec une carte de crédit, s'il vous plaît. Au fait, est-ce que vous avez un magasin en ligne ?

La vendeuse : Bien sûr. Voilà l'adresse du site.

Julien : Merci. Est-ce que la livraison est gratuite ?

La vendeuse : Oui, à condition que la commande soit supérieure à 100 livres.

Julien : OK, merci beaucoup.
Au revoir.

**VOCABULAIRE UTILE : vêtements, couleurs, argent**

**- Can I help you?** / Do you need any help?
Je peux vous aider ? Vous avez besoin d'aide ?

- Yes please, I am looking for ...
Oui, s'il vous plaît, je cherche ...

**- No, thanks, I am just looking**.
Non, merci, je regarde.

**It suits you**.
Ça vous va bien.

**It fits you perfectly**.
C'est la bonne taille.

Excuse me, **can you help me, please**?
Excusez-moi, est-ce que vous pouvez m'aider ?

**Do you have this shirt in a medium**?
Est-ce que vous avez cette chemise en M ?

**Excuse me**, I can't find the price. **How much is it**?
Excusez-moi, je ne trouve pas le prix. Ça coûte combien ?

It's on sale. It's **half price**.
C'est en solde, à moitié prix.

**Where can I pay**?
Où est-ce que je peux payer ?

The cash desks are over there.
Les caisses sont par là.

## Clothes - Vêtements

**put on** – mettre (un vêtement)
**dress** – robe
**sweatshirt** [ˈswetʃɜ:t] – sweat
**sweater** [ˈswetə] – pull
**button** [ˈbʌtᵊn] – bouton
**shoes** – chaussures
**high heels** – escarpins
**take off** – enlever
**skirt** – jupe
**hoodie** – sweat (fam.)
**suit** [su:t] – costume
**raincoat** – imperméable
**boots** – bottes
**slippers** – pantoufles
**size** – taille
**shirt** – chemise
**jacket** – veste
**trousers** – pantalon
**coat** – manteau

## Accessories [əkˈsɛsəriz] – Accessoires

**hat** – chapeau
**bow tie** – noeud papillon
**gloves** – gants
**purse** – porte-monnaie
**glasses** – lunettes
**tie** – cravate
**handbag** – sac à main
**umbrella** – parapluie
**wallet** – portefeuille
**sunglasses** – lunettes de soleil
**scarf** – écharpe
**belt** – ceinture
**watch** – montre

## Jewellery [ˈdʒu:əlri] - Bijoux

**silver** – argent
**diamond** [ˈdaɪəmənd] – diamant
**chain** [ˈtʃeɪn] – chaîne
**fashion** – mode
**wedding ring** – alliance
**gold** – or
**earrings** – boucles d'oreille
**bracelet** [ˈbreɪslət] – bracelet
**fashionable** – à la mode
**engagement ring** – bague de fiançailles
**golden** – d'or
**necklace** – collier
**ring** – bague

## Colours [ˈkʌləʳz]- Couleurs

**white** – blanc
**brown** – marron
**orange** [ˈɒrɪndʒ] – orange
**pink** – rose
**bright colour** – couleur vive
**black** – noir
**blue** – bleu
**yellow** – jaune
**purple** – violet
**grey** – gris
**green** – vert
**red** – rouge
**colourful** – coloré

## Style [stail] – Style

**casual** – décontracté
**smart / elegant** – élégant
**formal** – habillé
**stylish** [ˈstailiʃ] – distingué, chic

## Money - Argent

**Make money** – Faire de l'argent
**Keep the change**! – Gardez la monnaie !

**earn** – gagner
**buy** – acheter
**notes** – billets
**change** [ˈtʃeɪndʒ] – monnaie
**bucks** – fric, balles
**bank account** – compte bancaire
**pay** – payer
**sell** – vendre
**coins** – pièces de monnaie
**exchange rate** – taux de change
**grand** – brique
**current account** – compte courant

**deposit account / saving account** – compte d'épargne

**interest rate** – taux d'intérêt
**lend** – prêter
**debt** – dette
**withdraw** – retirer
**sign** [sain] – signer
**fill in a form** – remplir un formulaire
**borrow** – emprunter
**loan** – prêt
**in debt** – endetté
**transfer** – virer, virement
**signature** [ˈsɪgnətʃə] – signature
**mortgage** [ˈmɔːʳgɪdʒ] – emprunt immobilier

16 CHAPITRE

# PRÉPOSITIONS

PREPOSITIONS [ˌprɛpəˈzɪʃⁿns]

La difficulté avec les prépositions provient du fait qu'il n'y a pas de règles strictes quant à leur usage, et qu'une même préposition peut être traduite en français différemment. **Lire et écouter** de l'anglais le plus possible est la meilleure manière de vous familiariser avec l'emploi des prépositions.

## PRÉPOSITIONS DE LIEU

IN, AT, ON...

### IN – dans, à, en

**IN** est utilisé le plus souvent quand on parle d'un objet ou d'une personne qui se trouve dans un espace déterminé : chambre, ville, pays, etc.

| | | |
|---|---|---|
| **IN** | the bag | dans le sac |
| | the room | dans la chambre |
| | the garden | dans le jardin |
| | London | à Londres |
| | France | en France |

| | | |
|---|---|---|
| **IN** | the street | dans la rue |
| | the sky | dans le ciel |
| | the photo | sur la photo |
| | the front row | au premier rang |
| | the front/back seat of the car | à l'avant / à l'arrière de la voiture |
| | front | devant |
| | a queue | dans la queue |

## AT – à

| | | |
|---|---|---|
| **AT** | the door | à la porte |
| | the bus stop | à l'arrêt du bus |
| | home | à la maison |
| | work | au travail |
| | school | à l'école |
| | university | à l'université |
| | the airport | à l'aéroport |
| | a party | à la fête |
| | a football match | au match de football |
| | a meeting | à la réunion |
| | the top / bottom of the page | en haut / en bas de la page |

## ON – sur, à

| | | |
|---|---|---|
| **ON** | the table | sur la table |
| | the wall | sur le mur |
| | the floor | par terre |
| | page 5 | à la page 5 |
| | the left (right) | à gauche, à droite |

## AUTRES PRÉPOSITIONS DE **LIEU**

| | | | |
|---|---|---|---|
| **next to** | à côté de | **in front of** | devant |
| **opposite** | en face de | **behind** | derrière |
| **above** | au-dessus de | **below** | au-dessous de |
| **over** | par-dessus de | **under** | sous |
| **between** | entre | **by** | à côté de, au bord de |
| **through** (the window) | par (la fenêtre) | **along** | le long de |
| **across** | à travers | **across** the street | de l'autre côté de la rue |
| walk **across** the street | traverser la rue | a trip **across Europe** | un voyage à travers l'Europe |

Exemples :

There is a mirror above the washbasin.
Il y a un mirroir au-dessus du lavabo.

The cat is **under the chair**.
Le chat est sous la chaise.

See the chart **below**.
Voir le tableau ci-dessous.

AUTRES EMPLOIS DE **ABOVE** ET **OVER**

He is **over** 60.
Il a dépassé 60 ans.

The game **is over**.
C'est fini.

**over-the counter** – médicament sans ordonnance
**above all** – avant tout / au-dessus de tout
**above/below** zero – au-dessus / au-dessous de zéro

## PRÉPOSITIONS DE MOUVEMENT

TO, INTO, OUT OF, BY...

### TO – à

Avec des verbes de mouvement comme **GO, COME, LEAVE, GET** :

| | | |
|---|---|---|
| **GO TO** | work | aller au travail |
| | the bank | aller à la banque |
| | a restaurant | aller au restaurant |
| | bed | aller au lit |
| Exception: **go home** – aller à la maison (sans ~~to~~) | | |

### INTO – dans

(quand il s'agit d'aller envers et d'entrer dans un espace fermé)

Jump **into the water** – sauter dans l'eau
Put something back **into a cupboard** – ranger quelque chose dans le placard

# BY – en
(véhicule)

| | | |
|---|---|---|
| **BY** | car | en voiture |
| | plane | en avion |
| | bus | en bus |
| | train | en train |

**MAIS**

| | | |
|---|---|---|
| **ON** | the 5 o'clock train | par le train de 17 heures<br>(quand on définit de quel train il s'agit, la préposition est **on**, et pas ~~by~~) |
| | foot<br>**go on** foot / walk | à pied<br>aller à pied |

AUTRES EMPLOIS DE **BY** :

## BY – par, de

- dans la voix passive pour introduire celui qui fait l'action (voir la voix passive au Chapitre 35 Passive, page 353) :

The first Tube line in London was financed and built **by** a private company.
La première ligne du métro à Londres a été financée et construite par une compagnie privée.

- avec les auteurs de livres, chansons, musique :

I am reading a novel **by** Mark Levy.
Je lis un roman de Marc Levy.

- quand on parle de l'augmentation ou de la diminution d'une valeur :

The price of fuel has increased **by** 10% this year.
Le prix du carburant a augmenté de 10% cette année.

- moyen d'envoyer ou de payer :

**by** email – par mail
**by** post – par la poste
**by** credit card – avec une carte de crédit

- expressions avec **by**:

**by** mistake – par erreur
**by** chance – par hasard
step **by** step – peu à peu

AUTRES **EXPRESSIONS** DE MOUVEMENT :

get **in** the car – monter dans la voiture
get **out of** the car – descendre de la voiture
get **on** a bus or train – monter dans un bus (train)
get **off** a bus or train – descendre d'un bus (train)

## EXERCICES Complétez les phrases :

**1. - Where do they live?**
Où est-ce qu'ils habitent ?

**- .................. Marseille.**
A Marseille.

...

**2. - How do you go .................. school?**
Comment vas-tu à l'école ?

**- I usually go .................. bus and sometimes I walk on the way back.**
D'habitude j'y vais en bus et parfois je rentre à pied.

...

**3. – My husband gets .................. home very late in the evening.**
Mon mari rentre à la maison très tard.

**- But he also goes .................. work late, doesn't he?**
Mais il va au travail tard aussi, n'est-ce pas ?

...

**4. - Where are you?**
Où es-tu ?

**- I am .................. work. And you?**
Au travail. Et toi ?

**- I am .................. home.**
Moi, je suis à la maison.

...

**5. - Tom arrives tomorrow. I am going to meet him .................. the airport.**
Tom arrive demain. Je vais le chercher à l'aéroport.

**- I might come too.**
Je peux venir moi aussi.

...

**6. - Shall we go .................. a restaurant tonight? I don't feel like cooking.**
Tu veux qu'on aille au restaurant ce soir ? Je n'ai pas envie de faire la cuisine.

**- OK, I will call you as soon as I finish work.**
D'accord, je vais t'appeler dès que je finis le travail.

...

**7. – Why is the flour ... the table?**
Pourquoi la farine est sur la table ?

**- Because I'm going to make a cake.**
Parce que je vais faire un gâteau.

**8. - Where would you like to sit?**
Où est-ce que tu veux t'asseoir ?
**- I'll sit .................. you.**
Je vais m'asseoir à côté de toi.
...
**9. - Who is the man .................. this photo?**
Qui est l'homme sur cette photo ?
**- My cousin** ['kʌzən].
Mon cousin.
...
**10. - Yesterday I met Sylvie .................. the street.**
J'ai rencontré Sylvie dans la rue hier.
**- How is she?**
Comment va-t-elle ?

## PRÉPOSITIONS DE TEMPS

AT, ON, FROM, UNTIL, BEFORE, AFTER...

Les prépositions AT, ON, IN s'utilisent aussi avec les périodes de temps.

### IN – en, dans

Avec **les mois, saisons, années, siècles** :

| | | |
|---|---|---|
| **IN** | April | en avril |
| | spring | au printemps |
| | 2000 | en 2000 |
| | the 19th century | au 19ème siècle |

Avec **les périodes de la journée** :

| | | |
|---|---|---|
| **IN** | the morning | le matin |
| | the afternoon | l'après-midi |
| | the evening | le soir |

Quand on parle du futur, « **dans** » en français correspond en anglais à « **in** », et pas à « after », ce qui est une erreur courante.

**in** a few minutes (pas ~~after a few minutes~~) – dans quelques minutes

> I'll be back **in** an hour. (pas ~~after an hour~~)
> Je reviens dans une heure.

**in** a week – dans une semaine

> They are coming back **in** two weeks. (pas ~~after two weeks~~)
> Ils reviennent dans deux semaines.

## AT – à, pendant, en

| | | |
|---|---|---|
| **AT** | 8 o'clock | à 8 heures |
| | the moment | en ce moment |
| | night | pendant la nuit |
| | the weekend | (pendant) le weekend |
| | the beginning of | au début de |

Distinction entre « **at the end of** » et « **in the end** » :

**at the end of** – à la fin de (quelque chose)

**at** the end of the year – à la fin de cette année
**at** the end of the film – à la fin du film

> They are going to meet **at the end of** the month.
> Ils vont faire une réunion vers la fin du mois.

**in the end** = finally – enfin

> **In the end,** we found a solution to the problem.
> Nous avons enfin trouvé une solution au problème.

## ON – avec les jours de la semaine et les dates :

**on** Monday – lundi
**on** 1 January – le 1 janvier, prononcé « on the first of January »

**EXPRESSIONS** AVEC **ON**

| | | |
|---|---|---|
| **ON** | the phone | au téléphone |
| | the computer | sur l'ordinateur |
| | the TV | à la télé |
| | the radio | à la radio |
| | a diet | au régime |
| | holiday | en vacances |
| | a business trip | en voyage d'affaires |
| | sale | en vente |

Distinction entre « **on time** » et « **in time for** » :

**on time** – à l'heure (comme prévu)

The plane arrived **on time**.
L'avion est arrivé à l'heure.

**in time for** – à temps pour quelque chose

I got home **in time for dinner**.
Je suis rentré à temps pour le dîner.

AUTRES PRÉPOSITIONS DE **TEMPS** :

➥ **FOR** – depuis, pendant
**for** a few years – depuis quelques années

➥ **SINCE** – depuis (un moment défini dans le passé – date, année, etc)
**since** 2000 – depuis 2000 (jusqu'à maintenant)

« Since » et « for » sont des mots-clés pour *Present Perfect* (en détail au Chapitre 22 Present Perfect, page 205)

➥ **DURING** – pendant
**During** the night – pendant la nuit

A lot of questions were asked **during** the discussion.
Beaucoup de questions ont été posées pendant la discussion.

➥ **FROM**...**TO** ou **FROM**...**UNTIL** – de...jusqu'à / à

The shop is open **from** 10am **to** 7pm.
Le magasin est ouvert de 10 heures du matin jusqu'à 19 heures.

➥ **BY** – jusqu'à, pas plus tard que, avant
**by** the end of the month – avant la fin du mois
**by the time** – quand, lorsque (expression utilisée quand on parle de deux actions consécutives)

**By the time** we arrived at the cinema, the film had started.
Quand nous sommes arrivés au cinéma, le film avait déjà commencé.

↪ **ABOUT** an hour – environ une heure

The meeting lasted **about** an hour and a half.
La réunion a duré environ une heure et demie.

↪ **BEFORE** – avant

**Before** the concert we had a beer.
Avant le concert on a pris une bière.

↪ **AFTER** – après

**After** the concert we went to a restaurant.
Après le concert on est allés au restaurant.

↪ **AGO** – il y a

I started learning English two years **ago**.
J'ai commencé à apprendre l'anglais il y a deux ans. (pas ~~before two years~~)

Attention ! C'est une erreur courante d'utiliser « before » au lieu de « ago ». Elle vient du fait qu'en français on dit d'abord « il y a » et puis la période de temps, alors qu'en anglais c'est le contraire – **AGO** est mis à **la fin**.

I saw him a few days **ago** (pas ~~before a few days~~).
Je l'ai vu il y a quelques jours.

**Ago** est un mot-clé avec *Past Simple* (en détail au Chapitre 20 Past Simple, à la page 187)

## EXERCICES

**Complétez les phrases :**

**1. - I was born .............. April.**
Je suis né en avril.

**- What date? Quelle date ?**
- .............. the 3rd of April. Le 3 avril.

...

**2. - What time does the film start?**
A quelle heure commence le film ?

**- .............. 8 o'clock, I think.**
A 20 heures, je pense.

**3. - I'm going to meet Laure .............. Friday.**
Je vais voir Laure vendredi.

**- Say hello to her for me.**
Dis-lui bonjour de ma part.

...

**4. What happens .............. the end of the movie?**
Qu'est-ce qu'il se passe à la fin du film ?

**- Do you really want to know?**
Est-ce que tu veux vraiment savoir ?

**5. - Does she work, or she looks after after the children?**
Est-ce qu'elle travaille ou elle reste à la maison avec les enfants ?

**- She works part time, ... 9 ... 1pm.**
Elle travaille à temps partiel, de 9 heures à 13 heures.

...

**6. - Where are you going?**
Où vas-tu ?

**- ... the grocery shop. I'll be back ... 5 minutes.**
Je vais chez l'épicier. Je reviens dans 5 minutes.

...

**7. - Can I speak to you now?**
Est-ce que je peux vous parler maintenant ?

**- Well, I am not ... the office ... the moment. I'll call you back ... about an hour.**
Je ne suis pas au bureau actuellement, je vais vous rappeler dans environ une heure.

AUTRES PRÉPOSITIONS : **ABOUT, FOR, OF, WITH, WITHOUT**...

→ **ABOUT – de, pour**
Avec trois verbes très courants :

**Tell** – dire, raconter
**Say** – dire
**Talk** - parler, discuter

Différence entre les trois verbes quand on précise à qui on s'adresse :

- **tell** n'est pas suivi de « **to** » : tell me (pas ~~tell to me~~) – dis-moi
- **say** et **talk** sont suivis de « **to** » : say **to** me (pas ~~say me~~) – dis-moi

**Talk to** me (pas ~~talk me~~) – parle-moi

**Say** – préféré quand on ne précise pas à qui on s'adresse :

He said that...
Il a dit que...

**Tell** – préféré quand on précise à qui on s'adresse :

He told **me** that...
Il **m'**a dit que...

**About** introduit le sujet de la discussion. Il ne faut pas confondre avec « ~~for~~ ».
Talk **about** something (pas ~~talk for~~ something) – parler de quelque chose

Tell me **about** your journey.
Raconte-moi ton voyage.

Autres emplois de « **about** » :

What is this book **about**?
Il s'agit de quoi dans ce livre ?

I love London. How **about** you?
J'aime Londres, et toi ?

→ **FOR** – **pour**

This is **for** you – c'est pour toi
A cake **for** your birthday – un gâteau pour ton anniversaire

Expressions :
go **for** a walk – sortir se promener
go out **for** a drink – sortir boire un verre
go out **for** a meal – sortir manger dehors

→ **OF – de**

– Appartenance, lien :
the first page **of** the book – la première page du livre
the centre **of** the city – le centre de la ville
the beginning **of** this story – le début de cette histoire

– Quantité :
three cups **of** coffee – trois tasses de café
a slice **of** bread – une tartine (de pain)
a large number **of** people – un grand nombre de personnes
a discount **of** 10% – une réduction de 10%

– Matériel :
decoration made **of** wood – décoration faite de bois
a shirt made **of** cotton – chemise en coton

Distinction entre « **made of** » et « **made from** » :

« **Made of** » est utilisé dans tous les cas où la matière première a gardé sa forme dans l'article : le bois dans la décoration continue à être bois, le coton de la chemise reste du coton. Si, en revanche, au cours de la fabrication, la matière a complètement changé de forme, on dit « **made from** », ce qui correspond en français à « à partir de » :

Wine is made **from** grapes.
Le vin est fabriqué de raisin. (à partir du raisin)

Paper is made **from** wood.
Le papier est fait de bois. (à partir du bois)

➥ **WITH – avec, par**

Do you want to come **with** me?
Tu veux venir avec moi ?

He speaks **with** a soft Irish accent.
Il parle avec un léger accent irlandais.

When I was in Geneva I stayed **with** my uncle.
Quand je suis allé à Genève je suis resté chez mon oncle.

How are things **with** you?
Comment ça se passe pour toi ?

➥ **WITHOUT – sans**

I left **without** my umbrella.
Je suis sorti sans parapluie.

**Without** any doubt he is one of the best tennis players of all time.
Sans aucun doute il est l'un des meilleurs joueurs de tennis de tous les temps.

➥ **AGAINST – à, contre**

a decision **against** the law – une décision contre la loi

Les prépositions sont un sujet inépuisable. Dans les annexes à la fin du livre vous allez trouver d'autres expressions courantes avec un adjectif ou un verbe suivis d'une préposition.

## EXERCICES

**Complétez les phrases :**

**1. - Talk to me .......... your project.** Parlez-moi de votre projet.

...

**2. - It seems to me that Caroline is .......... love with our new colleague.**

Il me semble que Caroline est amoureuse de notre nouveau collègue.

...

**3. - What is .......... TV tonight?** Qu'est-ce qu'il y a à la télé ce soir ?

**- I don't know, I'll check.** Je ne sais pas, je vais voir.

...

**4. - The weather is so nice. Why don't we go out .......... a walk?**

Il fait si beau. Pourquoi ne pas aller se promener ?

**5. - He is .......... a business trip abroad.**
Il est en voyage d'affaires à l'étranger.

...

**6. - She never arrives .......work ..........time.** Elle ne vient jamais au bureau à l'heure.

**- But she stays .............. late.**
Oui, mais elle reste jusqu'à tard.

...

**7. - Where do you usually go ......... summer holiday?**

Où allez-vous habituellement en vacances d'été ? - ......... Saint Tropez. - A Saint Tropez.

...

**8. - My best friend loves speaking ......... the phone, and I hate it!**

Ma meilleure amie aime parler au téléphone, et moi, je déteste !

...

**9. Paul lives ... (a) a small flat ... (b) Cambridge. He lives ... (c) two other boys who are students ... (d) Cambridge University. They work hard ... (e) the week but ... (f) weekends they invite ... (g) friends to their house. They cook a meal ... (h) their friends and then they go out ... (i) the pub ... (j) a drink or they stay ... (k) home and listen ... (l) music.** Paul habite dans un petit appartement à Cambridge. Il vit avec deux autres garçons qui sont étudiants à l'université de Cambridge. Ils travaillent beaucoup pendant la semaine, mais le weekend ils invitent des amis. Ils font la cuisine pour leurs amis et ensuite ils vont dans un bistrot pour un verre ou bien ils restent à la maison et écoutent de la musique.

**Paul has two jobs. ... (m) Mondays, Tuesdays and Wednesdays he works ... (n) a hospital administration unit. He goes to work ... (o) bus. He starts ... (p) nine o'clock and works ... (q) quarter ... (r) five. ... (s) Thursdays and Fridays he works ... (t) home. He has a computer ... (u) his room and he writes stories. ... (v) the evening one of the boys cooks meal. ... (w) dinner they watch TV and talk ... (x) their day. They rarely go to bed ... (y) midnight.** Paul a deux emplois. Lundi, mardi et mercredi il travaille dans l'administration d'un hôpital. Il va au travail en bus. Il commence à 9 heures et il travaille jusqu'à 5 heures et quart. Jeudi et vendredi il travaille à la maison. Il a un ordinateur dans sa chambre et il écrit des nouvelles. Le soir l'un des garçons fait la cuisine. Apres le dîner ils regardent la télé et discutent de leur journée. Ils vont rarement au lit avant minuit.

...

**10. I work ... (a) the BBC, ... (b) an early morning news program. I get up ... (c) 3.00 in the morning because the program starts ... (d) 6.30. I come home ... (e) the BBC ... (f) 2.00 ... (g) the afternoon and I usually relax ... (h) about two hours. I have to be ... (i) the kindergarten ... (j) 4.30 to collect my daughter Leana. We come home and I play ... (k) her and try to get some housework done ... (l) the same time. I am often very tired ... (m) the time I go to bed but it is OK. ... (n) Saturday and Sunday mornings I don't have to get up early and I stay in bed ... (o) Leana wakes up. Then I make breakfast ... (p) both of us and if the weather is nice we go out ... (q) a walk. I love my work and my weekends too!** Je travaille pour BBC, dans une émission matinale d'actualités. Je me lève à 3 heures du matin, parce que l'émission commence à

6.30. Je rentre à la maison de BBC à 14 heures et d'habitude je me repose environ deux heures. Je dois être à la crèche à 16 heures trente pour chercher ma fille Leana. Nous rentrons à la maison et je joue avec elle et j'essaye de faire le ménage en même temps. Je suis souvent très fatiguée avant l'heure d'aller au lit, mais ce n'est pas grave. Samedi et dimanche matin je ne dois pas me lever tôt et je reste au lit jusqu'à ce que Leana se réveille. Puis je fais un petit déjeuner pour nous deux et s'il fait beau nous sortons nous promener. J'aime mon travail ainsi que mes weekends !

...

**11. – Hi, where are you?** Salut, où es-tu ?

**– I'm ... Wagram metro station. Actually, I'm just outside ... the street corner. There's a cafe ... the right and a small clothes shop ... the left. Do you know what I mean?** Je suis à la station de métro Wagram. En fait, je suis dehors, au coin de la rue. Il y a un café à droite et une petite boutique de vêtements à gauche. Tu vois ce que je veux dire ?

**– Oh, OK, you're not ... the right place, but that's fine. I'm ... a cafe nearby and I'll come to find you. Stay ... the street corner and I'll walk your way. See you ... five minutes.** Ah, d'accord, tu n'es pas au bon endroit, mais ce n'est pas grave. Je suis dans un café à côté et je viens te chercher. Reste au coin de la rue, je viens vers toi. On se voit dans cinq minutes.

...

**12. - What is the most famous museum ... your country?** Quel est le musée le plus célèbre dans ton pays ?

**– That would be the British Museum located ... London.** Ca doit être le British Museum situé à Londres.

**– What's special ... it?** Qu'est-ce qu'il a de spécial ?

**– I'm impressed ... its huge collection of art works.** Je suis impressionné par son énorme collection d'objets d'art.

**– Do you like visiting museums when you are in a foreign country?** Est-ce que tu aimes aller dans les musées quand tu es à étranger ?

**– Yes, I do. I usually listen to the tour guide and sometimes I even take notes. It's amazing how you can learn so much ... just a few hours.** Oui, j'aime. D'habitude j'écoute le guide et parfois je prends même des notes. C'est incroyable ce qu'on peut apprendre en quelques heures seulement.

17 CHAPITRE

# -ING FORM

Qu'est-ce que la « -**ing** form » ? Tout comme l'infinitif, cette forme est très usuelle. Elle peut être appelée « Present participle » ou « Gerund » ou « [ai en dji] form » ou simplement « [iŋ] form ».

## COMMENT
EST-CE QU'ON FAIT LA FORME **-ING** ?

EN AJOUTANT À L'INFINITIF LA TERMINAISON -**ING** [iŋ]

work → **working**
sing → **singing**
read → **reading**

**CAS PARTICULIERS D'ORTHOGRAPHE :**

**1.** Pour les verbes qui se terminent par un « e », cette voyelle est élidée :

mak**e** → **making**
hav**e** → **having**
liv**e** → **living**

**2.** Pour la plupart des verbes d'une syllabe, on double la consonne :

cut → cu**tt**ing
run → ru**nn**ing
get → ge**tt**ing

**3.** Pour certains verbes de deux syllabes où l'accent est sur la deuxième, on double la consonne :

begin → begi**nn**ing
forget → forge**tt**ing
regret → regre**tt**ing

**4.** Pour les verbes qui se terminent par -**ie**, le « ie » se transforme en « y » :

| | | |
|---|---|---|
| lie | → | lying |
| tie | → | tying |

La forme **-ing** est **multifonctionnelle** et on la traduit en français de façons différentes. Par exemple, « making » peut signifier « en faisant », « faisant » ou « faire ». « Making » peut aussi se trouver dans un temps verbal qui se traduit par « je fais » ou « je suis en train de faire » ou « je faisais » ou encore « je vais faire ».

## **EMPLOIS** DE LA FORME **-ING**

Quand est-ce qu'on emploie la forme **-ing** ?

**1.** Pour former les temps verbaux, appelés **« Continuous »**
Nous les verrons tous en détail, en commençant par *Present Continuous* dans le chapitre suivant.

I am **writing** a letter.
J'écris une lettre. (je suis en train d'écrire)

They have been **working** hard lately.
Ils travaillent beaucoup dernièrement.

**2.** A **la deuxième place après un autre verbe conjugué**

She loves **dancing**.
Elle aime danser.

Do you mind **closing** the window?
Pourriez-vous fermer la fenêtre ?

Ces combinaisons de deux verbes s'appellent en anglais « Verb patterns ». (Chapitre 25 Verb Patterns, page 247)

**3.** Pour former **le participe présent** et **le gérondif**

Rappelons que le participe présent est : « chantant », « regardant », « parlant », et le gérondif – « en chantant », « en parlant », « en regardant ». En anglais, comme en français, ils s'utilisent plutôt dans la langue écrite, mais parfois on les emploie aussi dans la conversation :

**Speaking of** cars, are you happy with your new Peugeot?
En parlant de voitures, est-ce que tu es content de ta nouvelle Peugeot ?

**Looking at** the picture I remembered the good old times.
En regardant la photo, je me suis souvenu du bon vieux temps.

**4. Après une préposition**

Selon la règle, si une préposition (before, after, at, in, for, without, etc.) est suivie d'un verbe, le verbe doit être obligatoirement en « **-ing** form ».

I usually read **before going** to bed.
D'habitude je lis avant de dormir.

They walked almost 15 km **without stopping** for a rest.
Ils ont marché presque 15 km sans s'arrêter.

## Types of -ing forms

**1.** Simple -ing form

C'est la forme que nous venons de voir dans ce chapitre.

I avoid **asking** him too many questions.
J'évite de lui poser trop de questions.

**2.** Perfect -ing form

Cette forme est constituée de deux parties :

**having** + past participle (participe passé du verbe)

En théorie il faut l'employer quand on parle d'une action qui précède une autre, mais dans le langage parlé elle est souvent remplacée par la forme simple.

He denied **having stolen** the car. Il a nié avoir volé la voiture.
ou He denied stealing the car.

## EXPRESSIONS UTILES
AVEC **-ING**

- **be good at** – être bon en

She is **very good at painting**.
Elle est très bonne en peinture.

- **be interested in** – s'intéresser à ; avoir envie de

He is **interested in joining** the club.
Il a envie de rejoindre le club.

- **be fed up with** – être fatigué de, en avoir assez, en avoir marre

  I'm **fed up with waiting** to be promoted.
  J'en ai marre d'attendre une promotion.

- **be excited about** – je suis excité de

  I'm **excited about going** to Rome.
  Je suis excité d'aller à Rome.

**Remarque :**
La préposition dans ce type d'expressions
peut ne pas être suivie d'un verbe, mais d'un nom :

  I am **good at maths.**
  Je suis bon en maths.

  I am **interested in football**.
  Je m'intéresse au football.

- **I feel like** – j'ai envie de faire quelque chose

  I **feel like going** for a walk. Do you want to come with me?
  J'ai envie de me promener. Tu veux venir avec moi ?

  **I don't feel like watching** TV tonight.
  Je n'ai pas envie de regarder la télé ce soir.

- **There is no point (**in) – c'est inutile, ça ne sert à rien

  **There is no point** (in) **discussing** that matter anymore.
  C'est inutile de continuer à discuter de ce sujet.

- **It's no good** ou **it's no use** = there is no point

  **It's no good telling** him, he won't understand you.
  C'est inutile de lui dire, il ne va pas comprendre.

- **It's (not) worth** – ça (ne) vaut (pas) la peine, suivi par **-ing** ou **it**

  **It's not worth going** to this exhibition, there is nothing special.
  Ça ne vaut pas la peine d'aller à cette exposition, il n'y a rien d'impressionnant.

  I work very hard but **it's worth it**.
  Je travaille beaucoup, mais ça vaut la peine.

Vous trouverez dans les Annexes, à la page 361, des exemples de verbes courants, comme **insist**, **dream**, **apologize**, **forgive**, **thank**, **congratulate**, suivis par « leurs » prépositions et la forme **-ing**.

18 CHAPITRE

# PRESENT CONTINUOUS

TRADUIT EN FRANÇAIS PAR LE **PRÉSENT** (je travaille),
**ÊTRE EN TRAIN DE** (je suis en train de travailler) OU LE **FUTUR** (je vais travailler).

I **am writing** a letter. Je suis en train d'écrire une lettre.
He **is wearing jeans**. Il porte des jeans. (maintenant)
I **am coming** with you. Je viens avec toi.

## COMMENT

EST-CE QU'ON LE FORME ?

**BE + -ING**

**BE** comme auxiliaire ne signifie pas « être » et on ne le traduit pas.

(+) **Forme affirmative**

He **is reading** a good book.
Il lit un bon livre.

They **are playing** tennis.
Ils jouent au tennis. (en ce moment)

(-) **Forme négative**

avec **not**

I am **not** working, I am watching TV.
Je ne travaille pas, je regarde la télé.

She is **not** sleeping, she is cooking.
Elle ne dort pas, elle est en train de faire la cuisine.

**(?) Forme interrogative**

avec **inversion** (entre le sujet et « be »)

What are they doing?
Qu'est-ce qu'ils sont en train de faire ?

Are you working?
Est-ce que tu travailles ?

**(-?) Question négative**

Aren't you watching the match?
Tu ne regardes pas le match ?

**Réponses courtes** :

Les réponses courtes « Moi aussi », « N'est-ce pas ? », « C'est vrai ? » se forment avec le verbe BE de la même façon que nous avons vue dans le Chapitre 3 BE, page 27.

**Is** she cooking?
Est-ce qu'elle est en train de faire la cuisine ?
Yes, she **is**.
No, she **isn't**. She is cleaning.
Non, elle est train de nettoyer.

**Are** you working?
Est-ce que tu travailles ?
Yes, I **am**.
No, I'**m not**. I am playing a computer game.
Non, je suis en train de jouer sur l'ordinateur.

**Moi aussi**

**1. So am I** (Me too) – Moi aussi

– I am studying for the exam. Je suis en train de réviser pour l'examen.

– **So am I** (Me too). Moi aussi.

**2. I'm not either** – Moi non plus

– I'm not going to the school trip. Je ne vais pas aller en voyage scolaire.

– **I'm not either**. Moi non plus.

**<u>N'est-ce pas ?</u>**

Aren't you? Isn't he?

You are coming with us, **aren't you**?
Tu viens avec nous, n'est-ce pas ?

He is leaving tomorrow, **isn't he**?
Il part demain, n'est-ce pas ?

**<u>Vraiment ? C'est vrai ? Ah bon ?</u>**

**Are you? Is he?**

– I'm leaving for Mexico next week.
Je pars au Mexique la semaine prochaine.

– **Are you**? On a business trip or on holiday?
C'est vrai ? En voyage d'affaires ou en vacances ?

## QUAND
EST-CE QU'ON EMPLOIE PRESENT CONTINUOUS?

**1.** Action qui se déroule **<u>en ce moment</u>** :

> **What are you doing?**
> Qu'est-ce que tu fais ?

Réponses possibles :

I **am working**. (pas ~~I work~~) Je travaille.
I **am watching** TV. (pas ~~I watch~~) Je regarde la télé.
I **am reading** a book. (pas ~~I read~~) Je lis un livre.

Dans tous ces cas-là il s'agit de ce que vous êtes **en train de faire**.

She **is cooking.**
He **is watching** TV.

Comparez avec *Present Simple* :

| | |
|---|---|
| **I am watching** TV.<br>Je suis en train de regarder la télé. | **I watch** TV every evening.<br>Je regarde la télé tous les soirs.<br>(c'est une habitude) |

**2.** Action **temporaire :**

I **am studying** for my exam.
Je révise pour mon examen.

| | |
|---|---|
| He **is living** with his aunt until he finds a flat.<br><br>Il habite avec sa tante jusqu'à ce qu'il trouve un logement.<br>(c'est une situation temporaire) | He **lives** in Nice.<br>He has always lived there.<br><br>Il habite à Nice.<br>Il a toujours vécu là-bas. |

**3. Projets** dans le **futur** :

Particulièrement avec les verbes de mouvement **GO, COME, LEAVE**, ainsi qu'avec **HAVE, PLAY, MEET, SEE**, quand il s'agit d'une décision déjà prise, d'un projet.
Dans ce cas *Present Continuous* est traduit en français par le futur proche ou par le présent (dans le sens de **futur**) :

I **am going** to the dentist on Monday.
Je vais chez le dentiste lundi. (j'ai un rendez-vous)

They **are leaving** tomorrow morning.
Ils partent demain matin. (c'est planifié depuis un moment)

My friends Jenny and Tom **are coming** for dinner tonight.
Mes amis Jenny et Tom viennent dîner ce soir.

**I'm having** a birthday party this Saturday.
Je vais faire une fête pour mon anniversaire ce samedi.

**I'm seeing** my brother this weekend.
Je vais voir mon frère ce weekend.

**4. Habitudes déplaisantes :**

Nous avons défini le mot « habitudes » comme mot-clé pour un autre temps – *Present Simple*. Mais, par exception, quand il s'agit d'habitudes déplaisantes, on utilise *Present Continuous*, souvent combiné avec « always » :

You **are always leaving** the door open!
Tu laisses toujours la porte ouverte ! (ça m'énerve)
Our neighbours **are always arguing**.
Nos voisins se disputent tout le temps.

**5. Situations dynamiques qui changent :**

Surtout avec les verbes **GET, CHANGE, RISE, IMPROVE.**

Things **are getting** better.
Les choses s'améliorent.

**It's getting cold**. Let's go home.
Il commence à faire froid, rentrons à la maison.

Your English **is improving**.
Ton anglais s'améliore. (C'est ce que je vous souhaite d'entendre souvent ☺)

Attention ! Certains verbes **ne s'emploient jamais au** *Present Continuous*, mais uniquement au *Present Simple*. Ce sont en particulier les verbes liés aux sentiments et aux pensées.

**love** – aimer
**admire** [əd'maɪə] – admirer
**prefer** [prɪ'fɜː] – préférer
**hope** – espérer
**understand** – comprendre
**remember** – se rappeler
**believe** – croire
**suppose** [sə'pəʊz] – supposer
**like** – plaire, aimer
**want** – vouloir
**hate** – détester
**know** – savoir
**think** – penser
**forget** – oublier
**doubt** – douter
**realize** ['rɪəlaɪz] – réaliser

**think** peut être utilisé au *Present Simple* ou au *Present Continuous* :

– **think** au *Present Simple* :
penser = c'est mon opinion sur cette question

I **think** that our company should develop a new marketing strategy.
Je pense que notre compagnie devrait développer une nouvelle stratégie marketing.

– **think** au *Present Continuous* :
penser = je pense à ça en ce moment

What **are you thinking** about?
Tu penses à quoi ?

# COMPARAISON

## ENTRE **PRESENT SIMPLE** ET **PRESENT CONTINUOUS**

| Present Simple | Present Continuous |
|---|---|
| états permanents | en ce moment |
| habitudes | temporaire |
| actions répétitives | projets |

I often **listen** to the radio.
J'écoute souvent la radio.

What **do you** usually **do** at the weekends?
Qu'est ce que tu fais d'habitude
pendant le weekend ?

He **goes** to the bank every week.
Il va à la banque chaque semaine.

I **am listening** to the radio.
Je suis en train d'écouter la radio.
(en ce moment)

**What are you doing**?
Qu'est-ce que tu fais ?
(maintenant)

He **is going** to the bank tomorrow.
Il va à la banque demain.

He **plays** football
**every Monday and Wednesday.**

He **is playing** tennis
**now.**

## EXERCICES

**Conjuguez le verbe au *Present Simple* ou au *Present Continuous* :**

**1. – ...................... (watch) The Voice?** Est-ce que tu regardes « The Voice » ?
– Yes, I ...................... , and I love it. Oui, je regarde, et j'aime beaucoup.
...

**2. – What ...................... you ...................... (do)?**
Tu fais quoi ?

**– I ...................... (prepare) myself for my job interview.**
Je me prépare pour mon entretien d'embauche.
...

**3. – I ...................... (have) a party on Saturday. Would you like to come?**
Je fais une fête ce samedi. Tu veux venir ?

**– Sure. Who else ...................... (come)?**
Volontiers. Qui d'autre vient ?
...

**4. – I ...................... (buy) newspapers anymore.**
Je n'achète plus de journaux.

**– But you ...................... (read) the news on the Internet, I guess.**
Mais tu suis les actualités sur internet, je suppose.

**– Yes, and I ...................... (listen) to the radio in the morning before ...................... (go) to work.**
Oui, et j'écoute la radio le matin, avant d'aller au travail.
...

**5. ...................... (know) that there is great film on Canal+ at the moment?**
Tu sais qu'il y a un super film sur Canal+ en ce moment ? (au téléphone)

**– Yes, I ...................... (watch) it.**
Oui, je suis en train de le regarder.
...

**6. – What ...................... (do) tonight?**
Qu'est-ce que tu fais ce soir ?

**– I ...................... (play) squash. It is Thursday, and I ...................... (play) every Thursday.**
Je vais jouer au squash. C'est jeudi, et moi je joue tous les jeudis.
...

**7. – I ...................... (look for) a little table for my room. I...................... (prefer) to buy it online.**
Je cherche une petite table pour ma chambre. Je préfère l'acheter sur Internet.

**– Why ...................... you (not check) the Ikea website? They have some nice things.**
Pourquoi tu ne regardes pas sur le site de Ikea ? Ils ont des choses sympa.

**8. Claude is in England because she ... (want) to improve her English. She ... (go) to a language school. She ... (stay) with a host family and every day she must take the tube to get to her language school. It ... (take) her about five minute to get to the nearest tube station. She usually ... (catch) the train at half past eight. The classes ... (begin) at nine o'clock and most often ... (finish) at half past two. In the afternoon the school ... (offer) sightseeing tours in and around London. Claude ... (not always go) because she ... (like) to walk the streets on her own. Tomorrow the students ... (go) to Windsor. This time she ... (come) with them.** Claude est en Angleterre, parce qu'elle veut améliorer son anglais. Elle va à une école de langues. Elle habite dans une famille d'accueil et tous les jours elle doit prendre le métro pour aller à l'école. Il lui faut environ 5 minutes pour arriver à la station de métro la plus proche. D'habitude elle prend le train à 8 heures et demie. Les cours commencent à 9 heures et finissent le plus souvent à 14 heures et demie. Dans l'après-midi l'école offre des tours touristiques à Londres et ses environs. Claude n'y va pas toujours, parce qu'elle aime se promener seule dans les rues. Demain les étudiants vont à Windsor. Cette fois-ci elle y va avec eux.

...

**9. Hello. I'm Jamie. I ... (work) in the IT department.** Bonjour. Je m'appelle Jamie. Je travaille au département d'informatique.

– **Nice to meet you. I'm Jan Tarowiecki from Poland. I ... (visit) the head office here in London.** Enchanté ! Je suis Jan Tarowiecki de Pologne. Je suis en visite au siège principal ici à Londres.

– **Ah yes. I heard you were here. Which city in Poland ... you (come) from, Jan?** Ah oui, on m'avait dit que vous étiez là. Vous êtes de quelle ville en Pologne, Jan ?

– **I'm from Krakow.** Je suis de Krakow.

– **And how long ... you (stay) in England?** Et combien de temps vous restez en Angleterre ?

– **I ... (work) here for three months. I ... (learn) about PDC's operations in the UK. What about you? Are you based in London?** Je travaille ici trois mois. J'étudie les opérations de PDC au Royaume Uni. Et vous ? Vous êtes basé donc à Londres ?

– **Yes. I ... (have) a permanent office here, but I ... (travel) abroad a lot - three, or sometimes four times a month.** Oui, j'ai mon bureau permanent ici, mais je voyage beaucoup – trois, parfois quatre fois par mois.

– **Where ... you (go) on your business trips?** Où est-ce que vous allez pour vos voyages d'affaires ?

– **To Europe and sometimes to South America. So ... you (enjoy) your stay here?** En Europe et parfois en Amérique latine. Alors est-ce que vous appréciez votre séjour ici ?

– **Yes, I ... (find) your country very interesting**. Oui, je trouve votre pays très intéressant.

...

**10. – Where is Cindy?** Où est Cindy ?

**– She … (have) a shower.** Elle est en train de prendre une douche.

**– Do you know if she … (go out) tonight?** Tu sais si elle sort ce soir?

**– I don't think so. On Wednesday evenings she usually … (stay) home and … (play) computer games.** Je ne pense pas. Mercredi soir elle reste d'habitude à la maison et joue sur l'ordinateur.

…

**11. – Why … you (buy) so much food?** Pourquoi tu achètes autant de nourriture ?

**– Because we … (have) a party tonight.** Parce qu'on fait une fête ce soir.

**– Who's … (come)?** Qui vient ?

**– Everybody except Sally who always … (work) on Saturday evenings.** Tout le monde sauf Sally qui travaille toujours samedi soir.

…

**12. – It … (rain), I must go out and my umbrella is broken.** Il pleut, je dois sortir et mon parapluie est cassé.

**– You can take mine. I … (not need) it.** Tu peux prendre le mien. Je n'en ai pas besoin.

…

**13. – This government … (not do) its job well. Prices … (increase) all the time.** Le gouvernement ne fait pas bien son travail. Les prix augmentent tout le temps.

**– I … (not think) it's government's fault. The international situation is unstable.** Je ne pense pas que ce soit la faute du gouvernement. La situation internationale est instable.

## DIALOGUE 6

audio

www.grammar-marydell.com

INVITATION À UNE SOIRÉE DE « LIVE MUSIC »

*Peter appelle Julien mercredi soir :*

Peter: Hi, Julien, how are you? **What are you doing** tonight?

Julien: Hi, Peter, no plans at all. **I am still working**, I have to prepare one presentation for tomorrow.

Peter: There is a good band playing in the pub tonight and **we are going**. Why don't you come with us?

Julien: Great idea, but unfortunately I have to get up at 4.30 tomorrow morning to catch a plane. **I am going** on a business trip to Barcelona. So I guess I'd better have an early night. Such a pity!

Peter: Don't worry, you can see them another time. They usually play on Saturdays, it is an exception today. Have a nice trip to Barcelona!

Julien: Thanks! Have a good time tonight!

Peter : Salut, Julien, comment vas-tu ? Qu'est-ce que tu fais ce soir ?

Julien : Salut, Peter, je n'ai pas de projets. Je travaille encore, je dois préparer une présentation pour demain.

Peter : Un bon groupe va jouer ce soir au club, et nous on y va. Tu ne veux pas venir avec nous ?

Julien : Bonne idée, mais malheureusement je dois me lever à 4.30 demain matin pour prendre l'avion.
Je vais en voyage d'affaires à Barcelone. Et donc, je pense que je devrais me coucher tôt. C'est dommage !

Peter : Ne t'inquiète pas, tu pourras les voir une autre fois. D'habitude, ils jouent le samedi, c'est une exception aujourd'hui. Bon voyage à Barcelone !

Julien : Merci. Amusez-vous bien ce soir !

**VOCABULAIRE UTILE** : **téléphone ; lettre ; comment inviter, accepter, refuser**

### Téléphone

**mobile / cell phone** – portable
**ring / give a ring** – donner un coup de fil
**dial** – faire un numéro
**land line** – téléphone fixe
**answering machine** – répondeur

> **I'll call you back** later.
> Je vais vous rappeler plus tard.
>
> **Can I speak to** ...?
> Est-ce que je peux parler à ... ?
>
> **Hold on** please.
> Veuillez patienter, s'il vous plaît.

**call / phone** – appeler au téléphone
**call back** – rappeler
**get through** – joindre quelqu'un
**country code** – indicatif pays

**Email**

**write** – écrire
**receive** – recevoir
**sign out** – se déconnecter
**spam** – courrier indésirable
**send an email** – envoyer un courriel / email
**sign in** – se connecter
**inbox** – boîte de réception
**draft** – brouillon

Quelques formules que vous pourriez utiliser dans des correspondances :

**Informal Letter /email**
Dans les lettres de ce type les formes contractées sont permises. (I'm, he's, they've)

Au début :

**Dear Sara,**
Chère Sara,

**Thanks for your letter. It was lovely to hear from you.**
Merci de ta lettre. Très content(e) d'avoir de tes nouvelles.

**How are you? / How are the things? / How is it going?**
Comment vas-tu ? Comment ça va ?

**Hope you are well.**
J'espère que tu vas bien.

**I'm so pleased to hear that... What wonderful news...**
Je me réjouis de savoir que... Quelle bonne nouvelle...

**I'm sorry to hear that...**
Je regrette d'apprendre que...

**I'm writing to ask you... The reason I'm writing...**
Je t'écris pour te demander... La raison pour laquelle je t'écris...

A la fin :

**That's all for now.**
C'est tout pour le moment.

**Write back soon.**
Réponds-moi vite.

**Hope to hear from you soon.**
J'espère que tu vas m'écrire bientôt.

**Best wishes!** Bonne chance !
**All the best.** Je te souhaite le meilleur.

**Cheers!**
Ciao !

**Give my love to... / Love / Lots of love**
Fais une bise à... de ma part / Bises / Bisous / Gros bisous

**Say hello to...**
Salue... de ma part

**Formal Letter** – Lettre formelle / email

Dans les lettres de ce type on n'utilise pas de formes contractées ! (~~I'm, He's, They've~~)

Au début :

**To whom it may concern**
A qui de droit

**Dear Sir or Madam,**
Monsieur, Madame,

**Dear Mr/Mrs Blake,**
Cher M. Blake / Chère Mme Blake,

**I am writing with regard to**
**I am writing with reference to**
Je vous écris au sujet de...

Répondre à une demande de renseignements :

**Thank you for your interest**...
Merci de votre intérêt...

**Thank you for contacting our company**...
Nous vous remercions d'avoir contacté notre compagnie...

**Thank you for your email regarding**...
Je vous remercie de votre email au sujet de...

**With reference to our phone conversation this morning**...
A la suite de notre conversation au téléphone de ce matin...

**I am writing to respond to your inquiry about**...
Je vous écris en réponse à votre demande de renseignements sur...

**You will find attached**...
Vous trouverez en pièce jointe...

Faire une demande :

**I would be most grateful if you**...
Je vous serais bien reconnaissant si vous...

**I would appreciate it if you could**...
J'apprécieais si vous pouviez...

**I was wondering if you could**...
Je me demande si vous pourriez...

**Could you please send me**...
Est-ce que vous pourriez m'envoyer...

S'excuser :

**Please accept our sincere apologies for this delay**.
Veuillez accepter nos sincères excuses pour ce retard.

**We apologize for any inconvenience caused**.
Veuillez nous excuser pour tout inconvénient que cela ait pu vous causer.

Se plaindre :

**I would like to complain about...**
Je voudrais me plaindre de...

**I am writing to express my dissatisfaction with...**
Je vous écris pour exprimer mon mécontentement à l'égard de...

**I was disappointed to find that...**
J'ai été déçu de trouver que...

A la fin :

**We hope that you find this satisfactory.**
Nous espérons que vous en êtes satisfait.

**Please feel free to contact me if you have any further questions.**
N'hésitez pas de me contacter pour toute question supplémentaire.

**If you require any further information, please do not hesitate to contact me.**
Si vous avez besoin de plus d'informations, n'hésitez pas à me contacter.

**I am looking forward to hearing from you.**
J'attends votre réponse avec impatience.

**Yours faithfully** – Veuillez agréer, Monsieur / Madame, l'expression de mes salutations distinguées (on s'est adressé au début avec Dear Sir or Madam)

**Yours sincerely** – Veuillez agréer, M./Mme..., l'expression de mes salutations distinguées (on s'est adressé au début avec le nom de famille)

**Email dans le cadre du travail**

Dans la correspondance de travail de nos jours, le style est plutôt informel. Trois règles à recommander :

1. Phrases **courtes**
2. Langage **simple**
3. Grammaire **correcte**

Salutations :

**Hello, hi, hey**

Informer :

**I'm writing to tell you about...**
J'écris pour t' (vous) informer que...

**Just a note to say that...**
Un message pour te dire que...

**Just to update you on...**
Juste pour te mettre au courant de...

Demander :

**I'm writing to ask you...** Je t'écris pour te demander...

**Could you look into...**
Est-ce que tu peux jeter un coup d'œil à...

**Would you mind checking... out for me?**
Pourrais-tu vérifier... pour moi, s'il te plaît ?

**I'd love to hear your advice on this matter.**
J'aimerais bien avoir ton avis sur ce sujet.

**Can you get back to me once you have examined this?**
Est-ce que tu peux me contacter après avoir étudié ça ?

**Can you drop me a quick word so I know you have received this?**
Tu peux m'écrire juste un mot pour que je sache que tu as reçu ça ?

**Just wondering if you got my email of 1 Mars...**
Je me demandais si tu avais reçu mon mail du 1er mars...

Confirmer :

**I'd like to confirm that...**
Je voudrais confirmer que...

**I'm writing to confirm that...**
J'écris pour confirmer que...

Changer de projets :

**I'm sorry but I can't make it Tuesday as we have arranged.**
**How about Wednesday instead?**
Désolé, mais je ne pourrai pas venir mardi comme prévu.
Est-ce qu'on peut reporter à mercredi ?

A la fin :

**I hope this helps, but email me again if you are still having some difficulties.**
J'espère que c'est utile, mais rappelle-moi si tu continues à avoir des difficultés.

**Just let me know if you have any questions.**
Contactez-moi si vous avez des questions.

**Drop me a line or give me a ring if you need any more information.**
Ecris-moi ou appelle-moi, si tu as besoin de plus d'informations.

**Keep in touch.**
On reste en contact.

**Keep me posted.**
Tiens-moi au courant.

**Thanks in advance.**
Merci d'avance.

**I look forward to hearing from you.**
J'attends ta réponse.

**Best regards** – Cordialement
**Kind regards** – Bien cordialement
**Regards** – Bien à vous, bien à toi

Formules amicales : **Take care**! ou **Have a nice day**!
Je te souhaite une bonne journée !

**Comment inviter ou proposer?**

Invitation / proposition

**Would you like to** + infinitive? Est-ce que tu veux... ? Est-ce que vous voudriez... ?

Would you like to come with us to the cinema?
Tu veux venir au cinéma avec nous ?

**Do you fancy** + ing? Ça te dit de... ?

Do you fancy going for a walk?
Ça te dit d'aller se promener ?

**How about** + ing? Et si on... ?

How about going to a restaurant tonight?
Si on allait au restaurant ce soir ?

**Shall we**/ Shall I + infinitive? Est-ce que... Tu veux que...?

Shall I make a pizza?
Tu veux que je fasse une pizza ?

**Let's**... Allez...

Let's go out!
Allez, on sort !

**Why don't we** + infinitive?

Why don't we invite your brother tonight?
Pourquoi ne pas inviter ton frère ce soir ?

Accept – Accepter

**That would be great**. Ça sera super.
**Good idea!** Bonne idée !
**With pleasure.** Avec plaisir, volontiers.
**I don't mind**. Je ne suis pas contre.
**I'd love to**. J'aimerais bien.
**Great idea!** Super !
**Of course**. Bien sûr.
**Sure.** (familier) Naturellement.

Refuse politely [pə'laɪtli] – Refuser poliment

**I'm really sorry but I can't**.
Je suis vraiment désolé(e), mais je ne peux pas.

**I'm afraid I can't**. I have to... (soutenu)
Je crains de ne pas pouvoir. Je dois...

**I'd love to but** I...
Je voudrais bien, mais...

How about... instead? Et si on... au lieu de... ? (si on faisait autre chose)

> **How about** going to the cinema instead of going to the pub?
> Si on allait au cinéma au lieu d'aller au bistrot ?

**Dans une discussion**

Agree – Être d'accord

> **I agree with you.**
> Je suis d'accord avec toi (vous).
>
> Yes, **that's right.**
> Oui, c'est vrai.
>
> **Of course.**
> Bien sûr.

**Exactly.** [ɪɡˈzæktli] Exactement.
**Definitely.** [ˈdɛfɪnɪtli] Définitivement.
**Certainly.** [ˈsɜːtᵊnli] Certainement.
**No doubt.** Sans doute.
**You are right.** Tu as raison. (Vous avez raison)
**I see.** (= I understand). Je vois. (Je comprends)

Doubt [ˈdaʊt]- Doute

**Maybe /perhaps.** Peut-être.
**It's possible.** [ˈpɒsɪbəl] C'est possible.
**I don't know.** Je ne sais pas.

> **What do you mean?**
> Qu'est-ce que tu veux dire ?
> Qu'est-ce que vous voulez dire ?

Disagree / not agree – Ne pas être d'accord

> **I don't agree with you.** (pas ~~I'm not agree~~)
> Je ne suis pas d'accord avec toi. (avec vous) = I disagree.
>
> **No, no way!** (familier)
> Non, jamais !
>
> **You are not right.** / You are wrong.
> Tu n'as pas raison. (Vous n'avez pas raison) / Tu as tort (Vous avez tort).
>
> **I don't think you are right.** (plus délicat)
> Je ne pense pas que vous ayez raison.
>
> **I don't think so.**
> Je ne pense pas.
>
> **It's impossible.**
> C'est impossible.

19 CHAPITRE

# ADJECTIFS ET ADVERBES

## ADJECTIFS
CARACTERISTIQUES, TYPES

La prononciation en anglais : *Adjectives* [ˈædʒɪktɪvz]
Comme il n'y a pas de genre en anglais, chaque adjectif a une seule forme qui correspond à la forme masculine et féminine en français. Dans la traduction nous donnons uniquement l'adjectif masculin juste pour simplifier.
Les adjectifs en anglais n'ont pas de pluriel, il n'est donc pas nécessaire de faire attention à un accord avec le nom, contrairement au français.

**Nice** apple – belle pomme
**Nice** apples – belles pommes

Le nom au pluriel a un « -s », mais l'adjectif reste inchangé.

Terminaisons caractéristiques :

| | |
|---|---|
| **- able** | **capable** [ˈkeɪpəbəl] – capable ; **remarkable** [rɪˈmɑːkəbəl] – remarquable |
| **- ible** | **responsible** [rɪˈspɒnsɪbəl] – responsable ; **incredible** – incroyable |
| **- ic** | **artistic** – artistique ; **energetic** [ˌɛnəˈdʒɛtɪk] – énergique |
| **- al** | **logical** [ˈlɒdʒɪkəl] – logique ; **functional** [ˈfʌŋkʃənəl] – fonctionnel |
| **- ful** | **grateful** – reconnaissant ; **harmful** – nuisible |
| **- less** | **careless** – négligent ; **useless** – inutile, nul (familier) |
| **- ive** | **attractive** – séduisant, attrayant ; **persuasive** [pəˈsweɪsɪv] – persuasif |
| **- ous** | **famous** [ˈfeɪməs] – célèbre ; **generous** [ˈdʒɛnərəs] – généreux |

**Adjectifs** qui se terminent par :

**-ing** et **-ed**

| | | | | | |
|---|---|---|---|---|---|
| **tiring** | fatigant | **exciting** | excitant | **boring** | ennuyant |
| **tired** | fatigué | **excited** | excité | **bored** | ennuyé |

Ceux qui se terminent en **-ed** s'appliquent aux **personnes.** Nous pouvons être « tired », « excited » (fatigués, excités).
Ceux qui se terminent en **-ing** désignent d'habitude **les choses** qui provoquent ces émotions en nous.

Le voyage est **tiring** (fatigant), et tu es **tired** (fatigué).
Le livre est **boring** (ennuyant), et tu es **bored** (ennuyé).
La nouvelle est **surprising** (surprenante), et tu es **surprised** (surpris).

Certains adjectifs en **-ing** peuvent s'appliquer aussi aux personnes :

She is an **interesting person.** Elle est une personne intéressante.

Des préfixes négatifs sont souvent utilisés pour donner à l'adjectif un sens opposé :

↪ **un-** usual / **unusual** ; fair / **unfair** ; comfortable / **uncomfortable**
↪ **in-** accurate / **inaccurate** ; competent / **incompetent** ; correct / **incorrect**
↪ **dis-** honest / **dishonest** ; connected / **disconnected** ; respectful / **disrespectful**

Avec les adjectifs qui commencent par :

« m » ou « p »
↪ **im-** moral / **immoral** ; probable / **improbable** ; patient / **impatient**

« r »
↪ **ir-** regular / **irregular** ; rational / **irrational** ; resistible / **irresistible**

« l »
↪ **il-** legal / **illegal** ; logical / **illogical** ; legible / **illegible**

**Ordre des adjectifs**

Quand il y a plusieurs adjectifs l'un après l'autre, ils sont rangés de la façon suivante : La première place est réservée à l'adjectif qui exprime l'opinion subjective de celui qui parle. Après l'adjectif « subjectif » viennent les adjectifs factuels dans l'ordre de :

**1. dimensions ; 2. âge ; 3. couleur ; 4. origine ; 5. matériel**

**Big white** bear – un grand ours blanc
**Old woolen** coat – un vieux manteau en laine
**Nice long, black,** hair – de jolis longs cheveux noirs

**Adjectifs composés**

**well-behaved** – bien élevé ; **old-fashioned** – démodé ; **narrow-minded** – fermé d'esprit

Quand l'adjectif est composé de nombre + nom, le nom **n'est pas** mis au pluriel (même si ça semble illogique) :

I have a two-year contract with my Internet provider. (pas ~~two-years~~)
J'ai un contrat de deux ans avec mon fournisseur d'Internet.

She has a five-year-old son. (pas ~~five-years~~)
Elle a un fils de 5 ans.

# ADVERBES

## FORMATION, TYPES

QUELLE EST LA DIFFÉRENCE ENTRE UN **ADJECTIF** ET UN **ADVERBE** ?

**L'adjectif** répond à la question « **Quel ?** » et qualifie le nom.
**L'adverbe** répond à la question « **Comment ?** » et se rapporte au verbe.

Olivier is a **careful** driver.
Olivier est un chauffeur prudent. (Quel type de chauffeur est-il ? – prudent)
Olivier drives **carefully**.
Olivier conduit prudemment. (Comment conduit-il ? – prudemment)

En français on forme un adverbe avec l'adjectif en ajoutant **-ment**, et en anglais **-ly**.

| | |
|---|---|
| lent – lente**ment** | slow – **slowly** |
| rapide – rapide**ment** | quick – **quickly** |
| attentif – attentive**ment** | careful – **carefully** |

He is a **serious** person.
Il est un homme sérieux.

He always speaks **seriously**.
Il parle toujours sérieusement.

**Exception :** **good** – bon
**well** (pas ~~goodly~~) – bien

She is a **good** singer.
Elle est une bonne chanteuse.

She sings **well**.
Elle chante bien.

Certains adverbes peuvent être mis avant l'adjectif, pour **renforcer** son sens :
**Very, quite, rather**

**Very** – très

She is **very charming**.
Elle est très charmante.

**Quite** – assez (plus faible que « very »)

He is **quite good** at maths.
Il est assez bon en maths.
On peut dire aussi : He is **pretty good** at maths.

**EXPRESSIONS COURANTES** AVEC **QUITE** [kwait] :

**For quite a long time** – depuis assez longtemps

I haven't seen him **for quite a long time**.
Je ne l'ai pas vu depuis pas mal de temps.

**Quite a lot**, **quite a few** – beaucoup

Things here have changed **quite a lot.**
Les choses ici ont beaucoup changé.

Autre usage de **quite** :
**Quite** = completely – absolument, complètement

I am **quite sure**.
Je suis certain.

! Attention à ne pas confondre **l'adverbe « quite »** [kwait] avec **l'adjectif « quiet »** [kwaiət] qui signifie calme, silencieux.

**Rather** – assez (d'habitude pour renforcer un sens négatif)

This suitcase is nice but **rather expensive**.
Cette valise est belle, mais assez chère.

It is **rather cold**, put on your coat.
Il fait assez froid, mets ton manteau.

« Rather » peut aussi accompagner un adjectif de sens positif, mais dans ce cas il a la nuance d'« inattendu ».

The film was **rather interesting**.
Le film était très intéressant. (plus que je ne m'attendais)

Autres adverbes qui servent à renforcer le sens d'un adjectif sont :
**well, completely, totally, absolutely, incredibly** :

The conference was **well organized**.
La conférence était bien organisée.

You are **absolutely right**.
Tu as tout à fait raison.

L'utilisation d'adverbes donne au langage plus d'effet, de force et de couleur :

You are **incredibly beautiful**!
Vous êtes incroyablement belle !

I am **terribly sorry**!
Je suis vraiment désolé !

I am **absolutely exhausted**.
Je suis complètement épuisé.

Attention ! Un mot qui se termine par -**ly** n'est pas obligatoirement un adverbe. Il existe aussi **des adjectifs** qui se terminent par -**ly** :

| | | |
|---|---|---|
| **lovely** – magnifique | **lonely** – solitaire | **friendly** – gentil |
| **elderly** – âgé | **silly** – stupide | **ugly** – moche |

Certains adjectifs et adverbes ont **la même forme** :

| | | |
|---|---|---|
| **early** – tôt | **early bird** – lève-tôt | **get up early** – se lever tôt |
| **fast** – rapide, rapidement | **fast food** – repas rapide | **run fast** – courir rapidement |
| **hard** – dur | **hard worker** – travailleur | **work hard** (pas ~~hardly~~) – travailler dur |

! Attention avec « **hard** » and « **hardly** » !

**Hardly** – à peine

I can **hardly** hear you.
Je t'entends à peine.

**Hardly** se combine souvent avec « any/anything/anyone/anywhere » :

I have **hardly any** money.
Je n'ai presque pas d'argent.

**Near** – proche

**the near future** – le futur proche
**near the school** (pas ~~nearly~~) – proche de l'école

! Attention avec « **near** » and « **nearly** » !

**Nearly** = almost – presque ; j'ai failli

I have **nearly** finished the book you lent me.
J'ai presque fini le livre que tu m'avais prêté.

I **nearly** missed the bus.
J'ai failli rater le bus.

Il y a un autre type d'adverbes qui ne se terminent pas en -ly :

## les adverbes de place

**here** – ici
**there** – là-bas
**near** – à côté
**inside** – dedans
**outside** – dehors

## les adverbes de temps

**always** – toujours
**never** – jamais
**sometimes** – parfois
**often** – souvent

## Still et Yet

**Still** – encore

The municipality is **still** looking for a solution to the problem.
La municipalité continue à chercher une solution au problème.

Do you **still** want to change your job?
Est-ce que tu veux toujours changer de travail ?

**Yet** – déjà (dans une phrase interrogative)

Has he graduated **yet**?
Est-ce qu'il a déjà fini ses études ?

**Yet** – encore (dans une phrase négative)

I haven't read the book **yet**.
Je n'ai pas encore lu le livre.

**« Still »** peut être employé dans une phrase négative pour exprimer une émotion (reproche ou impatience), à la différence de « yet » qui est neutre :

They haven't called me **yet**.
Ils ne m'ont pas encore appelé. (neutre)

They **still** haven't called me.
Ils ne m'ont pas encore appelé. (exprime l' impatience)

« Yet » - toujours à la fin de la phrase, « still » – au milieu.

## So et Such

**So** + adjective/adverb

She is **so beautiful**!
Elle est si belle !

Don't drive **so fast** please.
Ne conduis pas si vite, s'il te plaît.

**Such a** + noun phrase

She is **such a** clever woman!
Elle est une femme tellement intelligente !

This January was **such a** cold month.
Ce janvier était un mois tellement froid.

**So** + **much**/many/little/few – utilisé pour souligner

Thank you **so much**!
Je vous remercie tellement !

## COMPARATIFS ET SUPERLATIFS
### COMPARATIVE AND SUPERLATIVE

En anglais la comparaison se fait de deux manières différentes **en fonction de la longueur de l'adjectif** (ou l'adverbe) :

**1.** Adjectifs et adverbes **courts**, du type de « old, big, small » (une syllabe)

- **Le comparatif :** avec la terminaison **-er**

| | | |
|---|---|---|
| old – old**er**<br>âgé – plus âgé | young – young**er**<br>jeune – plus jeune | fast – fast**er**<br>vite – plus vite |
| dans la famille : | elder son – fils aîné | elder sister – sœur aînée |

- **Le superlatif :** avec la terminaison **-est**

| | |
|---|---|
| old – **the** old**est**<br>âgé – le plus âgé | long – **the** long**est**<br>long – le plus long |

the eldest son – le fils aîné

Devant un mot au superlatif on met **the,** tout comme en français « le, la, les ».

She is **the youngest** in the family.
Elle est la plus jeune dans la famille.

Which is **the smallest** country in the world?
Quel est le plus petit pays au monde ?

Certains adjectifs de deux syllabes peuvent former leurs comparatifs et superlatifs selon la règle des adjectifs courts, surtout ceux qui se terminent par **-y** : easy, early, happy, funny, lucky, pretty. Le « y » se transforme en « i » :

| | |
|---|---|
| Easy – eas**ier** – **the** eas**iest** | facile – plus facile – le plus facile |
| Happy – happ**ier** – **the** happ**iest** | heureux – plus heureux – le plus heureux |

**2.** **Longs** adjectifs – les deux formes comparatives et superlatives ressemblent au modèle français :

- Le comparatif : avec **more**
- Le superlatif : avec **the most**

Interesting [ˈɪntrɛstɪŋ] – **more** interesting – **the most** interesting
Intéressant – plus intéressant – le plus intéressant
Expensive – **more** expensive – **the most** expensive
Cher – plus cher – le plus cher

Pour donner des nuances, devant la forme comparative on peut mettre :
**much / a lot / far** (beaucoup plus), **even** (même plus), ou bien **a bit / a little** (un peu plus)

This model is **a bit more expensive**.
Ce modèle est un peu plus cher.

Their house is **much bigger**.
Leur maison est beaucoup plus grande.

This is **the most interesting** film I have ever seen.
C'est le film le plus intéressant que j'ai jamais vu.

Autres emplois de **most** :

- Pour renforcer le sens d'un adjectif :

This is **most unusual**.
C'est vraiment peu commun.

- Signifie « la plupart de » quand il accompagne un nom :

**Most people** use the Internet every day.
La plupart des gens utilisent Internet tous les jours.

**Most** of the time – la plupart du temps

**Exceptions :**

**good** – better – the best
bon – meilleur – le meilleur

**bad** – worse – the worst
mauvais – pire – le pire

**little** – less – the least
peu – moins – le moins / le moindre

**much** – more – the most
beaucoup – plus – le plus

**far** – further – the furthest
loin – plus loin – le plus loin

- La particule de comparaison « que » correspond en anglais à **than**.

He is better at tennis **than** me.
Il est meilleur au tennis que moi.

The first proposal was more appropriate **than** the second one.
La première proposition était plus appropriée que la deuxième.

**As....as = aussi...que**

Pour comparer deux choses équivalentes selon le même critère. Les deux particules **as**...**as** « encadrent » l'adjectif.

He is **as tall as** me.
Il est aussi grand que moi.

My watch is not **as expensive as** yours.
Ma montre n'est pas aussi chère que la tienne.

- La comparaison peut se faire aussi avec **less** (moins) et **the least** (le moins).

Mercedes is more expensive than Volkswagen.
La Mercedes est plus chère que la Volkswagen.

Volkswagen is **less expensive** than Mercedes.
La Volkswagen est moins chère que la Mercedes.

**The** + comparative.....**the** + comparative = **Plus.....plus / mieux...**

Cette construction se forme toujours en commençant par **the** :

**The harder** I work, **the more** money I get.
Plus je travaille, plus je gagne.

**The more** you practise your English, **the faster** you learn.
Plus tu pratiques l'anglais, plus vite tu apprends.

**The more, the better!**
Plus il y en a, mieux c'est !

**Adjectifs forts**

Certains adjectifs sont assez forts en soi, et ils n'ont pas de comparatif, ni de superlatif. Ils ne peuvent pas être renforcés par « very », mais par d'autres adverbes comme **completely, totally, absolutely**.

**Completely exhausted** – complètement épuisé
**Absolutely fabulous** – absolument fabuleux

La plupart des adjectifs « de base » ont des synonymes « forts » et il serait très utile de les apprendre pour que votre anglais soit plus vif, plus coloré et plus riche.
Voici une liste des plus fréquents :

| | | | |
|---|---|---|---|
| **interesting** | intéressant | **fascinating, amazing** | fascinant, incroyable |
| **beautiful** | beau, belle | **gorgeous** | ravissant, splendide |
| **nice** | joli | **wonderful, lovely** | magnifique merveilleux |
| **good** | bon | **superb, great, fantastic, excellent** | superbe, génial, fantastique, excellent |
| **bad** | mauvais | **awful, terrible, horrible** | terrible, horrible |
| **happy** | heureux | **thrilled** | ravi |
| **tasty** | bon au goût | **delicious**[dɪˈlɪʃəs] | délicieux |

| | | | |
|---|---|---|---|
| **funny** | drôle | **hilarious** | hilarant |
| **big** | grand | **huge, enormous** | énorme |
| **small** | petit | **tiny** | minuscule |
| **angry** | fâché | **furious** | furieux |
| **tired** | fatigué | **exhausted** | extenué |
| **cold** | froid | **freezing** | gelé, glacial |
| **hot** | chaud | **boiling** | brûlant |

## EXERCICES

**Complétez les phrases :**

**1. – Why do you go to the country .............. weekend?**
Pourquoi vas-tu à la campagne tous les weekends ?

**– It is .............. there. Much .............. than in the city.**
C'est magnifique là-bas. Beaucoup mieux qu'en ville.
...

**2. – Could you speak .............. please? I cannot understand you.**
Est-ce que vous pouvez parler plus haut, s'il vous plaît ? Je ne vous comprends pas.
...

**3. – Real Madrid played really .............. last night.**
Real Madrid a vraiment bien joué hier soir.

**– Hm, I don't think they were .............. than Liverpool, they were just lucky.**
Hm, moi je ne pense pas qu'ils étaient meilleurs que Liverpool, tout simplement ils ont eu de la chance.
...

**4. – You look upset. What's the matter?**
Tu as l'air contrarié, qu'est-ce qu'il y a ?

**– I am .............. furious! I haven't had Internet connection for two days and the technicians have not come yet!**

Je suis complètement furieux ! Je n'ai pas internet chez moi depuis deux jours et les techniciens ne sont toujours pas venus !

**5. – He is .............. clever.**
Il est exceptionnellement intelligent.

**– Yes, he is. And he is a .............. person too.**
Oui, c'est vrai. Et il est une bonne personne en plus. ...

**6. – I love this restaurant. The food is always ..............**
J'aime ce restaurant. Les plats sont toujours délicieux.

**– I must show you a new one nearby. It isn't .............. and they have .............. wine list.**
Je dois te montrer un nouveau, pas loin d'ici.
Il n'est pas aussi cher et ils ont du vin excellent.
...

**7. – Pronunciation in French is difficult.**
La prononciation en français est difficile.

**– Yes, it is, but I think in English it is .............. difficult.**
Oui, c'est vrai, mais je pense qu'en anglais elle est même plus difficile.

...

**8. – Which company is your .............. business partner ?**
Quelle compagnie est votre plus proche partenaire en affaires ?

**– There is not only one, there are several which are close.**
Ce n'est pas une seule, il y en a plusieurs qui sont proches.

...

**9. – She is ... young to get married.** Elle est trop jeune pour se marier.
**In this country, yes but in her country even ... ... girls get married.** Dans ce pays, oui, mais dans son pays d'origine même des filles beaucoup plus jeunes se marient.

...

**10. – Your English has improved. You speak ... ... ... ... last time when we met.** Ton anglais s'est amélioré. Tu parles beaucoup plus couramment que la dernière fois qu'on s'est vus.
**– Thank you! I'm pleased you say it. I've been working ... ... lately trying to read and listen to original English as ... as .....** Merci ! Je suis content de l'entendre. Je travaille vraiment beaucoup ces derniers temps et j'essaye de lire et d'écouter de l'anglais original le plus possible.

...

**11. – Which country recycles ... ?** Quel pays recycle le plus ?
**– Germany has ... recycling rate in the world. The nation recycles ... ... 60% of its waste.** L'Allemagne a le plus haut taux de recyclage dans le monde. Le pays recycle plus de 60% de ses déchets.
**– How did it become the world's ... recycler in the world?** Comment elle est devenue le meilleur recycleur du monde ?
**– Thanks to the combination of strong policies and the commitment of the citizens. Getting people to sort their waste means ... pollution and a ... recycling rate.** Grace à la combinaison entre des politiques fortes et l'engagement des citoyens. Trier les déchets signifie moins de pollution et un plus haut taux de recyclage.
**– Which country recycles ... ?** Quel est le pays qui recycle le moins ?
**– Chile. They have ... politics for recycling plastic, with ... ... 1% of their total usage actually being recycled. Le** Chili. Ils ont la pire politique pour le recyclage du plastique avec moins de 1% des déchets qui sont recyclés.

...

**12. – Do you know which is ... ... planet in our Solar system?** Tu sais quelle est la plus petite planète de notre Système solaire ?
**– Pluto, isn't it?** Pluton, non ?
**– No, it's Mercury. It is ... to the Sun as well.** Non, c'est Mercure. Elle est aussi la plus proche du Soleil.
**– And which one is ... from the Sun?** Et quelle est la plus éloignée du Soleil ?

**– Neptune but there are dwarf planets ... out.** Neptune, mais il y a aussi des planètes naines qui sont encore plus loin.

...

**13. – How was your driving test?** Comment ça s'est passé ton examen de conduite ?

**– Not bad. It was ... ... I expected.** Pas mal. C'était plus facile que je ne m'y attendais.

**– So you've passed?** Alors tu as réussi ?

**– Yes, I have. I'll take you to a restaurant .... I can.** Oui. Je t'emmène au restaurant aussitôt que je peux.

...

**14. – Tom told me you were having difficulties with your business last year. Is it ... this year?** Tom m'a dit que tu avais des difficultés avec ton business l'année dernière. Est-ce que c'est mieux cette année ?

**– Not really. I'm afraid it is even ...** Pas vraiment. J'ai peur que ça soit même pire.

**– I suppose people aren't spending as ... as money as they used to.** Je suppose que les gens ne dépensent pas autant d'argent qu'avant.

...

**15. – I ... dropped that precious vase.** J'ai failli laisser tomber ce précieux vase.

**– You should be ... careful !** Tu dois être plus prudent !

**– Well, I always touch it very ... but this time my hand was a bit wet.** Euh, je le touche toujours très prudemment, mais cette fois-ci ma main était un peu mouillée.

...

**16. – Come on! Don't walk ... ...! We are ... late.** Allez ! Ne marche pas si lentement ! Nous sommes déjà en retard.

**– You aren't very kind. You know I cannot walk ... as my leg hurts.** Tu n'es pas très gentil. Tu sais que je ne peux pas marcher plus vite, parce que j'ai mal à la jambe.

...

**17. – The connection is awful. I can ... hear you.** La connexion est horrible. Je t'entends à peine.

**– It might be because of the weather. It is raining ... here at the moment and the wind is very strong. – To be honest I've never seen ... a violent storm.** Ça peut être à cause du temps. Il pleut à verse en ce moment et le vent est très fort. Honnêtement je n'ai jamais vu un orage aussi violent.

...

**18. – This car is ... small. There isn't ... space for all of us.** Cette voiture est trop petite. Il n'y a pas de place pour nous tous.

**– Let's rent a ... one then.** Alors on va louer une plus grande.

**20 CHAPITRE**

# PAST SIMPLE

TRADUIT EN FRANÇAIS PAR LE **PASSÉ COMPOSÉ** (j'ai travaillé).

## COMMENT
EST-CE QU'ON LE FORME ?

**(+) Forme affirmative**
On ajoute la terminaison **-ed** à l'infinitif du verbe.

Work – work**ed**
Prepare – prepar**ed**

La forme est **la même pour toutes les personnes** du singulier et du pluriel.
I worked, you worked, we worked... – j'ai travaillé, tu as travaillé, nous avons travaillé...

Il est particulièrement important de rappeler la bonne prononciation de **-ed :**
**-ed** est prononcé « t » (après une consonne sourde*) ou « d » (après voyelle et consonne sonore), **pas** ~~« id »~~

*Rappelons que les consonnes sourdes sont celles qu'on prononce sans utiliser les cordes vocales, par exemple c, p, k, f, tandis que pour prononcer les consonnes sonores on utilise les cordes vocales – b, l, m, n, v, z.

[t] - liked [laikt], pas [~~laikid~~]
[d] - payed [peid]; loved [lʌvd], pas [~~lovid~~]

Par exception on prononce [id],
**uniquement quand** le verbe se termine par **t** ou **d :**

paint – painted [peintid]
peindre – j'ai peint

want – wanted [wɒntid]
vouloir – j'ai voulu

land – landed [lændid]
atterrir – on a atterri

| Après consonne sourde | Après consonne sonore | Après **t** ou **d** |
|---|---|---|
| [t] | [d] | [id] |
| helped | cleaned | started |
| danced | called | decided |
| looked | amazed | competed |

**Verbes irréguliers :**

Les verbes pour lesquels la règle de la terminaison -ed n'est pas valable, sont appelés **irréguliers**. (Annexe III Irregular verbs, page 379)

*Past Simple* est la deuxième colonne dans la liste. La troisième colonne est le participe passé qui sert à former d'autres temps verbaux. Il vaut mieux apprendre la liste entièrement dès le début, y compris la troisième colonne.

| | | |
|---|---|---|
| have | **had** | had |
| give | **gave** | given |
| write | **wrote** | written |

La liste que vous trouverez en Annexe, contient toutes les formes avec une transcription phonétique.

Un dictionnaire en ligne - « Collins Dictionary » est à recommander, parce qu'il propose une version audio de la prononciation de la forme du *Past Simple*, ainsi que du participe passé, contrairement aux dictionnaires classiques qui n'indiquent que la prononciation de l'infinitif du verbe.

**(-) Forme négative**
avec DID NOT
Dans le langage parlé on utilise la forme contractée **didn't**.
DID est en fait la forme passée du verbe DO, qui est ici auxiliaire.

Last night they **didn't go** out, they stayed at home. (pas ~~didn't went~~)
Hier soir ils **ne** sont **pas** sortis, ils sont restés à la maison.

Attention ! Dans la phrase négative où il y a **didn't**, le verbe reste à l'**infinitif**.
He **did not buy** the watch. (pas ~~didn't bought~~). Il n'a pas acheté la montre.

**(?) Forme interrogative**
avec DID

**Did** you **go** out last night?
Est-ce que tu es sorti hier soir ?

**Did** you watch the football on Sunday?
Est-ce que tu as regardé le football dimanche ?

Quand il y a un mot interrogatif, l'ordre des mots est:
mot interrogatif + DID + sujet + infinitif du verbe
When **did you start** learning English ?
Quand est-ce que tu as commencé à apprendre l'anglais ?

**Exception :**

Il y a un seul cas où dans la question on ne met pas DID – c'est quand la question est adressée vers le sujet, vers celui qui accomplit l'action. Dans ce cas le verbe n'est pas à l'infinitif, mais il est conjugué (comme dans une phrase affirmative) :

**What happened** at the meeting yesterday?
Qu'est-ce qu'il s'est passé à la réunion hier ?

**How many students came** to the course?
Combien d'étudiants sont venus au cours ?

**Comparons :**

**Who called you?**
Qui t'a appelé ?
(on cherche le sujet, il n'y a pas DID)

**Who did you call?**
Tu as appelé qui ?
(on cherche le complément, il y a DID)

**Did** peut également être employé dans une phrase affirmative pour renforcer le sens du verbe ou exprimer de l'émotion. On le prononce en y mettant l'accent :

I **did** send the email!
He **did** apologize to her!

**(-?) Forme interro-négative**

**Didn't you watch** the football last night?
Tu n'as pas regardé le football hier soir ?

Why **didn't you pay** this bill on time?
Pourquoi tu n'as pas payé cette facture à temps ?

**Réponses courtes :**

La règle « Telle question, telle réponse », est valable ici aussi. La question est formulée avec **DID**, la réponse aussi avec **DID**.

**Did** you **play** tennis yesterday?
Est-ce que tu as joué au tennis hier ?

Yes, I **did**. Oui, j'ai joué.

No, I **didn't**. Non, je n'ai pas joué.

**Moi aussi**

**1. So did I / Me too** – Moi aussi
– I watched the match last night. J'ai vu le match hier soir.
– **So did I**. Moi aussi.

**2. I didn't either / Neither did I** – Moi non plus
– I didn't go to the meeting yesterday. Je ne suis pas allé à la réunion hier.
– **I didn't either**. Moi non plus.

**N'est-ce pas ?**

**Didn't you? Did you? Didn't he? Did he?**

La règle des signes opposés (verbe affirmatif suivi de « n'est-ce pas » négatif et vice versa) est valable ici aussi. (+/-) (-/+)

> He gave you the book, **didn't he**?
> Il t'a donné le livre, n'est-ce pas ?
>
> You didn't tell the boss about my problem, **did you**?
> Tu n'as pas parlé au chef de mon problème, n'est-ce pas ?

**C'est vrai ? Vraiment ? Ah bon ?**

**Did you? Didn't you? Did he? Didn't he?**

- I saw Louise the other day.
  J'ai vu Louise l'autre jour.
- **Did you**? How is she?
  Ah bon ? Comment va-t-elle ?

...

- They moved to Italy a few months ago.
  Ils ont déménagé en Italie il y a quelques mois.
- **Did they**? I didn't even know they were going to move.
  C'est vrai ? Je ne savais même pas qu'ils avaient l'intention de déménager.

## PAST SIMPLE OF BE

Attention ! Le verbe **BE** au passé est différent des autres verbes.

| | |
|---|---|
| I **was** | j'ai été ou j'étais |
| You **were** | tu as été / vous avez été ou tu étais / vous étiez |
| He/she/it **was** | il/elle a été ou il/elle était |
| We **were** | nous avons été ou nous étions |
| They **were** | ils/elles ont été ou ils/elles étaient |

« Was » se prononce [wəz]
Quand on veut accentuer – [wɒz] (strong form)

« Were » se prononce [wə$^{r}$]
Quand on veut accentuer, on allonge la voyelle – [wɜː$^{r}$] (strong form)

(-) <u>**Forme négative**</u> – pas avec ~~DID NOT~~, uniquement avec **NOT**

Yesterday I was **not** at work.
Hier je n'étais pas au travail.

**(?)** <u>**Forme interrogative**</u> – pas avec ~~DID~~, mais avec **inversion**

Where **was he** born?
Où est-ce qu'il est né ?

**(-?)** <u>**Forme interro-négative**</u>

Wasn't she at the meeting?
Est-ce qu'elle n'était pas à la réunion ?

<u>**Réponses courtes :**</u>

Were you at the conference last week?
Est-ce que tu as été à la conférence la semaine dernière ?

Yes, I **was**. Oui, j'y ai été.
No, I **wasn't**. Non, je n'y ai pas été.

<u>**N'est-ce pas ?**</u>

**Weren't you? Wasn't he?**

The manager was there, **wasn't he**?
Le directeur était là, n'est-ce pas ?

<u>**Vraiment ? Ah bon ?**</u>

**Were you? Was he?**

He wasn't there. Il n'était pas là.
**Wasn't he?** How strange… Ah bon ? C'est bizarre…

# PAST SIMPLE OF THERE IS

Le verbe **BE** fait partie de l'expression **there is**, et donc la conjugaison de **there is** se fait selon les règles de conjugaison de BE.

**There was** – Il y avait

> **There was** a transport strike last week.
> Il y a eu / il y a eu une grève de transport la semaine dernière.

**There were** – Il y avait (pluriel)

> **There were** nice oranges on sale in the supermarket.
> Il y avait de belles oranges en promotion au supermarché.

(-) **<u>Forme négative</u>** – avec **not**

There was not = **There wasn't** – Il n'y avait pas
There were not = **There weren't** – Il n'y avait pas (pluriel)

**There weren't** any tickets.
Il n'y avait pas de billets.

(?) **<u>Forme interrogative</u>** – avec inversion

**Was there? Were there?** Est-ce qu'il y avait ?

**Were there** many people at the concert?
Est-ce qu'il y avait beaucoup de monde au concert ?

(-?) **<u>Forme interro-négative</u>**

**Wasn't there** a break?
Est-ce qu'il n'y avait pas de pause ?

## QUAND
### EST-CE QU'ON EMPLOIE **PAST SIMPLE** ?

Quand on parle d'une action accomplie **dans le passé** et **on précise** à quel moment elle a été accomplie. La précision se fait par un mot-clé ou par le contexte.

> He **started** this course two months ago.
> Il a commencé ces cours il y a deux mois.
>
> They **met** last year.
> Ils se sont rencontrés l'année dernière.
>
> She **arrived** yesterday.
> Elle est arrivée hier.

**MOTS-CLÉS** QUI PRÉCISENT LE MOMENT :

**AGO** – il y a

! Attention ! L'ordre des mots en anglais est différent de l'ordre en français – on met **ago** à la fin de la phrase ! On ne dit pas « ~~before~~ » dans ces cas-là.

> two weeks **ago** (pas ~~before two weeks~~)
> il y a deux semaines

**in** 2015 – en 2015
**on** Monday – lundi

**in** April – en avril
**on** 1 January – le 1er janvier

**at** 11 o'clock – à 11 heures

**last night** – hier soir
**last month** – le mois dernier

**last week** – la semaine dernière
**last year** – l'année dernière

Le mot-clé pour poser une question au *Past Simple* est **WHEN** :

> **When** did they arrive?
> Quand est-ce qu'ils sont arrivés ?
>
> **When** did you start working on this project?
> Quand est-ce que tu as commencé à travailler sur ce projet ?

**Cas particulier :** Quand on parle des actions qui étaient habituelles dans le passé, mais ne le sont plus, on utilise : **Used to + infinitive**

## Used to + infinitive

Le plus souvent, traduit en français par l'imparfait.

On l'emploie pour des habitudes, des activités régulières ou des états dans le passé.

He **used to smoke.**
Il fumait avant. (mais il ne fume plus)

We **used to go** to the cinema every Sunday, but we don't anymore.
Avant, on allait au cinéma tous les dimanches, mais on n'y va plus.

They **used to live** in Paris, but now they are in Marseille.
Ils habitaient à Paris avant, mais maintenant ils sont à Marseille.

### Would

**Would** permet une autre manière de parler des activités régulières et des habitudes dans le passé, surtout dans la langue littéraire. **Would** dans cet usage est synonyme de « used to ».
Dans un même texte on peut souvent trouver les deux. La description peut commencer par « used to », et puis continuer avec « would » (ou sa forme contractée « 'd »).

We **used to go** to the sea every summer.
In the morning we **would get up** early and **would go** for a swim.
Dans le passé, on allait à la mer chaque été.
Le matin on se levait tôt et on allait nager.

Every morning, **he'd have** a coffee and **he'd read** the newspaper.
Tous les matins il prenait un café et lisait le journal.

« **Used to** » a une forme négative et une forme interrogative qui sont rarement utilisées.

I **didn't use to do** sports but now I go to the gym twice a week.
Avant je ne faisais pas de sport, mais maintenant je vais à la salle de sport deux fois par semaine.

Where **did you use to go** on holiday when you were a child?
Où est-ce que vous alliez en vacances quand tu étais enfant ?

### **Comparaison** entre **used to + infinitive** et **be used to + -ing**

Attention ! Ne pas confondre **USED TO + INFINITIVE** avec **BE USED TO + -ING** qui se ressemblent beaucoup à première vue, mais le sens est différent :

**Used to + infinitive** - exprime des habitudes ou des états dans le passé
**Be used to + -ing** - j'ai l'habitude de (exprime des habitudes dans le présent)

We **are used to going** to the cinema every Sunday.
Nous avons l'habitude d'aller au cinéma tous les dimanches.

**I am used to drinking coffee** in the morning.
J'ai l'habitude de prendre du café le matin.

**He is not used to going** to work by bus.
Il n'a pas l'habitude d'aller au travail en bus.

He **is used to getting up** early.
Il a l'habitude de se lever tôt.

He **used to get up** early but not anymore.
Il se levait tôt dans le passé, mais plus maintenant.

**BE USED TO + ⟨ -ING / NOUN**

Après **be used to**
on peut mettre un nom commun :

They live in Norway, **they are not used to hot weather**.
Ils habitent en Norvège, ils ne sont pas habitués à la chaleur.

**I am used to the noise**. I have always lived in a big city.
Je suis habitué au bruit. J'ai toujours vécu dans une grande ville.

**Get used to** – construction très proche, avec une légère nuance par rapport à **be used to** :

**Be used to** – je suis habitué
On parle d'un état qui est déjà stable, où il n'y a pas de changement.

**Get used to** – je suis en train de m'habituer
On met l'accent sur la dynamique, sur le processus de s'habituer à une nouvelle situation :

**GET USED TO + ⟨ -ING / NOUN**

How is your new tablet?
Comment est ta nouvelle tablette ?

Good, **I am still getting used to it**.
Ça va, je suis encore en train de m'y habituer.

They emigrated to the USA and they
quickly **got used to** the American life style.
Ils ont immigré aux Etats Unis
et se sont vite habitués au style de vie américain.

## EXERCICES

**Conjuguez le verbe entre parenthèses :**

**1. – .............. you (watch) the rugby last night?**
Est-ce que tu as regardé le rugby hier soir ?

**– Yes, I ..............**
Oui, j'ai regardé.

**– Such a pity we .............. (not /win).**
C'est dommage qu'on n'ait pas gagné.

...

**2. – Where .............. (be) you all morning? I .............. (ring) you three times.**
Où étais-tu toute la matinée ? Je t'ai appelé trois fois.

**– I .............. (be) at a workshop and .............. (not/can) speak on the phone.**
J'étais à un séminaire et je ne pouvais pas parler au téléphone.

...

**3. – We .............. (work) in a different way in the past. There ............. (be) much more discipline than now.**
On travaillait de manière différente dans le passé. Il y avait beaucoup plus de discipline.

**– I don't think it has changed fondamentally. The discipline is still there, it is just that the atmosphere is more relaxed.**
Moi je ne pense pas que ça ait radicalement chnagé. La discipline est là, seulement l'ambiance est plus détendue.

**4. – How .............. (be) your holiday in Spain?**
Comment étaient vos vacances en Espagne ?

**– It .............. (be) lovely! We .............. (go) to Costa Brava as usual.** C'était super !
On est allés à Costa Brava comme d'habitude.

...

**5. – What .............. you (do) at the weekend? The weather .............. (be) so nice.**
Qu'est-ce que vous avez fait ce weekend ? Il a fait si beau.

**– Unfortunately the kids .............. (be) sick, so we .............. (stay) at home.**
Malheureusement les enfants étaient malades, et donc on est restés à la maison.

**6. – .............. you (discuss) the new product at the workshop?**
Est-ce que vous avez discuté du nouveau produit pendant le workshop ?
**– No, we .............. . We .............. (talk) again about the delivery problems.**
Non. Nous avons encore parlé des problèmes de livraison.
...
**7. – Why .............. you (not/ send) me the presentation slides?**
Pourquoi tu ne m'as pas envoyé la présentation ?
**– Sorry, I .............. (forget).**
Désolé, j'ai oublié.
**8. – Oh you have a new car! ... you... (sell) the old one?** Oh tu as une nouvelle voiture ! Tu as vendu l'ancienne ?
**– Yes, I ... . I ... (sell) it last week.** Oui. Je l'ai vendue la semaine passée.
**– How ... you ... (buy) this one?** Comment tu as acheté celle-là ?
**– Well, I ... (have) a chance. I ... (come) across a special promotion on one Internet site, I ... (go) to see the cars, I ... (choose) one and ... (buy) it straight away.** Eh bien, j'ai eu de la chance. Je suis tombé sur une promotion spéciale dans un site internet, je suis allé voir les voitures, j'ai choisi une et je l'ai achetée immédiatement.
...
**9. ... you ... (go) somewhere for Christmas?** Tu es allée quelque part pour Noël ?
**– Yes, we .. We ... (go) to Morocco, my husband's country.** Oui. Nous sommes allés au Maroc, le pays de mon mari.
**– ... you ... (stay) with his family?** Vous êtes restés avec sa famille ?
**– No, we ... . They have a big house but we ... (stay) in a hotel, because we were more independent this way.** Non. Ils ont une grande maison, mais nous sommes restés à l'hôtel car nous étions plus indépendants comme ça.
**– ... (be) the weather nice?** Est-ce qu'il a fait beau ?
**– Yes, it was warm and sunny and we actually ... (not want) to come back. When we ... (return) to Paris, we ... (find) a terribly cold weather.** Oui, il faisait bon, ensoleillé et en fait nous n'avions pas envie de revenir. Quand nous sommes rentrés à Paris, nous avons trouvé un temps terriblement froid.
..
**10. – I am going to the cafe for a sandwich. Are you coming with me?** Je vais au café pour prendre un sandwich. Tu viens avec moi ?
**– No, thanks, I'm not hungry. ... you ... (not have) breakfast at home?** Non, merci, je n'ai pas faim. Tu n'as pas pris ton petit déjeuner à la maison ?
**– No, I ... .Last night I ... (stay) until very late watching a movie on Netflix and this morning I ... (get up) later than usual, just ... (had) a shower and ... (rush) to take the metro.** Non. Hier soir j'ai veillé pour regarder un film sur Netflix et ce matin je me suis levé plus tard que d'habitude, j'ai seulement pris une douche et j'ai couru pour prendre le métro.
...

**11. – The new mall is finally open.** Le nouveau mall est enfin ouvert.
**– I know. I … (go) there yesterday and I … (spend) a fortune.** Je sais. J'y suis allée hier et j'ai dépensé une fortune.
**– Really? What … you… (buy)?** C'est vrai ? Qu'est-ce que tu as acheté ?
**– I … (buy) two pairs of shoes and one dress which … (cost) 500 euros.** J'ai acheté deux paires de chaussures et une robe qui a coûté 500 euros.
**– Why … it (be) so expensive?** Pourquoi elle était si chère ?
**– I don't know why but I … (love) it so much that I … (can not) resist.** Je ne sais pas pourquoi, mais je l'ai tellement aimée que je n'ai pas pu résister.
…
**12. – Someone … (tell) me you … (go) to Scotland last month.** Quelqu'un m'a dit que tu es allé en Ecosse le mois passé.
**– That's right. I … (spend) there two weeks.** C'est juste. J'y suis resté deux semaines.
… (be) alone? Tu étais seul ?
**– No, I … (be) with two friends of mine. We … (visit) a lot of interesting places. We … (go) to the Highlands and … (try) to climb Ben Nevis but it … (be) foggy so we … (have to) stop half-way.** Non, j'étais avec deux amis. Nous avons visité plusieurs endroits intéressants. Nous sommes allés à Highlands et nous avons essayé de monter Ben Nevis, mais il y avait de la brume et donc on a dû s'arrêter au milieu de la route.
**– … (see) the Loch Ness monster?** Vous avez vu le monstre de Loch Ness ?
**No, we … . In fact, I don't believe it exists. It's just a legend.** Non. En fait, je ne crois pas qu'il existe. C'est tous simplement une légende.
**– … (like) Edinburgh?** Est-ce que Edinbourgh t'a plu ?
**– I … (love) it! To me it's one of the most beautiful cities in the world. One night we … (go) to a traditional restaurant and … (dance) some Scottish dances. Well, more precisely we … (try) to dance. ☺ What … (be) the weather like?** Quel temps il a fait ?
**– All in all, we … (be) lucky with the weather. It … (not rain) much.** Dans l'ensemble nous avons eu de la chance avec le temps. Il n'a pas beaucoup plu.
…
**13. … you (call) Jane yesterday?** Tu as appel é Jane hier ?
**– No, I … Why? … I (have to) call her ?** Non. Pourquoi ? Est-ce que je devais l'appeler ?
**– It … (be) her Birthday.** C'était son anniversaire.
**– No!! I completely … (forget)! I must call her right now.** Non ! J'ai complètement oublié ! Je dois l'appeler tout de suite.
…
**14. – When … Macron … (become) President?** Quand est-ce que Macron est devenu Président ?
**– In 2017, I think.** En 2017, je pense.
**– Who … (be) Prime minister of England at that time?** Qui était Premier ministre de l'Angleterre à cette époque ?
**– Theresa May. After the Brexit referendum in 2016 Cameron … (resign) and May … (replace) him.** Theresa May. Après le référendum pour le Brexit en 2016 Cameron a démissionné et May l'a remplacé.

**21 CHAPITRE**

# PAST CONTINUOUS

TRADUIT EN FRANÇAIS PAR **L'IMPARFAIT** (je travaillais ou j'étais en train de travailler).

Exprime une **action de durée indéfinie dans le passé**.

## COMMENT
EST-CE QU'ON LE FORME ?

LE PASSÉ DE **BE (WAS/WERE) + -ING**

**Forme affirmative**

| | | |
|---|---|---|
| I | **was working** | Je travaillais |
| You | **were working** | Tu travaillais<br>Vous travailliez |
| He/She/It | **was working** | Il/elle travaillait |
| We | **were working** | Nous travaillions |
| They | **were working** | Ils travaillaient |

BE est un auxiliaire ici, et on ne le traduit pas.

**(-) Forme négative** – avec NOT
I **was not** working, I was playing tennis with a friend of mine.
Je ne travaillais pas, je jouais au tennis avec un ami.

**(?) Forme interrogative** – avec inversion

What **were you doing** yesterday at 7pm?
I called you to say there was a nice concert on TV,
but you did not answer.

Qu'est-ce que tu faisais à 19 heures hier soir ?
Je t'ai appelé pour te dire qu'il y avait un bon concert à la télé,
mais tu n'as pas répondu.

Les phrases négatives et interrogatives sont rares.
« Moi aussi », « n'est-ce pas », « ah bon » se forment théoriquement avec l'auxiliaire « was/were », mais puisque le temps est descriptif, on ne les emploie presque jamais.

## QUAND
### EST-CE QU'ON EMPLOIE **PAST CONTINUOUS** ?

C'est un temps qui sert à raconter une histoire, à décrire, c'est pourquoi il est principalement utilisé dans la littérature, mais parfois aussi dans le langage parlé. Il est souvent combiné avec ***Past Simple.*** Pendant une action prolongée et continue, une autre brève action se produit.

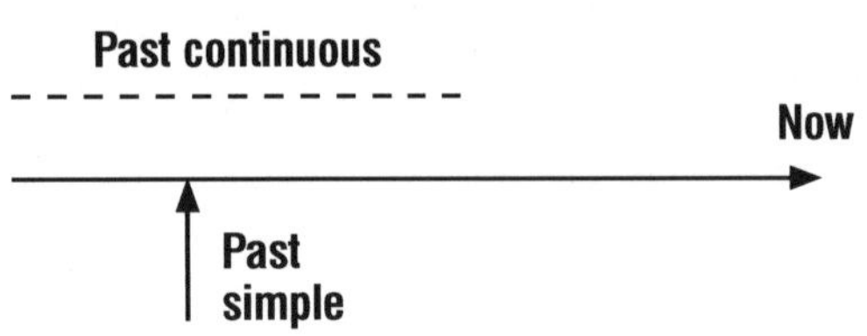


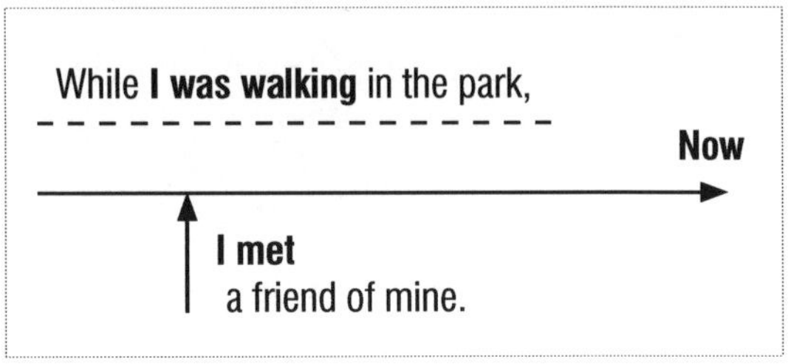


While **I was walking** in the park, I met a friend of mine.
Pendant que je me promenais dans le parc, j'ai rencontré un ami.

se promener – l'action qui dure (Past Continuous)
rencontrer l'ami – l'action brève (Past Simple)

While **I was cooking**, I cut myself.
Pendant que je cuisinais, je me suis blessé.

cuisiner – l'action qui dure ; se blesser – l'action brève

**Mots-clés :**

**while** – pendant que

**While I was working** in the garden, it started to rain.
Pendant que je travaillais dans le jardin, il a commencé à pleuvoir.

**when** – quand

Avec **when** on peut aussi combiner les deux actions, l'une brève et l'autre longue, et dans ce cas **when** est situé avant l'action brève.

When he got home, **his wife was cooking**.
Quand il est rentré, sa femme était en train de cuisiner.

When I got up this morning, **it was snowing**.
Quand je me suis levé ce matin, il neigeait.

**When** he **got home**, they **were having** dinner.
Quand il est rentré, ils étaient en train de dîner.

## EXERCICES Conjuguez les verbes au Past Simple ou au Past Continuous :

**1. - They .............................. (live) in Algeria when the unrest ......................... ...... (start).**
Ils vivaient en Algérie quand les troubles ont commencé.

**- . .............................. they (come back) to France immediately?**
Est-ce qu'ils sont rentrés en France immédiatement ?

**- Yes, they .............................. .**
**It ..............................(be) at the end of their work contract anyway.**
Oui, ils sont rentrés. De toute façon c'était à la fin de leur contrat de travail.
...

**2. - Yesterday morning it ....................... (rain) so heavily that I ............................ (decide) to go to work by car but later I .............................. (regret) it.**
Hier matin il pleuvait si fort que j'ai décidé d'aller au travail en voiture, mais après je l'ai regretté.

**- Why?**
Pourquoi ?

**- The traffic .............................. (be) awful and it .............................. (take) me one hour to get to work.**
Le trafic était horrible et ça m'a pris une heure d'arriver au travail.
...

**3. - This software is very useful.**
**When .............................. you (buy) it?**
Ce logiciel est très utile.
Quand est-ce que tu l'as acheté ?

**- Actually it is free, I .............................. (download) it.**
En fait, il est gratuit, je l'ai téléchargé.

**While I .............................. (surf) on the net the other day I ................................. (see) an advertisement and ................... ............ (decide) to give it a try. It is very useful indeed.**
Pendant que je surfais sur Internet l'autre jour j'ai vu une publicité et j'ai décidé de faire le test. C'est vraiment utile.
...

**4. - Sorry, I .............................. (not answer) your call, I .............................. (talk) to a colleague of mine from the States.**
Désolé de ne pas avoir répondu au téléphone, je parlais avec un collègue des Etats Unis.

**- It's OK. But why ............................... (not / call) me back?**
D'accord, mais pourquoi tu ne m'as pas rappelé plus tard ?

**- Because I ...............................(be) so busy that I ................................ (not find) time.**
Parce que j'étais si occupé que je n'ai pas trouvé de temps.
...

**5. - This time last week I ........................ ....... (lie) on the beach and ..................... .......... (sunbathe).**
Au même moment la semaine dernière j'étais allongé sur la plage et je bronzais au soleil.

**- Really? Where .............................. (be) you?**
C'est vrai ? Tu étais où ?

**- I ....................... (be) on holiday in Italy.**
J'étais en vacances en Italie.

## DIALOGUE 7

audio
www.grammar-marydell.com

« VOYAGE D'AFFAIRES À BARCELONE »

*Julien parle à ses collègues de son voyage à Barcelone.*

| | |
|---|---|
| Julien: **I nearly missed** my flight to Barcelona the other day. | Julien : J'ai failli rater mon vol pour Barcelone l'autre jour. |
| Colleague: Why?<br>**What happened**? | Collègue : Pourquoi ?<br>Qu'est-ce qui s'est passé ? |
| Julien: **I was** on my way to the airport when **I realized** that I had forgotten to take some important documents. So **I had to** rush back home to take them. On top of that, **the taxi got stuck** in a traffic jam, although **it was not** rush hour.<br>When I finally **arrived** at the airport **they were making** a final call for me. Fortunately **I managed** to catch the plane and **I was** in time for the conference. | Julien : J'étais sur la route vers l'aéroport quand je me suis rendu compte que j'avais oublié de prendre des documents importants. Du coup, j'ai dû retourner à la maison pour les chercher. En plus de ça, le taxi s'est retrouvé dans un embouteillage, même si ce n'était pas l'heure de pointe.<br>Quand je suis finalement arrivé à l'aéroport, on faisait un dernier appel pour moi. Heureusement, j'ai réussi à prendre l'avion et je suis arrivé à l'heure pour la conférence. |
| Colleague: **Did you have** time to look around the city? | Collègue : Est-ce que tu as eu le temps de te promener en ville ? |
| Julien: Yes, I did, and **I loved it**!<br>The conference **finished** late, after 8pm, and then we all **went** for a walk in the centre. The streets **were** full of people and **there were** so many little shops, cafes, restaurants.<br>Live music **was coming** from the bars, the atmosphere **was** wonderful. **We had** tapas in a small restaurant, then we **went** to a bar. Everything **was** great, except that **I got** a bit drunk and **had** a hangover the next morning! | Julien : Oui, et je l'ai adorée !<br>La conférence a fini tard, après 20 heures, et puis nous sommes tous allés nous promener au centre. Les rues étaient pleines de monde et il y avait tellement de petites boutiques, cafés, restaurants.<br>On pouvait entendre la musique venant des bars, l'ambiance était fantastique.<br>On a pris des tapas dans un petit restaurant, puis on est allés dans un bar. Tout était super, seulement j'ai un peu trop bu et j'avais la gueule de bois le lendemain ! |

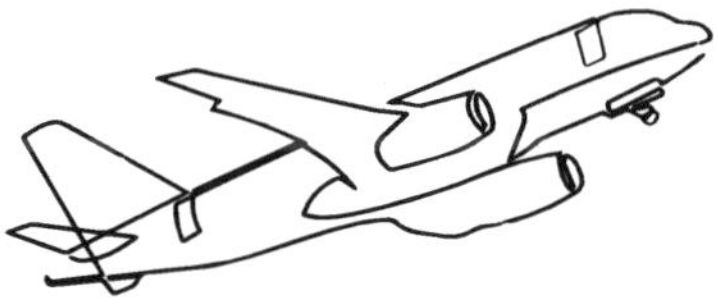

## VOCABULAIRE UTILE : voyage, transport

### Transport

**travel** – voyager
**business trip** – voyage d'affaires

**journey / trip** – voyage
**passenger** ['pæsɪndʒə] – passager

**by plane** – en avion
**by car** – en voiture
**by bike** – à vélo
**by train** – en train
**by bus / tram** – en bus / tram

**on foot** – à pied
**walk** – aller à pied

**take the bus** – prendre le bus
**catch a train** – prendre le train

**get on** – monter
**get off** – descendre

**bus stop** – arrêt de bus
**timetable** – horaires
**railway station** – gare
**carriage** – voiture, wagon

**bus station** ['steɪʃən] – station
**return ticket** – billet aller retour
**platform** – quai
**first/second class** – première / seconde classe

**road** – route
**motorway/highway** – autoroute
**parking lot** – place de stationnement
**turn** – tourner
**repair/fix** – réparer

**on the road** – sur la route
**driving licence** – permis de conduire
**drive** – conduire
**break down** – tomber en panne
**go hitchhiking** – faire du stop

**city** – grande ville
**town** – petite ville
**in the countryside** – à la campagne
**sea** – mer
**ocean** ['əʊʃən] – océan
**lake** [leik] – lac

**capital** – capitale
**village** ['vɪlɪdʒ] – village
**mountain** ['maʊntɪn] – montagne
**go to the seaside** – aller à la mer
**river** – rivière
**port/harbor** – port

**city centre** – centre ville
**street** – rue
**square** – place
**crossroads** – carrefour
**neighbourhood** – quartier, voisinage

**suburb** – banlieue
**avenue** – boulevard
**ring road** – périphérique
**traffic lights** – feux
**residential district** – quartier résidentiel

**pavement**
**footpath** – trottoir
**sidewalk**

**supermarket** – supermarché
**baker's** – boulangerie
**grocery shop** – épicerie
**florist's** – fleuriste
**jewellery** ['dʒu:əlri] **shop** – bijouterie

**department store/ mall** – centre commercial
**butcher's** – boucherie
**greengrocer's** – fruits et légumes
**bookshop** – librairie

22 CHAPITRE

# PRESENT PERFECT

TRADUIT EN FRANÇAIS PAR **LE PASSÉ COMPOSÉ** (j'ai lu) OU **LE PRÉSENT** (je lis).

*Present Perfect* est l'un des temps verbaux les plus difficiles, parce que :

**1.** Il s'appelle « present », mais le plus souvent il est traduit par le passé, ce qui est paradoxal à première vue. L'explication est qu'il s'agit d'une action passée qui a un résultat au présent.

**2.** Les cas où il s'emploie doivent être clairement définis, sinon on risque de le confondre avec *Past Simple*.

## COMMENT
EST-CE QU'ON LE FORME ?

**HAVE + PAST PARTICIPLE**

She **has made** a pizza.
Elle a fait une pizza.

(**has** – auxiliaire, **made** – le participe passé du verbe « make »).

Le participe passé des **verbes réguliers** en anglais se forme en ajoutant à l'infinitif la terminaison **-ed** :

listen – listen**ed** [lisənd], pas ~~[lisənid]~~
work – work**ed** [workt], pas ~~[workid]~~

Comme avec *Past Simple*, on prononce [id] uniquement si le verbe se termine par « **t** » ou « **d** », par exemple start – started [startid].

Le participe passé des verbes irréguliers est parfois appelé de façon informelle « la troisième forme » du verbe. On le retrouve dans la troisième colonne de la liste des verbes irréguliers :

| | | |
|---|---|---|
| make | made | **made** |
| see | saw | **seen** |
| write | wrote | **written** |

I **have written** the email.
J'ai écrit le mail.

He **has seen** this movie.
Il a vu ce film.

**Formes contractées :**

I have made = **I've** made
You have made = **You've** made
He has made = **He's** made

Dans le langage parlé on utilise les formes contractées.
Notez que dans ce cas, le « 's » est une contraction de « has ». Nous avons déjà vu que dans d'autres cas, il peut être une contraction de « is » ou un « 's » possessif.

(-) **Forme négative**

avec **not**

I have **not** seen this film.
Je n'ai pas vu ce film.
He has **not** been to China.
Il n'a pas été en Chine.

**Formes contractées :**

I have not seen = I **haven't** seen
You have not seen = You **haven't** seen
He has not seen = He **hasn't** seen

(?) **Forme interrogative**

avec **inversion**
(entre le sujet et l'auxiliaire **have**)

**Have you** been to Italy?
Tu as été en Italie ?

S'il y a un mot interrogatif dans la phrase, l'inversion vient après le mot interrogatif :

How many times **have you been** to Italy?
Combien de fois as-tu été en Italie ?

What **have you done** to the printer? It is not working.
Qu'est-ce que tu as fait à l'imprimante ? Elle ne marche pas.

(- ?) **Forme interro-négative**

Les questions négatives aident à exprimer plus d'émotions.

**Haven't you read** « The Little Prince »?
Tu n'as pas lu « Le Petit Prince » ?!

**Réponses courtes :**

Have you read « The Farm »?
As-tu lu « La Ferme » ?
Yes, I **have**. / No, I **haven't**.

**Has** he won a Grand Slam title?
Est-ce qu'il a gagné un titre du Grand Chelem ?
Yes, he **has**. / No, he **hasn't**.

Si dans la question il y a « have », dans la réponse c'est aussi « have ». Pareil avec « has ». La règle « telle question, telle réponse » est valable, tout comme dans les autres cas que nous avons déjà vus.

**Moi aussi :**

**So have I (me too)**
- I have been to England. J'ai été en Angleterre.
- **So have I** (me too). Moi aussi.

**I haven't either / Neither have I** – Moi non plus
- I have not read any books by this author. Je n'ai rien lu de cet auteur.
- I **haven't either**. Moi non plus.

**N'est-ce pas ?**
**Haven't you? Have you? Hasn't he? Has he?**

« N'est-ce pas » se forme avec l'auxiliaire **have** et, comme toujours, a un signe opposé au verbe de la phrase (+ / -) ou (- / +).

| + | - |
|---|---|

You have been to Greece, **haven't you**? Tu as été en Grèce, n'est-ce pas ?

| - | + |
|---|---|

You haven't had lunch yet, **have you**? Tu n'as pas encore déjeuné, n'est-ce pas ?

**C'est vrai ? Vraiment ? Ah bon ?**
**Have you? Haven't you? Hasn't he? Has he? ...**

- I have been to Japan twice.
J'ai été deux fois au Japon.

- **Have you**? Tell me more, it must be very interesting there.
C'est vrai ? Dis-moi d'avantage ça doit être très intéressant là-bas.

- They haven't paid me back yet.
Ils ne m'ont pas encore remboursé.

- **Haven't they**? Why don't you call them?
Ah bon ? Pourquoi tu ne les appelles pas ?

# QUAND
## EST-CE QU'ON EMPLOIE **PRESENT PERFECT ?**

Nous allons différencier deux emplois de ce temps :

## I. PREMIER EMPLOI

– AVEC **EVER, NEVER, ALWAYS, JUST, YET**

Traduit en français par **le passé composé** (j'ai travaillé).
Exprime une action accomplie dans le passé, qui a **un résultat** au présent.
**On ne précise pas** quand exactement l'action a été accomplie.

Les situations les plus courantes d'emploi :

**1.** Quand c'est **le résultat qui est important**, et pas le moment précis où l'action s'est déroulée.

He **has been** to China.
Il a été en Chine.
(Quel est le résultat au présent ? Qu'il peut raconter ce qu'il a vu, ses impressions, etc. Quand exactement il a été là-bas n'a pas d'importance.)

He **has lost** his passport.
Il a perdu son passeport.
(Le résultat, c'est qu'il n'a pas de passeport maintenant)

**2.** Lorsqu'on pose des questions pour savoir si notre interlocuteur a été dans un pays étranger, s'il a vu un film, s'il a lu un livre, s'il a essayé quelque chose, etc. On ne s'intéresse pas au moment où il l'a fait, mais s'il l'a déjà fait.
Le mot « ever » - déjà, est souvent ajouté, ou on le sous-entend :

**Have you (ever) tried** Japanese food?
Est-ce que tu as (déjà) goûté à la cuisine japonaise ?

**Have you** (ever) **been** to England?
Est-ce que tu as (déjà) été en Angleterre ?

**Have you seen** the film « The big short »?
Tu as vu le film « The big short » ?

**Have you read** any novels by Jean D'Ormesson?
As-tu lu des romans de Jean D'Ormesson ?

**3.** Quand on sait que quelque chose s'est produit plusieurs fois « jusqu'à maintenant », et peut se produire encore dans le futur.

La locution « so far » ou « until now » (jusqu'ici / jusqu'à maintenant) peut ne pas être ajoutée dans la phrase, mais elle est sous-entendue :

France **have won** the World Cup twice (so far).
France a gagné deux fois la Coupe du monde.
(La forme est HAVE, pas HAS, parce que l'équipe de France est considerée comme un ensemble de personnes.)

Dany Boon **has made** ten films.
Dany Boon a réalisé dix films.
(Jusqu'ici, mais il peut réaliser encore)

The author of Harry Potter **has written** seven books.
L'auteure de Harry Potter a écrit sept livres.
(Elle peut écrire encore)

Quand on parle des artistes contemporains – réalisateurs, écrivains, acteurs, ou des sportifs, on utilise *Present Perfect*, parce qu'ils continuent à créer, à jouer, à participer.

COMPARAISON AVEC **PAST SIMPLE**

Quand on parle des gens qui ne sont plus vivants, on **ne peut pas** utiliser *Present Perfect*, mais **uniquement** *Past Simple* :

My grandfather **lived** in Austria until the end of his life. (pas ~~has lived~~ )
Mon grand-père a vécu en Autriche jusqu'à la fin de sa vie.

Shakespeare **wrote** Romeo and Juliet. (pas ~~has written~~).
Shakespeare a écrit Roméo et Juliette.

Einstein **formulated** the theory of relativity. (pas ~~has formulated~~).
Einstein a inventé la théorie de la relativité.

L'emploi de *Present Perfect* et *Past Simple* présente une difficulté compréhensible pour les français, parce que les deux sont traduits par un même temps – le passé composé, et on peut tomber dans l'erreur qu'ils sont interchangeables. En réalité, dans plusieurs cas on **ne peut pas** utiliser *Present Perfect* au lieu de *Past Simple*, ou vice versa.

**4.** Quand on parle d'une **période qui n'est pas encore terminée**, on sous-entend « jusqu'à maintenant » :

I **have not seen** Tom this morning.
Je n'ai pas vu Tom ce matin.
(C'est encore le matin, je ne l'ai pas vu jusqu'à maintenant, mais je peux le voir tant que c'est encore le matin.)

We **have not been** on holiday this year.
Nous ne sommes pas allés en vacances cette année.
(Jusqu'à maintenant. Mais l'année n'est pas encore finie, on peut toujours y aller.)

Attention ! Si la période est terminée, <u>on ne peut pas utiliser</u> *Present Perfect*. Il faut mettre **Past Simple**.

> We **did not go** on holiday **last year**. (pas We ~~have not gone~~ on holiday last year). L'année passée nous ne sommes pas allés en vacances.
>
> I **saw** Tom yesterday.
> (pas I ~~have seen~~ Tom yesterday)
> J'ai vu Tom hier.

**5.** Avec l'expression **This is the first time / this is the second / third time** – c'est la première fois que... c'est la deuxième / la troisième fois que...

Par exemple, si quelqu'un voyage en avion pour la première fois, il peut dire à son voisin :

It's the first time I **have flown**, that's why I am a bit nervous.
C'est pour la première fois que je voyage en avion,
c'est pourquoi je suis un peu nerveux.

ou I have never flown before.
Je n'ai jamais voyagé en avion avant.
(de nouveau *Present Perfect*)

<u>**Before**</u> – avant

C'est un adverbe couramment utilisé avec *Present Perfect* dans la forme négative pour exprimer que quelque chose se produit pour la première fois :

I have never been to Prague **before**.
Je n'ai jamais été à Prague avant.
(je suis à Prague pour la première fois)

I have never tasted Mexican food **before**.
Je n'ai jamais goûté à la cuisine mexicaine avant.
(je l'essaye pour la première fois).

**Mots-clés** :

**Ever** – déjà, jamais **Always** – toujours **Never** – jamais
**Just** – venir de... **Already** – déjà **Recently** – dernièrement, récemment
**Yet** – déjà (dans une question), encore (dans une phrase négative)

Ces mots-clés indiquent l'emploi du *Present Perfect*.
On les met en général entre les deux formes du verbe, à l'exception de « yet » et « recently » qui se placent à la fin de la phrase :

Have you **ever** met a movie star?
Est-ce que tu as déjà rencontré une vedette de cinéma ?

I have **never** tried Turkish cuisine.
Je n'ai jamais goûté à la cuisine turque.

He has **always** wanted to become a pilot.
Il a toujours voulu devenir pilote.

They have **just** arrived. Ils viennent d'arriver.

Have you prepared the présentation **yet**?
Est-ce que tu as déjà préparé la présentation ?

I have **already** had lunch.
J'ai déjà déjeuné.

I have not had lunch **yet**.
Je n'ai pas encore déjeuné.

She has not seen him **recently**.
Elle ne l'a pas vu dernièrement.

Rappelons de nouveau que dans tous ces cas-là on parle d'une action accomplie dans le passé **sans préciser** le moment.
Si on veut préciser le moment, on est obligé d'employer *Past Simple*.
Les précisions typiques pour *Past Simple* comme « yesterday, last year, two years ago, in 2015 », etc., sont incorrectes avec *Présent Perfect*.

I went to the cinema yesterday. (pas ~~I have gone to the cinema yesterday~~)
Je suis allé au cinéma hier.

I saw this film last week. (pas ~~I have seen this film last week~~)
J'ai vu ce film la semaine passée.

On **ne peut pas** poser une question avec « when » :

pas ~~When have you gone to the cinema~~?
mais When did you go to the cinema?

## II DEUXIÈME EMPLOI - AVEC FOR, SINCE

Traduit le plus souvent par le **<u>présent</u>** (je connais).
Dans certains cas, par le <u>passé composé</u> (j'ai vu).

Exprime une action qui **a commencé dans le passé et qui continue à présent**.

**<u>Mots-clés</u> :**

**FOR** – depuis ; pendant
**SINCE** [sins] (pas [~~sains~~]) – depuis

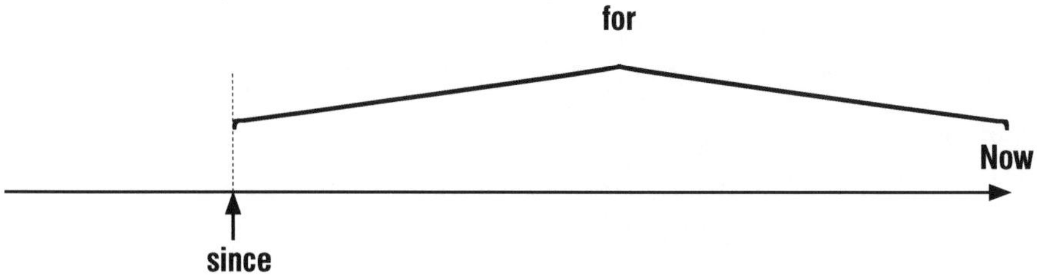


They **have lived** in Nantes **since** 2011. (pas ~~They live~~)
Ils habitent à Nantes depuis 2011.

I **have known** them **for** 5 years. (pas ~~I know them~~)
Je les connais depuis 5 ans.

On pourrait se demander : Pourquoi ne pas utiliser directement *Present Simple* dans ces cas-là, puisque l'action se déroule au présent ? Parce que, dans ce type de situations, quand il s'agit d'une action commencée dans le passé et déterminée par **for** ou **since**, la règle de la grammaire anglaise nous oblige de mettre *Present Perfect* ou *Present Perfect Continuous* que nous verrons dans le chapitre suivant.

<u>**FOR** – DEPUIS, PENDANT</u>

**For** s'utilise pour déterminer la période de temps pendant laquelle l'action se déroule, et donc il est combiné avec des mots et expressions qui mesurent le temps: minutes, heures, mois, années, siècles.

| | |
|---|---|
| **For a few days** | depuis quelques jours |
| **For 2 months** | depuis 2 mois |
| **For 5 years** | depuis 5 ans |
| **For a long time** | depuis longtemps |

She has worked in London **for** 10 years. (pas ~~she works~~)
Elle travaille à Londres depuis 10 ans.

I have not seen her **for** a long time.
Je ne l'ai pas vue depuis longtemps.

<u>**SINCE** – DEPUIS *(le moment où l'action a commencé, jusqu'à maintenant)*</u>

**Since 2015** – depuis 2015
**Since Monday** – depuis ce lundi
**Since 1 January** – depuis le 1 janvier

Après **since** il peut y avoir une expression où le verbe est au *Past Simple* :

**Since I was born** – depuis que je suis né (e)
**Since I met him** – depuis que je l'ai rencontré

> He **has been** very happy **since he started his new job**.
> Il est très content depuis qu'il a commencé son nouveau travail.

Le mot interrogatif typique est « How long » :

**HOW LONG?** Depuis quand ? Depuis combien de temps ?

> **How long** have you known them?
> Depuis quand tu les connais ?

> **How long** have they lived in Lyon?
> Depuis quand ils habitent à Lyon ?

Avec « How long » on peut poser des questions au *Past Simple* aussi, mais dans ce cas il s'agit d'une période passée, d'une action passée qui ne continue plus. Alors, « How long » n'est pas traduit ~~depuis~~, mais « combien de temps » :

Si Maria a vécu en Italie pendant 10 ans, et puis elle est retournée en France, nous pouvons poser la question :

> **How long** did Maria live in Italy? Combien de temps Maria a vécu en Italie ?
> From 2005 to 2015. De 2005 jusqu'à 2015. (elle n'y habite plus)

Si Maria continue à vivre en Italie, la question sera de nouveau avec « How long », mais cette fois-ci au *Present Perfect*, et on traduit en français « depuis quand » :

> How long **has** Maria **lived** in Italy? Depuis quand Maria habite en Italie ?
> Since 2005. Depuis 2005. (elle continue à habiter là-bas)

# COMPARAISON ENTRE **PAST SIMPLE** ET **PRESENT PERFECT**

| PAST SIMPLE | PRESENT PERFECT |
|---|---|
| Action passée,<br>on **précise** le moment | Action passée,<br>on **ne précise pas** le moment,<br>le **résultat** est important |
| Questions avec **When/What time sont** possibles | Questions avec **When/What time ne sont pas** possibles |
| Questions avec **How long**<br>(Combien de temps)<br>Action terminée dans le passé | Questions avec **How long**<br>(Depuis quand)<br>Action qui continue jusqu'à présent<br>(avec **since** et **for**) |

**Exemples**

| | |
|---|---|
| They **bought** a new apartment last month.<br>Ils ont acheté un nouvel appartement le mois dernier.<br>(***Past Simple***, on précise quand) | They **have bought** a new apartment.<br>Ils ont acheté un nouvel appartement.<br>(***Present Perfect***, on ne précise pas quand, ça ne nous intéresse pas, l'important c'est qu'ils ont un appartement) |
| When **did you see** Dan?<br>Quand est-ce que tu as vu Dan ?<br>(***Past Simple***, on demande avec *when*) | **Have you seen** Dan recently?<br>Est-ce que tu as vu Dan récemment ?<br>(***Present Perfect***, on ne peut pas demander avec « when », mot-clé – **recently**) |
| How long **did you stay** in Belgium?<br>Combien de temps es-tu resté en Belgique ?<br>(***Past Simple***, la question est adressée à quelqu'un qui a été en Belgique, mais qui est revenu) | How long **have you been** in Belgium?<br>Depuis quand es-tu en Belgique ?<br>(***Present Perfect***, la personne à qui on s'adresse est en Belgique) |

## EXERCICES

**Conjuguez le verbe entre parenthèses, et complétez avec les mots qui manquent :**

**1. - ............................... (be) to Turkey?**
Tu as été en Turquie ?

**- Yes, I ............................... . Two years ago we ............................... (go) on holiday to Antalya.**
Oui, j'ai été. Il y a deux ans on est allés en vacances à Antalya.

...

**2. - Are you hungry?** Tu as faim ?

**- No, I ...............................**
**I ............................... (just / have) lunch.**
Non, je n'ai pas faim. Je viens de déjeuner.

...

**3. - When ............................... your friend (arrive) from the USA?**
Quand est-ce que ton ami des Etats Unis est arrivé ?

**- ............................... Monday. He ............................... (stay) in London for a few days before that.**
Lundi. Il est resté à Londres quelques jours avant de venir ici.

...

**4. - How long ............................... you (know) each other?**
Depuis quand vous vous connaissez ?

**- We ............................... (meet) while I ............................... (study) at university.**
On s'est rencontrés quand je faisais mes études à l'université.

...

**5. - ............................... you (make) a booking for the restaurant yet?** Est-ce que tu as déjà réservé une table au restaurant ?

**- I ... (call) them this morning but they ... (not answer). I'll try again later.** Je les ai appelés ce matin, mais ils n'ont pas répondu. Je vais encore essayer.

**6. - How many Grand slam titles ............................... he ............................... (win) until now*?**
Combien de Grand chelems il a gagnés jusqu'à maintenant ?

**- I'm not sure. Last year he ............................... (win) two – the Australian Open and Wimbledon.**
Je ne suis pas sûr. L'année dernière il a gagné Australian Open et Wimbledon.

(*on parle d'un joueur qui continue de jouer)

...

**7. - ............................... you (be) to Toulouse recently? Someone told me that it ............................... (become) more beautiful than before.**
Tu es allé récemment à Toulouse ? Quelqu'un m'a dit que la ville a encore embelli.

**- It's true. I ............................... (go) to a business trip there in March and I ............................... (like) it very much.**
C'est vrai. J'y suis allé en voyage d'affaires en mars, et je l'ai beaucoup aimée.

...

**8. - How long ............................... you (live) in Germany before you moved to Italy?**
Combien de temps avez-vous vécu en Allemagne avant de déménager en Italie ?

**- For five years, but after that we ... (be) in Austria for about a year.**
Cinq ans, mais après on a été en Autriche pour environ une année.

**Mettez les verbes au *Present Perfect* ou au *Past Simple* :**

**9.** (dans un hôtel à Paris) - **Good evening. Summer evenings are nice here, aren't they ?** Bonsoir ! Les soirs d'été sont agréables ici, n'est-ce pas ?

– **Very nice indeed. It's warm but not too hot. Not like in my country!** Vraiment très agréables. Il fait chaud, mais pas trop. Pas comme dans mon pays !

– **Where are you from?** Vous êtes d'où ?

– **From Spain. I live in Seville. ... you ... (be) there?** D'Espagne. J'habite à Séville. Vous avez été ?

– **Yes, I ... . I have a friend who lives there. She ... (meet) a Spaniard a few years ago and they ... (get married) last year so I ... (go) to the wedding. It ... (be) wonderful and I remember it ... (be) really very hot!** Oui, j'ai été. J'ai une amie qui habite là-bas. Elle a rencontré un espagnol il y a quelques années et ils se sont mariés l'année dernière. Je suis allée au mariage. C'était magnifique et je me rappelle qu'il faisait vraiment très chaud !

– **It can get up to more than 45 degrees! And you, where are you from?** Ça peut atteindre plus de 45 degrés ! Et vous, vous êtes d'où ?

– **I'm from England. ... you... (be) to England?** Je suis de l'Angleterre. Vous êtes allée en Angleterre ?

– **Yes, I ... (be) to London twice. In January I ... (be) there on a business trip. Is this your first visit to Paris?** Oui, j'ai été à Londres deux fois. En janvier j'ai été là-bas pour affaires. Est-ce que c'est votre première visite à Paris ?

– **No, but it ... (be) quite a long time since my first visit. Today I ... (want) to see the Louvre but the queue ... (be) so long that I ... (decide) not to wait.** Non, mais ça fait déjà très longtemps depuis ma première visite. Aujourd'hui je voulais aller voir le Louvre, mais la queue était si longue que j'ai décidé de ne pas attendre.

– **What a coincidence! Me too! I'm Ann, by the way, and you?** Quelle coïncidence ! Moi aussi ! Je m'appelle Ann en fait, et vous ?

– **My name's Lucy. Nice to meet you.** Je m'appelle Lucy. Enchantée de faire votre connaissance.

– **Nice to meet you too. I am with a tour group. We ... (be) to four French cities so far.** Enchantée. Moi, je suis avec un groupe de touristes. On fait un tour, on a déjà visité quatre villes françaises.

– **Wow! I ... never (do) a tour like this.** Ouah ! Je n'ai jamais été à un tour de ce genre.

– **What about you? Are you here alone?** Et vous ? Vous êtes ici toute seule ?

– **Yes. In fact we ... (come) with my sister but she ... (have to) go back to work. If you are free tomorrow, we could try to visit the Louvre again?** Oui. En fait je suis venue avec ma sœur, mais elle a dû retourner au travail. Si vous êtes libre demain, on peut encore essayer de visiter le Louvre ?

**– Great idea, but let's go early to avoid the queues. See you tomorrow at breakfast!** Bonne idée, mais allons tôt pour éviter les queues. On se voit demain au petit déjeuner !

...

**10. – I ... (see) John last night.** J'ai vu John hier soir.

**– Oh, ... you? I ... (not see) him for ages. How is he?** Ah bon ? Je ne l'ai pas vu depuis une éternité. Comment va-t-il ?

**– He is very well. He ... just (return) from Switzerland.** Il va très bien. Il vient de rentrer de Suisse.

**– What ... (do) he there? ... (be) he on a business trip?** Qu'est-ce qu'il a fait là-bas ? Il était en voyage d'affaires ?

**– Yes, his company ... (open) an office in Bern last month and he ... (have to) go to do some training to the new team.** Oui, son entreprise a ouvert un bureau à Berne le mois dernier et il devait aller pour former la nouvelle équipe.

**– So he lives in Paris now?** Alors, il habite à Paris maintenant ?

**– Yes, he does. You know he ... (work) in Poland for five years but last year he ... (come back) to France. And guess what? He got married!** Oui. Tu sais qu'il a travaillé en Pologne pendant cinq ans, mais l'année dernière il est rentré en France. Et devine ? Il s'est marié !

**– Really? Difficult to imagine him married. ... he (marry) that Polish girl we ... (see) in the photos?** C'est vrai ? Difficile de l'imaginer marié. Est-ce qu'il a épousé cette fille polonaise qu'on avait vue sur les photos ?

**– No, they eventually ... (split up). He ... (meet) his future wife in New York.** Non, ils se sont séparés finalement. Il a rencontré sa future femme à New York.

**– I ... (not know) that he ... (travel) to the States. Is she American?** Je ne savais pas qu'il avait voyagé aux Etats Unis. Elle est américaine ?

**– Yes, she is but she loves Europe. She ... (be) here many times on business and now she is happy to live in Paris. They ...already (buy) an apartment.** Oui, elle est américaine, mais elle aime l'Europe. Elle a été ici plusieurs fois pour affaires et maintenant elle est heureuse de vivre à Paris.

**– That's great. I think he ... always (want) to have a family.** C'est super. Je pense qu'il a toujours voulu fonder une famille.

...

**11. ... you ever (listen to) the band "The Mavericks"?** Tu as écouté le groupe « The Mavericks » ?

**– No, I ... . What kind of music do they play?** Non. Quel genre de musique ils jouent ?

**– Country rock. I ... (go) to their concert when I ... (be) in New Orleans. I love them !** Country rock. Je suis allé à leur concert quand j'étais à New Orléans. Je les aime !

Rappelons encore une fois que dans tous les dialogues vous trouverez les formes complètes des temps verbaux. Cela est fait avec un but éducatif – pour qu'elles ressortent clairement. Sinon, dans une vraie conversation on utilise les formes contractées, par exemple **I've read** au lieu de **I have read**.

## DIALOGUE 8

audio

www.grammar-marydell.com

« ALLER À LONDON TECH WEEK »

*Julien propose à Kate d'aller visiter ensemble London Tech Week.*

| | |
|---|---|
| Julien: Hi Kate, how are you today? | Julien : Salut, Kate, comment vas-tu ? |
| Kate: Fine, thanks, and you? | Kate : Ça va bien, et toi ? |
| Julien: Very well, thank you. Do you know that London Tech Week is on at the moment? **I have read** so much about it and **have always wanted** to see it.<br>Why don't we go together this Saturday? | Julien : Très bien, merci. Tu sais que c'est London Tech Week cette semaine ? J'ai tellement lu sur ça, et j'ai toujours eu envie d'y aller. Tu veux qu'on aille ensemble ce samedi ? |
| Kate: Hm, sounds interesting. **I have never been** either. I was going to visit my aunt on Saturday, but it is not urgent. I can put it off to Sunday. | Kate : Hm, ça semble intéressant. Moi non plus, je n'y ai jamais été. J'avais l'intention d'aller voir ma tante samedi, mais ce n'est pas urgent. Je peux reporter à dimanche. |
| Julien: So you are coming with me? Great! What time shall we go? | Julien : Alors tu viens avec moi ? Super ! A quelle heure on part ? |
| Kate: Not too early in the morning, please, as I love to sleep a lot at the weekend. | Kate : Pas trop tôt le matin, s'il te plaît. J'aime dormir beaucoup le weekend. |
| Julien: How about going in the early afternoon? I can come to pick you up at 1pm. It takes about an hour to get there so we will have plenty of time to visit the exhibition and at least one Tech Demo zone. | Julien : Et si on y va en début d'après-midi ? Je peux venir te chercher à 13 heures. Ça prend environ une heure pour y aller, donc on aura suffisamment de temps pour visiter l'exposition et au moins une Tech Demo Zone. |
| Kate: Perfect! See you on Saturday then! | Kate : Parfait ! A samedi alors ! |

...

*Ils discutent dans la voiture en allant vers Londres :*

| | |
|---|---|
| Julien: I saw The Hobbit: the Battle of the five armies last night. **Have you seen it**? | Julien : J'ai vu Le Hobbit: La Bataille des cinq armées, hier soir. Tu l'as vu ? |
| Kate: No, I haven't, but **I have read** the book. It is great. Did you like the movie? | Kate : Non, je ne l'ai pas vu, mais j'ai lu le livre. Il est génial. Tu as aimé le film ? |

Julien: I loved it! And the actors are brilliant! You must see it.

Julien : Je l'ai beaucoup aimé ! Et les acteurs sont superbes. Tu dois le voir.

Kate: Yes, I will. But sometimes you are disappointed when you see a film after you **have read** the book.

Kate : D'accord, je vais le voir. Mais parfois on est déçu quand on regarde un film après avoir lu le livre.

Julien: That's right. A book always gives you more. But cinema has its own charm.

Julien : C'est vrai. Un livre procure toujours plus. Mais le cinéma a son propre charme.

Kate: Yes... especially when there are visual effects and nice music. Talking about music, what is this band? I like it.

Kate : Oui... surtout quand il y a des effets visuels et une belle musique. En parlant de musique, quel est ce groupe ? Il me plaît.

Julien: Muse. They are cool, aren't they?

Julien : Muse. Ils sont bons, n'est-ce pas ?

**VOCABULAIRE UTILE : livres, musique, cinéma**

<u>**Books** – Livres</u>

Si vous aimez la lecture, vous avez encore un outil précieux d'apprentissage. En commençant par des histoires courtes et simples, vous allez progresser rapidement.
Des livres comme « Diary of a Wimpy Kid » que nous avons déjà mentionné, au style léger et agréable, sont de vrais « manuels » pour apprendre l'anglais avec plaisir ! ☺

**author** [ˈɔːθə] – auteur
**translator** – traducteur
**character** [ˈkærɪktə] – personnage
**novel** – roman
**detective story** – roman policier
**cookbook** – livre de cuisine
**bookmark** (ordinateur) – signet
**library** – bibliothèque
**borrow from a library** – emprunter un livre de la bibliothèque
**writer** – écrivain
**publisher** – éditeur
**main character** – personnage principal
**short story** – nouvelle
**textbook** – manuel
**bookmark** – marque-page

**Do you read**?
Est-ce que tu lis ? (en principe)

**Have you read** "The Picture of Dorian Gray"?
Est-ce que tu as lu « Le portrait de Dorian Gray » ?

**What are you reading**?
Qu'est-ce que tu lis en ce moment ?

I am reading a very interesting book by a young French writer.
Je lis un livre très intéressant d'un jeune auteur français.

**What is it about**?
C'est quoi l'histoire ?

**Music** – Musique

Nous avons déjà noté qu'on peut beaucoup apprendre des textes de chansons (lyrics). On y trouve toute la conjugaison, y compris les *Perfect tenses*.
Exemple : La chanson de U2 « I still **haven't found** what I am looking for » – Je n'ai pas encore trouvé ce que je cherche.

**song** – chanson
**national anthem** – hymne national
**singer** – chanteur, -euse
**earphones** – écouteurs
**sound** – son
**turn up** – augmenter le son
**lyrics** – texte d'une chanson
**composer** – compositeur
**conductor** [kən'dʌktə] – chef d'orchestre
**speakers** – haut-parleurs
**loud** – fort
**turn down** – diminuer le son

**release** – sortir sur le marché
**record** – disque
**dance** – danser
**single** – chanson
**listen to music** – écouter de la musique
**play a song** – faire jouer une chanson
**play the piano**/the guitar – jouer du piano /de la guitare

**Do you like listening to music**?
Tu aimes écouter de la musique ?

**What kind of music do you like**?
Quel genre de musique tu aimes ?

**Do you often go** to a concert?
Est-ce que tu vas souvent aux concerts ?

**Do you know that** Shakira has released a new album?
Tu sais que Shakira a sorti un nouvel album ?

**Cinema** – cinéma

Le site internet « IMDB » est le site en anglais où il y a tout sur le cinéma, dès l'époque de Charlie Chaplin jusqu'à nos jours: des articles sur les films, les biographies des acteurs et des réalisateurs, les actualités. Si vous êtes amateur de cinéma, c'est une autre option pour vous « d'apprendre l'anglais avec plaisir ». ☺

**film / movie** – film
**movie star** – vedette de cinéma
**director** [daɪ'rɛktə] – réalisateur
**star** (verbe) – jouer dans un film

**Do you like** horror movies?
Est-ce que tu aimes les films d'horreur ?

**Who stars** in this film?
Qui joue dans ce film ?

**Who is** your favourite actor?
Qui est ton acteur préféré ?

**Have you seen** « Grand Budapest Hotel »?
Est-ce que tu as vu « Grand Budapest Hotel » ?

## DIALOGUE 9

audio

www.grammar-marydell.com

« DE LA TARTIFLETTE ET D'AUTRES DÉLICES CULINAIRES »
*Après l'exposition ils vont dîner dans un petit restaurant.*

Julien: What would you like to drink?

Kate: I'll have a beer. And you?

Julien: Me too. Look at this on the menu, it reminds me of one french cheese dish.

Kate: **I've heard** you have a lot of types of cheese.

Julien: You know what our president Charles de Gaulle said once : « How can you govern a country which has two hundred and forty six varieties of cheese?!»

Kate: No!
You cannot have so many!

Julien: To tell you the truth, they are even more, probably more than 400.
I don't think **I have tasted** everything but I have some favorite varieties and dishes. For exemple, tartiflette, which is made from potatoes, bacon, onion, a bit of wine and some special French cheese, of course.

Kate: Mm, sounds yummy!
I am getting hungry.
Shall we order?

Julien: Sure.
What **have you chosen**?

Kate: I'll take a Shepherd's pie.
That is a traditional English dish.
**Have you already tried** it?

Julien: No, I haven't. **I've only heard** the name. I'll take one too.

...

Julien : Qu'est que tu veux boire ?

Kate : Je vais prendre une bière. Et toi ?

Julien : Moi aussi. Regarde le menu, ça me rappelle un plat français avec du fromage.

Kate : J'ai entendu dire que vous avez beaucoup de sortes de fromage.

Julien : Tu sais, notre président Charles de Gaulle avait dit une fois : « Comment voulez-vous gouverner un pays qui a deux cent quarante-six variétés de fromage ?! »

Kate : Non !
Vous ne pouvez pas avoir autant !

Julien : Pour te dire la vérité, il y en a même plus, peut-être plus de 400. Je ne pense pas que j'aie tout goûté, mais j'ai quelques favoris et plats préférés. Par exemple, la tartiflette, c'est fait à base de pommes de terre, lardons, oignons, un peu de vin, et bien sûr, du fromage français de qualité.

Kate : Mm, ça semble délicieux !
Je commence à avoir faim.
Est-ce qu'on va commander ?

Julien : Bien sûr.
Qu'est-ce que tu as choisi ?

Kate : Je vais prendre un Shepherd's pie.
C'est une spécialité anglaise.
Tu l'as déjà goûtée ?

Julien : Non, pas encore. J'en ai seulement entendu parler. Moi aussi, je vais prendre un.

...

...

Julien: Next time we can go to an Italian restaurant. Are there any in Reading?

Kate: I don't know, maybe.
But there are a lot in London for sure.
Why? Are you interested in Italian cuisine?

Julien: I am actually. **I have been** to Italy twice. Italian food is delicious, and it is not only pizza.
They have some fantastic desserts too.
Do you like sweet things?

Kate: Oh yes, very much so! I adore sweet things!

...

Julien : La prochaine fois on va dans un restaurant italien. Est-ce qu'il y en a un à Reading ?

Kate : Je ne sais pas, peut-être. Mais à Londres c'est sûr qu'il y en a beaucoup. Pourquoi ? Est-ce que tu t'intéresses à la cuisine italienne ?

Julien : Oui, en effet. J'ai été en Italie deux fois. La cuisine italienne est délicieuse, et ce n'est pas uniquement de la pizza.
Ils ont des desserts fantastiques aussi.
Est-ce que tu aimes les sucreries ?

Kate :
Oh oui, j'adore !

**VOCABULAIRE UTILE : restaurant, menu, plats**

**pub** – bistrot
**starter** – entrée
**dessert** [di'zɜ:t] – dessert
**book a table** – réserver une table
**main meal / main course** – plat principal

**wine** ['waɪn] – vin
**red wine** – vin rouge
**dry** – sec
**white** – blanc
**sweet** – doux

**beer** – bière
**mineral water** – eau minérale
**sparkling** – gazeuse, pétillante
**orange juice** – jus d'orange
**soft drinks** – boissons non alcoolisées
**still** – plate
**apple juice** – jus de pomme

**today special** (daily special, dish of the day) – plat du jour

**meat** – viande
**steak / rare** – steak, saignant
**well-done** – bien cuit, très bien cuit
**medium** – à point

**french fries** – frites
**garlic bread** – pain à l'ail
**cookies** – biscuits
**rice** – riz
**ice cream** – glace
**cake** – gâteau

**tip** – pourboire

## EXPRESSIONS UTILES

**We have not booked.** / We don't have a reservation.
Do you have a table for four?
Nous n'avons pas réservé.
Est-ce que vous avez une table pour quatre personnes ?

Sorry, **we are not ready to order** yet.
Désolé, nous ne sommes pas encore prêts pour commander.

Could you give us a few more minutes, please?
Vous pouvez nous donner encore quelques minutes, s'il vous plaît ?

**We would like to order now**, please.
Nous voudrions commander maintenant, s'il vous plaît.

I would like ... / **I will have** ...
Je vais prendre...

**Same again, please.**
La même chose, s'il vous plaît.

**Could I have another beer**/another glass of wine?
Je peux avoir encore une bière / un verre de vin ?

**It is delicious / lovely.**
C'est délicieux / formidable.

**Everything is great / perfect.**
Tout est parfait.

**Can we see the dessert menu, please**?
Est-ce qu'on peut voir la carte des desserts, s'il vous plaît ?

<u>Au cas où on vous a apporté quelque chose que vous n'aviez pas commandé</u> :

Excuse me, I did not order this.
Excusez-moi, je n'ai pas commandé ça.

<u>Régler l'addition :</u>

**Could we have the bill**, please?
L'addition, s'il vous plaît ?

Can I pay by credit card?
Je peux payer par carte ?

Keep the change.
Gardez la monnaie.

Si l'addition vous semble exagérée :

Could you check the bill for me, please?
I think there might be a mistake.
Est-ce que vous pouvez vérifier l'addition, s'il vous plaît ?
Je pense qu'il y a une erreur.

Plats typiques anglais :

**Full English breakfast** – Petit déjeuner à l'anglaise :

**bacon and eggs** – des œufs au bacon
**grilled tomatoes** – tomates grillées
**mushrooms** – champignons
**toast** – pain grillé
**sausages** [ˈsɒsɪdʒiz] – saucisses
**baked beans** – haricots blancs au four
**tea** – thé
**marmalade** – confiture d'oranges

**Shepherd's pie** – minced meat and mashed potatoes
viande hachée avec de la purée de pommes de terre
(ressemble beaucoup au Hachis Parmentier)

**Fish and chips** – poisson avec des frites
**Roast beef** – bœuf rôti
**Yorkshire pudding** – accompagnement traditionnel d'un plat principal
(Ce n'est pas un dessert !)

SINCE et FOR, évoqués déjà pour le *Present Perfect*, sont souvent employés avec des verbes qui expriment une longue action (**wait**, **work**, **watch**, etc.) Dans ces cas-là les verbes sont conjugués à un autre temps verbal - *Present Perfect Continuous* :

23 CHAPITRE

# PRESENT PERFECT CONTINUOUS

TRADUIT EN FRANÇAIS PAR LE **PRÉSENT** (il travaille) OU
LE **PASSÉ COMPOSÉ** (il a travaillé) OU L'**IMPARFAIT** (il travaillait, était en train de travailler).

Temps très utilisé dans le langage courant !

## COMMENT
EST-CE QU'ON LE FORME ?

**HAVE + BEEN + -ING**

**(+) Forme affirmative**

Il se compose toujours de trois éléments:
les deux auxiliaires **have** et **been** plus la forme **-ing** du verbe.

I **have been studying** English for two years.
J'apprends l'anglais depuis deux ans.

She **has been working** hard. She is tired.
Elle a beaucoup travaillé. Elle est fatiguée.

**(-) Forme négative**

avec **not**

I **have not been watching TV** recently.
Je ne regarde pas la télé dernièrement.

(?) **Forme interrogative**

avec **inversion (**entre le sujet et **have)**

What **have you been doing**?
Qu'est-ce que tu étais en train de faire ?

**Les réponses courtes**

se forment selon le standard :
Yes, I have/ No, I haven't.

A cause de la nature du temps,
on ajoute toujours plus d'information.

Why are you all sweaty?
**Have you been running**?

Pourquoi tu es tout en sueur ?
Tu as couru ?

No, I haven't. **I have been moving** furniture with my neighbour.
Non, je n'ai pas couru. On était en train de déplacer des meubles avec le voisin.

## QUAND
EST-CE QU'ON EMPLOIE **PRESENT PERFECT CONTINUOUS** ?

Comme *Present Perfect*, ce temps a aussi deux usages principaux :

## I. PREMIER EMPLOI – AVEC SINCE ET FOR
TRADUIT EN FRANÇAIS PAR LE **PRÉSENT** (je travaille)

Exprime une action qui a commencé dans le passé et qui continue à présent.
L'accent est mis sur **la durée de l'action**. C'est pourquoi, les verbes qui se conjuguent en ce temps, sont des verbes exprimant des actions de longue durée, comme :

**work** – travailler
**watch TV** – regarder la télé
**sleep** – dormir
**play** – jouer
**read** – lire

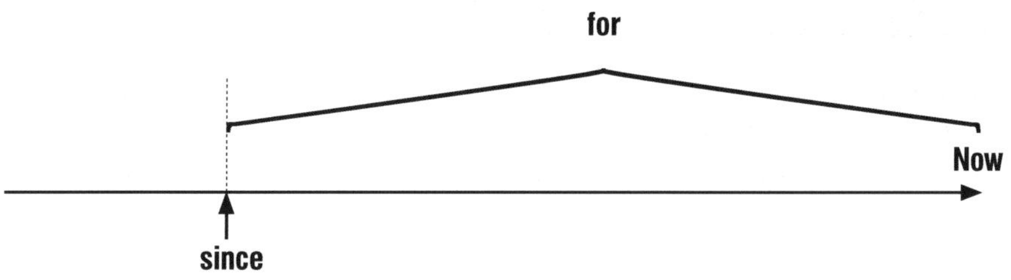


**They have been playing for** more than three hours. (pas ~~they are playing~~)
Ils jouent depuis plus de trois heures.

Ce n'est pas correct d'utiliser *Present Continuous* dans ces cas-là, même si l'action continue à présent. Quand la durée de cette action est indiquée par **for** ou **since**, il faut utiliser *Present Perfect Continuous*.

**FOR** - indique la période de temps pendant laquelle l'action se déroule
**SINCE** - indique le moment initial où l'action a commencé

I **have been waiting for you** <u>**for**</u> one hour! (pas ~~I am waiting~~)
Je t'attends depuis une heure !

The children **have been watching TV** <u>**since**</u> 10am. (pas ~~they are watching~~)
Les enfants regardent la télé depuis 10 heures du matin.

<u>Autres mots-clés :</u>

<u>**ALL DAY / ALL MORNING / ALL EVENING / ALL WEEK**</u>

I **have been writing** emails **all day**.
J'écris des mails toute la journée.
(la journée n'est pas encore finie et je continue à écrire)

I **have been trying** to contact him **all morning**.
J'essaye de le joindre toute la matinée.
(je continue à essayer)

<u>Mot-clé interrogatif :</u>

**How long?** – Depuis quand, combien de temps ?

**How long have you been waiting**?
Tu attends depuis quand ?

**How long have you been studying** English?
Tu apprends l'anglais depuis combien de temps ?

## II. DEUXIÈME EMPLOI

Action de longue durée qui a commencé dans le passé, et qui vient de se terminer, en laissant **une trace perceptible**. Si nous utilisons la terminologie pharmaceutique : « il y a un effet secondaire ».
Dans ces cas-là *Present Perfect Continuous* n'est pas traduit par le présent, mais par le **passé composé** ou l'**imparfait**.

It **has been raining**.
Il a plu. (Il ne pleut plus, mais on voit les flaques)

He **has been sunbathing**.
Il a pris des bains de soleil. (on voit qu'il a bronzé)

He **has been running.**
Il a couru. (il est essoufflé)

### COMPARAISON ENTRE PRESENT PERFECT ET PRESENT PERFECT CONTINUOUS

Avec **Present Perfect**
on met l'accent sur
**le résultat** de l'action.

I **have repaired** the bicycle.

J'ai réparé le vélo.
(C'est le résultat qui compte.
Le vélo était en panne, maintenant il est réparé.)

I **have read** half of the book.

J'ai lu la moitié du livre.
(résultat)

Avec **Present Perfect Continuous**
l'accent est sur **l'action même.**
(qui a duré longtemps et qui a laissé une trace)

I **have been repairing** the bicycle.
That's why my hands are so dirty.

J'étais en train de réparer le vélo.
C'est pourquoi j'ai les mains si sales.
(L'accent est sur l'action, et on ne sait même pas si le bonhomme a réussi de réparer le vélo.)

How long **have you been reading** this book?

Depuis quand tu lis ce livre ?
(action)

**He has been cleaning** the house for two hours.
He is tired.
Il nettoie la maison depuis deux heures. Il est fatigué.

**He has cleaned** the house.
Il a nettoyé la maison.

## EXERCICES

**Conjuguez les verbes entre parenthèses :**

**1. - I notice you ............................... (be) very careful about money lately.**
Je remarque que tu fais très attention avec l'argent dernièrement.

**- Yes, I .............................. (save) for a new car. I ............................... already (save) quite a lot.**
Oui, je fais des économies pour m'acheter une nouvelle voiture. J'ai déjà beaucoup économisé.

**2. - How is Max? I ............................... (not/see) him for ages.** Comment va Max ?
Je ne l'ai pas vu depuis une éternité.

**- He is fine. But he ............................... (not /like) his job and he.............................. (look for) a new one.**
Il va bien. Mais il n'aime pas son travail, et il est en train de chercher un nouveau.

**3. – I am tired because I .................. (talk) to clients all week. I ......................... (try) to explain the new policy.** Je suis fatigué, parce que je parle avec des clients toute la semaine. J'essaye de leur expliquer la nouvelle stratégie.

**– I understand you. I .....................only.............................. (talk) to one so far and he ............................. (be) rather mistrustful.** Je te comprends. Moi j'ai parlé avec un seul jusqu'ici, et il était assez méfiant.

...

**4. – How long .............................. (go) to salsa class?** Depuis quand tu vas aux cours de salsa ?

**– For a few months. Before that I .............................. (try) Argentine tango, but I like salsa better.** Depuis quelques mois. Avant ça j'ai essayé le tango argentin, mais j'aime mieux la salsa.

...

**5. – This is a good company.** C'est une bonne entreprise.

**– They .............................. (already / build) at least ten blocks of flats.** Ils ont déjà construit au moins dix immeubles.

**– Yes, but sometimes they are very slow.** Oui, mais parfois ils sont trop lents.

**– They .............................. (build) my cousin's block for nearly three years and they .............................. (not / finish) yet.** Ils sont en train de construire l'immeuble de mon cousin depuis presque trois ans, et ils n'ont pas encore fini.

**6. – .............................. (write) the proposal yet?** Est-ce que tu as déjà écrit la proposition ?

**– No, ..............................** - Non, je ne l'ai pas encore écrite.

**– What .............................. (do) all afternoon?** Qu'est-ce que tu es en train de faire tout l'après-midi?

**– I .............................. (calculate) the expenses.** Je calcule les dépenses.

...

**7. – Why are you grumpy?** Pourquoi tu es fâché ?

**– I .............................. (try) for an hour to figure out how to download a video from Facebook and I can't.** J'essaye depuis une heure de comprendre comment télécharger une vidéo de Facebook et je n'y arrive pas.

**– Take it easy! I'll show you.** Ne t'inquiète pas ! Je vais te montrer.

...

**8. – I .............................. (play) tennis a lot recently. Je joue beaucoup au tennis dernièrement.**

**– .............................. ? At the weekends?** C'est vrai ? Les weekends ?

**– After work, and sometimes on Sunday. This week I .............................. (play) already four times.**

Après le travail, et parfois le dimanche. Cette semaine j'ai déjà joué quatre fois.

**9.** (préparation d'une fête) **– Hello, everybody! I'm sorry I'm late. I … (try) all day to find a DJ but so far I … (not find) anyone, though one boy … (promise) to phone me later. Kate, is everything going well?** Bonjour à tous ! Désolée d'être en retard. J'essaye toute la journée de trouver un DJ, mais pour le moment je n'ai trouvé personne, même si un garçon a promis de me rappeler. Kate, est-ce que tout va bien ?

**– I think so. Tim and I … (make) sandwiches ever since we arrived. So far, we … (make) about 50.** Oui, je pense. Tim et moi, on fait des sandwichs depuis qu'on est arrivés. Jusqu'à maintenant on en a fait à peu près 50.

**– Charlie, ... you (manage) to set up the sound system yet?** Charlie, tu as déjà réussi à régler le son ?

**– I … (work) on it for about an hour but there are a couple of technical problems that I … (not solve) yet.** Je travaille dessus depuis une heure, mais il y a quelques problèmes techniques qu'il n'a pas encore réglés.

**– You look tired, Mike.** Tu as l'air fatigué, Mike.

**– No, I'm all right, I … (move) the chairs and tables but I … almost (finish). My sister … (wipe) them all so they are clean now.** Non, ça va. Je déplace des chaises et des tables, mais j'ai presque fini. Ma sœur les a essuyées toutes et elles sont propres maintenant.

– (un portable sonne) **Hello! Yes, I … (expect) your call. You can? Oh, that's great! See you about 9 o' clock then. Bye!** Bonjour ! Oui, j'attendais votre appel. Vous pouvez ? Oh, c'est super ! On se voit à 21 heures donc. Ciao !

**– Great news! The guy … (agree) to be our DJ.** Bonne nouvelle ! Le garçon est d'accord d'être notre DJ.

…

**10. – Do you know that Sue is in Europe?** Tu sais que Sue est en Europe ?

**– No, I didn't know. I … (not talk) to her since she moved to Australia.** Non, je ne savais pas. Je n'ai pas parlé avec elle depuis qu'elle a déménagé en Australie.

**– She … (travel) around Europe with her Australian friends. They … (visit) five countries so far.** Elle voyage en Europe avec ses amis australiens. Ils ont déjà visité cinq pays.

…

**11. – Thank goodness you arrived. I … (wait) outside for more than one hour.** Dieu merci tu es arrivé. J'attends dehors depuis plus d'une heure.

**– Why? Don't you have your key?** Pourquoi ? Tu n'as pas ta clé ?

**– I'm afraid I … (lose) it. I tried to call you but could not get through.** J'ai peur de l'avoir perdue. J'ai essayé de t'appeler, mais je n'ai pas pu te joindre.

…

**12. – There is a rock concert in Camino bar next Friday. I am going with some friends. Would you like to come with us?** Il y a un concert rock au bar Camino vendredi prochain. J'y vais avec des amis. Tu veux venir avec nous ?

– **I would live to but I have my evening Japanese class on Fridays.** Je voudrais bien mais j'ai mes classes de japonais tous les vendredis.

– **Are you learning Japanese?!** Tu étudies le japonais ?!

– **Yes, I am. I … (learn) it for almost one year now.** Oui. Je suis des cours depuis presque un an.

– **Very interesting. How did you have this idea?** Très intéressant. Comment tu as eu cette idée ?

– **Well, you know I travel a lot. During my trips I … (meet) several Japanese people. Some of them … (become) my friends. We talk in English, of course, but I thought maybe it would be good if I could speak their language, at least a little bit.** Eh bien, tu sais que je voyage beaucoup. Pendant mes voyages j'ai rencontré plusieurs japonais. Certains sont devenus mes amis. Nous parlons en anglais, naturellement, mais j'ai pensé que ce serait bien si je pouvais parler leur langue, au moins un peu.

– **Japanese must be a difficult language.** Le japonais doit être une langue difficile.

– **It is difficult indeed. We have a new student in the class, who is actually a teacher. She … (teach) Spanish for many years plus she speaks fluently French and Italian. She … (decide) to learn Japanese to challenge herself as the language is totally different from our European languages.** Il est difficile effectivement. Nous avons une nouvelle étudiante en classe qui est en fait une enseignante. Elle enseigne l'espagnol depuis des années et en plus elle parle couramment français et italien. Elle a décidé d'apprendre le japonais pour se mettre à l'épreuve, parce que c'est une langue totalement différente de nos langues européennes.

…

**13. – Where is Andrew?** Où est Andrew ?

– **He … just (go) out to walk the dog.** Il vient de sortir promener le chien.

– **And you, … you (finish) cleaning your room yet?** Et toi, est-ce que tu as déjà fini de nettoyer ta chambre ?

– **I … (fold) my clothes and … (put) them away but I … (not vacuum) the floor yet.** J'ai plié mes vêtements et je les ai rangés, mais je n'ai pas encore passé l'aspirateur.

– **Is your grandfather in the garden?** Est-ce que ton grand-père est dans le jardin ?

– **No, he isn't. He … (be) in the basement all afternoon. He ... (paint) the shelves.** Non. Il est dans la cave tout l'après-midi. Il peint les étagères.

…

**14. – Hi, Bob, I … (not see) for a while. What … you (be) up to?** Bonjour, Bob, je ne t'ai pas vu depuis un certain temps. Comment ça va ?

– **I'm fine, I … (do) a lot of interesting things lately. I went sailing on a yacht in June. How about you?** Ça va bien, j'ai fait des choses intéressantes dernièrement. Je suis allé faire de la voile en juin. Et toi ?

– **Nothing special recently. I … (prepare) for my exams and I … (work) hard.** Rien de spécial ces derniers temps. Je me prépare pour mes examens et je travaille beaucoup.

## DIALOGUE 10

audio

www.grammar-marydell.com

Dans ce dialogue il y a deux formes de *Present Perfect Continuous* qui sont soulignées, mais aussi plusieurs formes de *Present Perfect* que vous pouvez trouver et souligner vous-mêmes.

« APPARTEMENT À LOUER »

*Au bistrot avec Peter.*

Peter: Hi, Julien, how have you been? We haven't seen you for more than two weeks.

Julien: Hello, Pete, nice to see you again. I've been very busy. You know I went to a conference a couple of weeks ago, and since I got back, **I have been working** really hard. How about you?

Peter: Well, I have decided to move to another place, so **I have been looking for** a flat to rent. I have already seen five apartments but nothing interesting so far. I want two bedrooms, a garage, and a park nearby. I have told you I go jogging every morning, haven't I?

Julien: Yes, I know. Well, it might take a bit of time, but you will eventually find something nice, I am sure. Are you going to play tennis this Sunday?

Peter: Yes, I think so. And you?

Julien: Me too. I look forward to having a game with you.

Peter : Salut, Julien, comment ça va ? On ne t'a pas vu depuis plus de deux semaines.

Julien : Salut, Pete, ça fait plaisir de te revoir. J'ai été très occupé ces jours-ci. Tu sais que je suis allé à une conférence il y a deux semaines, et depuis mon retour, je travaille vraiment beaucoup. Et toi ?

Peter : Moi, j'ai décidé de déménager, je suis en train de chercher un appartement à louer. J'en ai déjà vu cinq, mais rien d'intéressant pour le moment. Je veux deux chambres à coucher, un garage, et un parc pas loin. Je t'ai dit que je cours tous les matins, n'est-ce pas ?

Julien : Oui, je sais. Ça peut prendre un peu de temps, mais finalement tu vas trouver quelque chose de bien, je suis sûr. Est-ce que tu joues au tennis ce dimanche ?

Peter : Oui, je pense. Et toi ?

Julien : Moi aussi. J'attends avec impatience de jouer avec toi.

**VOCABULAIRE UTILE : maison, meubles**

**property** – propriété
**flat / apartment** – appartement
**lift / elevator** – ascenseur
**house** – maison
**basement** – cave
**landlord / owner** – propriétaire
**tenant** – locataire
**real estate** – immobilier
**first floor** – premier étage
**downstairs** – en bas
**household** – ménage
**neighbours** – voisins
**buy** – acheter
**utility bills** – factures
**building** – immeuble
**attic** – grenier
**upstairs** – en haut
**furniture** – meubles
**sell** – vendre
**rent** – louer
**furnished** – meublé

**floor** – plancher
**garden** – jardin
**grass** – herbe
**closet** – placard
**ceiling** – plafond
**flowers** – fleurs
**lawn** – pelouse
**windows** – fenêtres
**yard** – cour
**trees** – arbres
**hall** – entrée
**wall** – mur

**Kitchen / Fitted kitchen** – cuisine / cuisine équipée

**electric appliances** – électroménager
**cupboards** – placards de cuisine
**dishwasher** – lave-vaisselle
**water heater** – chaudière
**coffee machine** – machine à café
**washing machine** – machine à laver
**vacuum cleaner** – aspirateur
**iron** – fer à repasser, repasser

**sink** – évier
**cooker** – cuisinière
**dry** – sécher
**plug** – prise
**cable** [ˈkeɪbəl] – cable
**light bulb** – ampoule électrique
**fridge** – frigo
**oven** – four
**laundry** – linge
**plug in** – brancher
**wire** – fil de fer
**freezer** – congélateur
**dryer** – sèche-linge
**peg** – pince à linge
**switch** – bouton
**safety fuse** – fusible

**Bedroom** – chambre à coucher

**bed** – lit
**sheets** – draps
**drawer** – tiroir
**carpet** – tapis
**dresser** – commode
**mattress** – matelas
**pillow** – oreiller
**curtains** – rideaux
**bedside table** – table de nuit
**blanket** – couverture
**wardrobe** – armoire
**blinds** – stores

**Living room** – salon / **Dining room** – salle à manger

**sofa** (couch) – canapé
**bookcase** – bibliothèque
**chair** – chaise
**fireplace** – cheminée
**armchair** – fauteuil
**book shelves** – étagères
**sideboard** – buffet
**chandelier** [ʃændəˈliə] – lustre
**table** [ˈteɪbəl] – table
**paintings** – tableaux
**desk** – bureau

**Bathroom** – salle de bain

**wash** – se laver
**shower** – douche
**have a shower** – prendre une douche
**wash basin / hand basin** – lavabo
**mirror** [ˈmɪrə] – miroir
**towels** – serviettes
**bath** – baignoire

Les deux temps *Present perfect* et *Present Perfect Continuous* que nous venons de voir sont très souvent utilisés dans le langage parlé.
Il existe encore deux qui sont appelés « perfect » et même s'ils sont plus rarement employés dans la conversation, il y a des cas où l'idée ne peut être exprimée de manière précise qu'avec l'un de ces deux temps, abordés dans le chapitre suivant.

24 CHAPITRE

# PAST PERFECT
# ET PAST PERFECT CONTINUOUS

| **TEMPS** | **PAST PERFECT** | **PAST PERFECT CONTINUOUS** |
|---|---|---|
| TRADUIT EN FRANÇAIS PAR | LE **PLUS-QUE-PARFAIT**<br>(j'avais vu) | LE **PLUS-QUE-PARFAIT**<br>(j'avais travaillé) |
| **COMMENT** EST-CE QU'ON LE FORME ? | De même que *Present Perfect*, mais avec **had,** au lieu de **have** :<br>**HAD + past participle**<br>He **had given** me the book.<br>Il m'avait donné le livre. | De même que *Present Perfect Continuous*, mais avec **had** au lieu de **have** :<br>**HAD + BEEN + -ING**<br>They **had been walking** for a few hours before they stopped.<br>Ils avaient marché pendant quelques heures avant de s'arrêter. |
| (-) **Forme négative** | avec **not**<br>I **had not taken** an umbrella.<br>Je n'avais pas pris de parapluie. | avec **not**<br>We **had not been training** regularly.<br>On ne s'était pas entrainés régulièrement. |
| (?) **Forme interrogative** | avec **inversion**<br>**Had you told** the boss?<br>Est-ce que tu avais dit au patron ? | avec **inversion**<br>**Had you been waiting** for long?<br>Est-ce que vous aviez attendu longtemps? |

## QUAND
EST-CE QU'ON EMPLOIE **PAST PERFECT** ET **PAST PERFECT CONTINUOUS** ?

On pourrait définir ces temps comme « passé dans le passé », car ils expriment une action dans le passé qui a été accomplie **avant une autre action passée.**
Le point de repère est un moment dans le passé qui est exprimé avec *Past Simple*, et avant cela, à un moment encore plus éloigné, quelque chose d'autre s'était passé. Si cette action préalable est brève, on l'exprime avec *Past Perfect*. Si elle est de longue durée - avec *Past Perfect Continuous*.

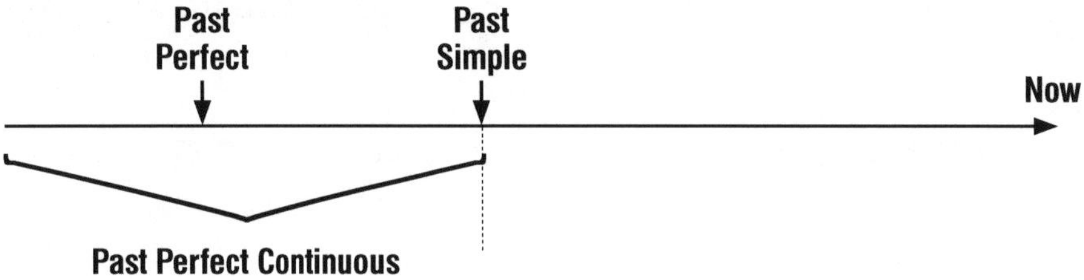


**Exemples :**

***Past Perfect :***

- **Action brève**

I did not go to the cinema with my friends because I **had already seen** the film.

Je ne suis pas allé au cinéma avec mes amis, parce que j'avais déjà vu ce film.

«I did not go» : *Past Simple*
«I had already seen» : *Past Perfect* (l'action est encore plus loin dans le passé)

Combiné souvent avec :
**by the time** – quand, lorsque

By the time I got to the stadium, the match **had already started**.
Quand je suis arrivé au stade, le match avait déjà commencé.

***Past Perfect Continuous :***

- **Action de longue durée**

He had a headache.
He **had been working** on the computer all day.

Il avait mal à la tête. Il avait travaillé sur l'ordinateur toute la journée.

«He had a headache» : *Past Simple*
«He had been working» : *Past Perfect Continuous* (l'action de longue durée qui s'est produite auparavant)

**We had been playing football for a while, when it started to rain.**

Nous avions joué au football pendant un moment quand il a commencé à pleuvoir.

**When he arrived** at the bus stop, **the bus had just left.**

Lorsqu il est arrivé, le bus était déjà parti.

Exemples :

When I got home, I found that **the dog had eaten** all the meat prepared for the guests.
Quand je suis rentré, j'ai vu que le chien avait mangé toute la viande préparée pour les invités.

I was very pleased to see Camille, **I had not seen** her for such a long time.
J'étais très content de voir Camille, je ne l'avais pas vue depuis si longtemps.

He looked very tired this morning. **He had been working** on the project all night.
Il avait l'air très fatigué ce matin. Il avait travaillé sur le projet toute la nuit.

**Kim had been smoking** for 20 years before she finally gave up.
Kim avait fumé pendant 20 ans avant qu'elle n'arrête finalement.

**PAST PERFECT** et **PAST PERFECT CONTINUOUS**
sont pratiquement **des équivalents** aux
**PRESENT PERFECT** et **PRESENT PERFECT CONTINUOUS,** mais au passé.

| | |
|---|---|
| ***Present Perfect***<br>***Present Perfect Continuous*** ⇉ | ***Past Perfect***<br>***Past Perfect Continuous*** |
| **Au présent :** | **Dans le passé :** |
| I am not hungry.<br>I **have just had** lunch. | I was not hungry.<br>I **had just had** lunch. |
| *Present Perfect*,<br>par rapport au moment présent | *Past Perfect*,<br>par rapport à un moment passé |
| Je n'ai pas faim. Je viens de déjeuner. | Je n'avais pas faim. Je venais de déjeuner. |
| | |
| I am tired.<br>I **have been writing** emails all day. | I was tired.<br>I **had been writing** emails all day. |
| *Present Perfect Continuous*,<br>par rapport au moment présent | *Past Perfect Continuous*,<br>par rapport à un moment passé |
| Je suis fatigué.<br>J'ai écrit des mails toute la journée. | J'étais fatigué.<br>J'avais écrit des mails toute la journée. |

## DIALOGUE 11

audio

www.grammar-marydell.com

« BLESSURE AU COURS D'UN MATCH DE TENNIS »

*Julien et Peter ont joué au tennis ce dimanche. Pendant le jeu Julien s'est blessé et a dû aller voir le médecin. Le lendemain il raconte à Kate :*

Kate: Why are you limping? What's wrong with your leg?

Julien: Yesterday afternoon I went to play tennis with my friend Peter. **It had been raining** and the court was a bit slippery. But **I had bet** 20 pounds that I would win so there was no way to cancel the game. Everything was going well, I won the first set and I was leading in the second when I slipped, fell down and sprained my ankle.

Kate: Poor you, you lost 20 pounds!

Julien: Very funny! In fact it hurt so much that I had to go to the doctor. I had to get an X ray, fortunately it is not broken, but I won't be able to play tennis for a while.

Kate: You'll be OK soon.

Julien: I hope so. But until then I have to stay at home most of the time. Why don't you come to my place on Sunday? I can cook you something special.

Kate: Hmm **you had promised** to take me to an Italian restaurant, don't you remember?

Julien: Of course I do. We'll go as soon as I get better. Now I invite you to try some French dishes. I am very good at cooking.

Kate: Are you? We'll see...

Kate : Pourquoi tu boites ? Qu'est-ce que tu as à la jambe ?

Julien : Hier après-midi je suis allé jouer au tennis avec mon ami Peter. Il avait plu et le court était un peu glissant. Mais, moi j'avais parié 20 livres que j'allais gagner, donc il n'était pas question d'annuler le jeu. Tout allait bien, j'ai gagné le premier set et je menais dans le deuxième quand j'ai glissé, je suis tombé et je me suis tordu la cheville.

Kate : Le pauvre, tu as perdu 20 livres !

Julien : Très drôle ! En fait j'avais si mal que j'ai dû aller chez le médecin. J'ai dû faire une radio, heureusement pas de fracture, mais je ne pourrai pas jouer au tennis pendant un certain temps.

Kate : Tu vas te remettre vite.

Julien : J'espère. Mais d'ici-là je dois rester à la maison la plupart du temps. Tu ne veux pas venir dimanche ? Je peux te cuisiner quelque chose de spécial.

Kate : Hmm, tu m'avais promis de m'amener à un restaurant italien, tu ne te rappelles pas ?

Julien : Bien sûr que je me rappelle. On va y aller aussitôt que je serais remis. Maintenant je t'invite chez moi à goûter des spécialités françaises. Je suis très bon en cuisine.

Kate : C'est vrai ? On verra ça...

## VOCABULAIRE UTILE : corps, santé

### Body – Corps

**head** – tête
**skin** – peau
**eyebrows** – sourcils
**nose** – nez
**tongue** – langue
**cheeks** – joues
**throat** – gorge
**breasts** – seins
**hand** – main
**wrist** – poignet
**back** – dos
**knee** – genou
**foot / feet**– pied / pieds
**brain** – cerveau
**stomach** – estomac
**face** – visage
**hair** – cheveux
**eyelashes** – cils
**mouth** – bouche
**gums** – gencives
**chin** – menton
**shoulders** – épaules
**arm** – bras
**fingers** – doigts
**waist** – taille
**thigh** – cuisse
**ankle** – cheville
**toe** – orteil
**blood** – sang
**liver** – foie
**forehead** – front
**eyes** – yeux
**ears** – oreilles
**tooth / teeth** – dent / dents
**lips** – lèvres
**neck** – cou
**chest** – poitrine
**elbow** – coude
**nails** – ongles
**hip** – hanche
**leg** – jambe
**heel** – talon
**heart** – cœur
**lungs** – poumons
**kidneys** – reins

### Senses – sens

**hearing** – ouïe
**touch** – toucher
**listen** – écouter
**watch** – regarder (la télé)
**eyesight** – vue
**taste** – goûter
**see** – voir
**smell** – sentir, odeur
**smell** – odorat
**hear** – entendre
**look** – regarder
**scent** – parfum

### Health – santé

**healthy** – en bonne santé, sain

**have a runny nose** – être enrhumé
**have a sore throat** – avoir mal à la gorge
**have a headache** – avoir mal à la tête
**have a fever** – avoir la fièvre
**have a toothache** – avoir mal à la dent

**medicine / medication / drug** – médicament
**prescription** [prɪˈskrɪpʃən] – ordonnance

**healthy life style** – mode de vie sain

**sneeze** – éternuer
**ache/pain** – douleur, mal
**cough** – toux, tousser
**feel dizzy** – avoir le vertige
**it hurts** – avoir mal

**pill / tablet** – pilule / comprimé
**over-the-counter** – sans ordonnance

**be sick / be ill** – être malade
**get sick** – tomber malade
**catch a cold** – prendre froid
**come down with the flu / have the flu** – avoir la grippe

My back **hurts**.
J'ai mal au dos.

**Does it hurt**?
Est-ce que vous avez mal ?

**Where does it hurt?**
Où est-ce que vous avez mal ?

**Get well soon!**
Remets-toi vite !

**I am getting better.**
Je me remets.

On peut trouver sur internet plusieurs sites en anglais consacrés au fitness et à la prévention des problèmes de santé, comme par exemple le site Mercola qui offre un grand nombre d'articles et de vidéos. Il y a même une section séparée « Pets », pour ceux qui ont un animal de compagnie. ☺

## LES TEMPS DU PASSÉ
### RÉCAPITULATIF

Ce sont les temps que nous utilisons **POUR RACONTER**

**PAST SIMPLE**
**PAST CONTINUOUS**
**PAST PERFECT**
**PAST PERFECT CONTINUOUS**

Il nous arrive souvent dans nos conversations de raconter où nous sommes allés, ce que nous avons fait et ce qui nous a intéressé. Le temps le plus utilisé dans ces cas-là est ***Past Simple***. Parfois, nous avons besoin de *Past Continuous*, ou *Past Perfect*, et plus rarement de *Past Perfect Continuous*.

Attention ! On **n'utilise pas** *Present Perfect*, ni *Present Perfect Continuous*, quand on raconte une histoire au passé.

## TROIS COMBINAISONS :

**1. Past Simple + Past Continuous**

**When I got up,
she was making pancakes.**

Quand je me suis levé,
elle était en train de faire des crêpes.

**2. Past Simple + Past Perfect**

**When I got up,
she had made some pancakes.**

Quand je me suis levé,
elle avait fait des crêpes.

**2. Past Simple + Past Simple**

**When I got up,
we made some pancakes.**

Quand je me suis levé,
nous avons fait des crêpes.

**Récit d'un ami, tiré de la vie réelle :**

Le weekend dernier, pour fuir la canicule, on a décidé d'aller à la montagne avec les enfants. On a appelé des amis pour leur proposer de venir avec nous, s'ils aimaient l'idée. Alors nous sommes allés ensemble, et pendant que les enfants jouaient, nous discutions de sujets divers – du football, du tennis, de la musique. Je n'avais pas vu la finale de tennis à Wimbledeon, et mes amis m'ont raconté ce qu'il s'était passé.

Last weekend, **we decided** to go to the mountain with the children to escape from the great heat. **We called** some friends of ours to ask if **they wanted** to come with us. **We went** together and while **the children were playing, we were sitting and talking** about different things – football, tennis, music. **I had not seen** the Wimbledon final and **my friends told me** what **had happened.**

Dans ce court récit il y a trois des quatre temps du passé :

Comme on peut le supposer, le temps le plus utilisé est ***Past Simple*** – **5** fois :
**we decided; We called; they wanted; We went; my friends told me;**

***Past Continuous*** – **3** fois :
**the children were playing; we were sitting; (we were) talking;**

***Past Perfect*** – **2** fois :
**I had not seen; had happened**

L'usage des temps verbaux peut être comparé à une boîte à outils.
Vous savez quel est l'instrument qu'il vous faut dans chaque situation :

- si vous parlez des habitudes et des choses en général - ***Present Simple*** ;
- si vous parlez de ce que vous êtes en train de faire, ou bien de vos projets pour le futur proche – ***Present Continuous*** ;
- si vous racontez à un ami ce que vous avez fait la veille ou comment était votre weekend ou vos vacances - ***Past Simple, Past Continuous, Past Perfect, Past Perfect Continuous*** ;
- si vous demandez à votre interlocuteur s'il a été dans un pays étranger ou s'il a vu un film, ou s'il a lu un livre – ***Present Perfect***; si vous lui demandez ce qu'il avait fait (on voit « un effet secondaire » d'une longue action), ou si vous parlez vous-mêmes d'une action qui a duré et qui a laissé une trace - ***Present Perfect Continuous.***

Quand on parle du futur, on choisit parmi plusieurs options que nous verrons un peu plus loin.

## EXERCICES Conjuguez les verbes entre parenthèses :

**A few days ago we .................... (have) an annoying problem in our building. The handymen who .................... (renovate) the apartment on the second floor .................... (block) a water pipe in the bathroom. On Sunday one of the neighbours .................... (discover) by accident that .................... (there is) a flooding in the basement. We actually .................... (not / understand) when exactly it .................... (start). We .................... (have to) call an emergency technician group and the visit .................... (be) much more expensive than on a working day. On top of all that, while they .................... (work), their machine .................... (break down) and they .................... (can not) fix the problem. The next day they .................... (come back) to continue but they soon .................... (realize) that they .................... (forget) a part which was necessary to replace the pipe. So they.................... (have to) stop and go to buy it, which took quite a long time. By the time they .................... (complete) the job we.................... (be) without a shower for two days!**

Il y a quelques jours nous avons eu un problème désagréable dans notre immeuble. Les techniciens qui faisaient des travaux dans l'appartement au deuxième étage, ont obstrué une conduite d'eau dans la salle de bains. Dimanche un voisin a découvert par hasard qu'il y avait une inondation dans la cave. En fait, nous n'avons pas compris quand ça avait commencé. On a dû appeler une équipe technique d'urgence, et la visite était beaucoup plus chère que durant la semaine. En plus de tout, pendant qu'ils travaillaient, leur machine est tombée en panne et ils n'ont pas pu régler le problème. Le lendemain ils sont revenus pour terminer le travail, mais aussitôt ils se sont rendu compte qu'ils avaient oublié une pièce nécessaire pour remplacer la conduite. Ils ont dû arrêter et aller l'acheter, ce qui a pris pas mal de temps. Avant qu'ils aient finalement terminé, nous étions restés sans douche pendant deux journées entières !

### A mystery story
by Luke Tompson

**Last night I (1) … (walk) home next to the river Thames, when something strange (2) … (happen) to me. It was late at night and I (3) … (have) a long and difficult day at work. There was a large full moon in the sky and everything was quiet. I (4) … (be) tired and lonely and I (5) … (just have) a few pints of beer in my local pub, so I decided to stop by the riverside and look at the moon for a while.**

Hier soir, je rentrais chez moi à pied le long de la Tamise, quand quelque chose d'étrange m'est arrivé. Il était tard la nuit et j'avais eu une longue et difficile journée de travail. C'était la pleine lune et tout était calme. J'étais fatigué et seul et je venais de boire quelques pintes de bière à mon pub local, alors j'ai décidé de m'arrêter au bord de la rivière et de regarder la lune pendant un moment.

**I (6) ... (sit) on some steps very close to the water's edge and looked up at the big yellow moon. I felt very tired so I (7) ... (close) my eyes and after a few minutes, I (8) ... (fall) asleep. When I woke up, the moon (9) ... (move) behind a cloud, it was very dark and cold, the wind (10) ... (blow). I rubbed my eyes and started to get up, when suddenly I (11) ... (hear) a splash. I (12) ... (look) down at the water and saw something. Something terrible and frightening, and unlike anything I (13) ... (ever see) before. Something (14) ... (come) out of the water and (15) ... (move) towards me. Something green and strange and ugly. It was a long green arm and it (16) ... (stretch) out from the water to grab my leg. I was so scared that I couldn't move. I (17) ... (never be) so scared in my whole life. The cold green hand (18) ... (move) closer and closer when suddenly there was a blue flash and a strange noise from behind me. Someone (19) ... (jump) onto the stairs next to me. He (20) ... (wear) strange clothes and he had a crazy look in his eyes. He shouted "Get Back!" and (21) ... (point) something at the monster in the water. There was a bright flash and the monster hissed and disappeared.**

**I looked up at the man. He looked strange, but kind. "Don't fall asleep by the river when there's a full moon", he said "The Moon Goblins will get you." I (22) ... (never hear) of moon goblins before. I didn't know what to**

Je me suis assis sur les marches très près du bord de l'eau et j'ai levé les yeux vers la grande lune jaune. Je me sentais très fatigué, j'ai fermé les yeux et après quelques minutes, je me suis endormi. Quand je me suis réveillé, la lune s'était déplacée derrière un nuage, il faisait très sombre et froid, le vent soufflait. Je me suis frotté les yeux, me mis à me lever, quand soudain j'entendis un plouf. J'ai regardé dans l'eau et vis quelque chose de terrible et effrayant, différent de tout ce que j'avais jamais vu auparavant. Quelque chose émergeait de l'eau et se dirigeait vers moi. Il était vert, étrange et laid. C'était un long bras vert qui sortait de l'eau et cherchait à saisir ma jambe. J'avais tellement peur que je ne pouvais pas bouger. Je n'avais jamais eu aussi peur de toute ma vie. La main verte et froide se rapprochait de plus en plus quand soudain il y eut un éclair bleu et un bruit étrange derrière moi. Quelqu'un a sauté dans l'escalier à côté de moi. Il portait des vêtements étranges et avait un regard effrayant. Il a crié «Reculez !» et pointa quelque chose vers le monstre dans l'eau. Il y eut un flash lumineux et le monstre siffla et disparut.

Je levai les yeux vers l'homme. Il avait l'air étrange, mais bien intentionné. «Ne vous endormez pas au bord de la rivière quand il y a la pleine lune» dit-il «Les gobelins de la lune vont vous attraper.» Je n'avais jamais

**do. "Who... who are you?" I asked him. "You can call me... The Doctor." He said. I (23) ... (try) to think of something else to say when he turned around and said, "Watch the stars at night, and be careful of the full moon". I was trying to understand what he meant, when there was another blue flash and I closed my eyes. When I opened them again, he (24) ... (go).**

**I couldn't believe what (25) ... (happen). What on earth were Moon Goblins, and who was the mysterious Doctor? And why had he saved me? I was determined to find the answers to these strange questions. I stood up, looked at the moon and quickly walked home.**

entendu parler des gobelins de la lune auparavant. Je ne savais pas quoi faire. «Qui... qui es-tu ? lui demandai je. «Vous pouvez m'appeler... Le Docteur.» répondit il. Je pensais à ce que je pouvais dire d'autre quand il se retourna et dit: «Regardez les étoiles la nuit et faites attention à la pleine lune». J'essayais de comprendre ce qu'il voulait dire, puis il y eut un autre flash bleu et je fermai les yeux. Quand je les rouvris, il était parti.

Je ne pouvais pas croire ce qu'il s'était passé. Que diable étaient les Moon Goblins, et qui était le mystérieux Docteur ? Et pourquoi m'avait-il sauvé ? J'étais déterminé à trouver des réponses à ces étranges questions. Je me suis levé, j'ai regardé la lune et rentrai vite chez moi.

## 25 CHAPITRE

# VERB PATTERNS

Les différentes options de combiner **deux verbes** dans une phrase sont appelées par les anglais « **verb patterns** » :

She **loves** singing. Elle aime chanter.

She **promised** to call me. Elle a promis de m'appeler.

She **can** dance the tango. Elle peut danser le tango.

Dans les exemples ci-dessus le deuxième verbe est ou bien à la forme **-ing** (singing), ou bien à l'infinitif avec **to** (to call), ou bien à l'infinitif sans **to** (dance), et le choix est **déterminé par le premier verbe**.

Quelles sont les combinaisons possibles ?

## I. VERB + TO + INFINITIVE

Un grand groupe de verbes sont suivis par un infinitif avec **TO.**
Voici quelques-uns des plus utilisés :

**decide to** – décider de
**agree to** – être d'accord
**promise to** – promettre de
**manage to** – réussir à
**afford to** – se permettre de
**want to** – vouloir
**refuse to** – refuser de
**offer to** – proposer de
**hope to** – espérer à

He **refused to sign**.
Il a refusé de signer.

I **forgot to take** my umbrella.
J'ai oublié de prendre mon parapluie.

I **want to learn** English.
Je veux apprendre l'anglais.

He **decided to look** for another job.
Il a décidé de chercher un nouvel emploi.

Négation – **not to** :

He **decided not to look** for another job.
Il a décidé de ne pas chercher un nouvel emploi.

She **promised not to tell** anyone.
Elle a promis de ne dire à personne.

Dans les exemples que nous venons de voir, les deux actions sont accomplies par la même personne, mais parfois c'est une autre personne qui accomplit la deuxième action, surtout avec les verbes :

**want** – vouloir
**ask** – demander
**would like** – je voudrais
**expect** – s'attendre à

En français on traduit dans ces cas-là par un subjonctif :

I **want my son to learn** English.
Je veux que mon fils apprenne l'anglais.

I **want him to learn** English.
Je veux qu'il apprenne l'anglais.
(pas ~~I want he to learn~~..., ni ~~I want that he learns~~)

I **want her to come** to my birthday party.
Je veux qu'elle vienne à ma fête d'anniversaire.
(pas ~~I want she to come~~..., ni ~~I want that she comes~~)

My teacher **wants me to study** harder.
Mon professeur veut que je travaille plus.
(pas ~~My teacher wants I to study~~..., ni ~~My teacher wants that I study~~)

I **want you to help** me.
Je veux que tu m'aides.

Si c'est un pronom personnel devant le deuxième verbe, il doit être choisi parmi me, you, him, her, us, them. On ne peut pas utiliser ~~I, he, she, we, they~~.

Nous avons mis ici l'accent sur le verbe **want**, parce qu'il s'emploie souvent dans une structure de ce genre.

Il y a un autre groupe de verbes qui exigent que le verbe suivant soit à la forme **-ing**, et pas à l'infinitif :

## II. VERB + -ING

I **like reading**.
J'aime lire.

He **enjoys dancing**.
Il aime danser.

Les verbes qui doivent être suivis par la forme **-ing** ne sont pas beaucoup (environ vingt). Pour les apprendre facilement et rapidement, il suffit d'appliquer la méthode valable pour tout autre élément de la grammaire : **lire** et **écouter** de l'anglais le plus possible.

| | | |
|---|---|---|
| **like** – plaire | **love** – aimer | **enjoy** – aimer, apprécier |
| **hate** – détester | **stop** – arrêter | **fancy** – avoir envie de |
| **suggest** – proposer | **imagine** – imaginer | **finish** – finir |
| **admit** – admettre | **deny** – nier | **regret** – regretter |
| **consider** – considérer | **miss** – rater, manquer | **avoid** – éviter |
| **risk** – risquer | **mind** – objecter | **postpone** – reporter |

Attention à **suggest** et **mind** :

**I suggest playing cards.** (pas ~~to play~~)
Je propose de jouer aux cartes.

**Would you mind waiting** for a few minutes? (pas ~~would you mind to wait~~)
Ça ne vous dérange pas d'attendre quelques minutes ?

Quelques « phrasal verbs », très souvent utilisés dans le langage courant, qui se combinent avec **-ing :**

↪ **go on** = continue – continuer

She **went on pretending** that she did not know anything.
Elle a continué à faire semblant qu'elle ne savait rien.

↪ **keep on** = continue, do something repeatedly – continuer, ne pas arrêter de faire quelque chose

My sister **kept on asking** me question after question.
Ma sœur n'arrêtait pas de me poser des questions.

↪ **give up** = stop – arrêter, abandonner

He **gave up smoking** a few years ago.
Il a arrêté de fumer il y a quelques années.

↪ **put off** = postpone – reporter

They **put off going** on holiday, because of the renovation works on the apartment.
Ils ont reporté leurs vacances à cause des travaux dans l'appartement.

↪ **can't stand** – ne pas supporter

I **can't stand waiting** in queues.
Je ne supporte pas attendre dans des queues.

↪ **can't help** – ne pas pouvoir se retenir

The teacher was so funny that I **couldn't help laughing**.
Le professeur était si drôle que je n'ai pas pu me retenir de rire.

## III. VERB + INFINITIVE

**<u>MODAL VERBS :</u> can, could, must, shall, should, may, might, will, would**

Les «modal verbs» sont examinés en détail dans le chapitre suivant. Ici on note simplement une de leurs particularités - qu'ils sont toujours suivis par un verbe à l'infinitif sans **to**.

He **can** play tennis. (pas ~~can to play~~)
Il peut jouer au tennis.

You **must** call your manager. (pas ~~must to call~~)
Tu dois appeler ton chef.

**<u>LET</u>** et **<u>MAKE</u>,** qui ne sont pas « modaux » sont aussi dans ce groupe.

**Let me pay** the bill. (pas ~~let me to pay~~)
Laisse-moi payer l'addition.

He often **makes me laugh**. (pas ~~he makes me to laugh~~)
Il me fait rire souvent.

**Don't let him manipulate** you!
Ne le laisse pas te manipuler !

They **made me sign** a declaration.
Ils m'ont fait signer une déclaration.

> ! Attention ! Il faut noter que dans la voix passive, on met **to** :
> I was made **to** sign.

<u>Exceptions :</u>

Il y a deux combinaisons qui sortent de toute règle :

➥ **I'm thinking of + -ing** – j'envisage de faire quelque chose

They **are thinking of buying** a house in the country.
Ils envisagent d'acheter une maison à la campagne.

➥ **I'm looking forward to + -ing** – j'attends avec impatience

**I'm looking forward to hearing** from you.
J'attends votre réponse avec impatience.
(fin classique d'une lettre/mail en anglais)

Cette expression peut être utilisée non seulement dans une lettre, mais aussi dans une conversation. Par exemple : **I'm looking forward to** my holiday.

Pour faciliter les choses, nous pouvons considérer que la combinaison **VERB + TO + INFINITIVE est la règle**, et les autres combinaisons sont des exceptions. Il reste donc à apprendre les verbes suivis par une forme **-ing** et les verbes suivis par un infinitif sans « **to** ».

**<u>CAS PARTICULIERS :</u> begin, like, try, remember, stop…**

Il y a des verbes qui peuvent être suivis par **to + infinitive** ou par **-ing**, sans changement dans le sens. Il y en a d'autres dont le sens change.

**1.** Verbes dont le sens **ne change pas**, indépendamment de si le verbe est suivi d'un infinitif ou d'une forme **-ing** :

↪ **Begin, start, continue, intend, help**

It started to rain ou It started raining.
Il a commencé à pleuvoir.

They began to prepare dinner ou They began preparing dinner.
Ils ont commencé à préparer le dîner.

He continued to speak despite the noise ou
He continued speaking despite the noise.
Il a continué à parler malgré le bruit.

I will help you clean ou I will help you to clean.
Je vais t'aider à nettoyer.

↪ **Like**

**Like** est un verbe un peu spécifique. Il peut être suivi par -**ing** ou par **to + infinitive**, dans les deux cas il signifie « aimer ».

I like going to the mountains ou
I like to go to the mountains.
J'aime aller à la montagne.

**<u>Like doing</u>** and **<u>Like to do</u>**
Parfois on fait une distinction entre plaisir et bonne habitude :

| **like doing** | **like to do** |
|---|---|
| Aimer faire quelque chose,<br>prendre du plaisir.<br>On met l'accent sur le plaisir. | Avoir la bonne habitude de faire quelque chose.<br>Ça peut ne pas être lié au plaisir, mais je le fais, parce que je considère que c'est bien de le faire. |
| I **like listening** to music.<br>J'aime écouter de la musique. | I **like to pay** my bills on time.<br>J'aime payer mes factures à temps. |

**2.** Verbes dont le sens **change** en fonction de la forme qui les suit - si c'est un infinitif ou une forme **-ing** :

↪ **Try, remember, stop, be afraid of**

**Try doing** and **Try to do**

| try doing | try to do |
|---|---|
| Essayer, tenter. Si ça marche, c'est bien, si ça ne marche pas, tant pis.<br>Par exemple, quelqu'un se plaint qu'il ne peut pas dormir.<br>Vous pouvez lui conseiller : | Essayer de faire quelque chose avec des efforts. |
| Why don't you **try drinking some milk** before going to bed?<br>Pourquoi tu n'essayes pas de boire un peu de lait avant d'aller au lit ? | I **tried to open** the jar but I couldn't.<br>J'ai essayé d'ouvrir le pot, mais je n'ai pas réussi. |

**Remember doing** and **Remember to do**

| remember doing | remember to do |
|---|---|
| Se rappeler d'avoir fait quelque chose (dans le passé). | Se rappeler, ne pas oublier de faire quelque chose (dans le futur).<br>Souvent avec l'impératif :<br>Remember to...= Don't forget to...<br>N'oublie pas de... |
| I **remember taking** the key, it should be somewhere in my bag.<br>Je me rappelle d'avoir pris la clé, elle doit être quelque part dans mon sac. | **Remember to get** my coat from the dry cleaning.<br>N'oublie pas de prendre mon manteau du pressing. |

**Stop doing** and **Stop to do**

| stop doing | stop to do |
|---|---|
| Arrêter de faire quelque chose qu'on était en train de faire. | Arrêter de faire quelque chose pour faire autre chose. |
| They **stopped talking** to each other.<br>Ils ont arrêté de se parler.<br>(ils se sont fâchés l'un contre l'autre) | They **stopped to have a rest**.<br>Ils se sont arrêtés pour se reposer. |

**Be afraid of -ing** and **Be afraid to do**

| be afraid of -ing | be afraid to do |
|---|---|
| Avoir peur d'une blessure, brûlure, piqûre, chute. | Avoir peur de faire quelque chose qui en principe est une action normale, mais dans le cas concret ça peut être dangereux ou peut créer des ennuis. |
| I took out the baking tray very carefully, because I was **afraid of burning** myself. (pas ~~I was afraid to burn myself~~) J'ai sorti le plat très attentivement, parce que j'avais peur de me brûler. | She **is afraid to go out** alone at night. Elle a peur de sortir seule la nuit. Vous pouvez l'entendre à l'impératif : **Don't be afraid to say** what you think. N'aie pas peur de dire ce que tu penses. |

## EXERCICES

**Complétez avec la correcte forme du verb entre parenthèses :**

**1. - Do you mind ......................(turn down) the TV? I can't ......................(concentrate).**
Ça ne te dérange pas de diminuer le son de la télé ? Je n'arrive pas à me concentrer.

**- Why don't you go to the other room? I want ......................(watch) my show.**
Pourquoi tu ne vas pas dans l'autre chambre ? Je veux regarder mon programme.

...

**2. - I've decided ......................(give up) ......................(smoke).** J'ai décidé d'arrêter de fumer.

**- Have you? I'd like ......................(see) how you will do it.** C'est vrai ? Je voudrais voir comment tu vas faire.

**3. - What time shall we leave tomorrow?**
A quelle heure on part demain ?

**- You know I always try to avoid ......................(drive) in the rush hours so let's get up early and leave at 6 am.** Tu sais que j'essaye toujours d'éviter l'heure de pointe, donc je propose qu'on se lève tôt et qu'on parte à 6 heures.

**- I hate ......................(get up) so early, but you are right, it will be better.** Je déteste me lever si tôt, mais tu as raison, ce sera mieux.

**4. – Did you hear about the robbery?**
**The police have caught the thieves and they have admitted ......................(steal) the paintings.** Tu as entendu parler du cambriolage ? La police a arrêté les voleurs et ils ont avoué avoir volé les tableaux.

**- Yes, I read about it on the Internet. I wonder how they made them .....................(confess).** Oui, j'ai lu sur internet. Je me demande comment ils les ont fait avouer.

...

**5. - Would you like .....................(come) with us for a beer after work?** Tu viens avec nous prendre une bière après le travail ?

**- I would love to but I have promised ... (take) my girlfriend to a restaurant.** J'aurais aimé, mais j'ai promis à ma petite-amie de l'emmener au restaurant.

**6. - I don't feel like .....................(have) another argument with this advertising agency. Shall we try to work with another one?** Je n'ai pas envie de me disputer encore avec cette agence de publicité. Si on essaie de travailler avec une autre ?

**- Good idea, but I don't think the Marketing director will agree. I have heard that she refuses .....................(replace) them. I wonder why.** Bonne idée, mais je ne pense pas que la directrice Marketing serait d'accord. J'ai entendu dire qu'elle refuse de les remplacer. Je me demande pourquoi.

**7. – You promised me ....(help) work with this software and you never find time for me.** Tu m'as promis de m'aider à travailler avec ce logiciel et tu ne trouves jamais de temps pour moi.

**– Sorry, I did not mean... (upset) you. I remember ... (promise) you, but I have been really busy. I even consider ... (quit) my job, that's how stressful it is, but I cannot afford ... (do) it now as my wife is unemployed. I suggest ... (meet) on zoom tomorrow at 7pm, if it is fine for you.** Désolé, je ne voulais pas te contrarier. Je me rappelle que je t'avais promis, mais j'ai été vraiment très occupé. J'envisage même de quitter mon travail, c'est stressant à ce point, mais je ne peux pas me le permettre maintenant que ma femme est au chômage. Je te propose qu'on se voit sur zoom demain à 19 heures, si cela te convient.

**– It is perfect for me. Thanks and see you tomorrow!** C'est parfait pour moi. Merci et à demain !

...

**8. – Oh no! I forgot... (reply) to my boss' email!** Oh non ! J'ai oublié de répondre à l'e-mail de mon chef.

**– Don't worry. You can tell him that you did not manage ... (connect) to the web server.** Ne t'inquiète pas. Tu peux lui dire que tu n'as pas réussi à te connecter au web.

...

**9. – Remember ... (turn off) your phone before we enter the meeting.** N'oublie pas d'éteindre ton téléphone avant d'entrer à la réunion.

**– Yes, I will. We should try ... (listen) carefully and shoudn't stop ... (take) notes. There will be a detailed discussion later.** Oui, je vais l'éteindre. On doit essayer d'écouter attentivement et ne pas arrêter de prendre des notes. Il y aura ensuite une discussion détaillée.

**10. Is it worth ... (watch) films to make progress in English?** Est-ce que ça vaut la peine de regarder des films pour faire des progrès en anglais ?

**– It is definitely worth it! The more you listen, the better you understand.** Définitivement ça vaut la peine ! Plus tu écoutes, mieux tu comprends.

**– I also consider ... (go) to a summer school in England. I hope it will help me ... (improve) my English.** Je compte aussi aller à des cours d'été en Angleterre. J'espère que ça va m'aider d'améliorer mon anglais.

**– Great idea! I wish I could come too but I cannot afford ... (pay) the taxe. Maybe next year. In the meantime I have the chance to practise ... (speak) English with my friends from the States.** Bonne idée ! J'aurais aimé venir avec toi, mais je ne peux pas me permettre de payer les frais. Peut être l'année prochaine. Entre temps j'ai la chance de pratiquer à parler anglais avec mes amis des Etats Unis.

...

**11. Do you fancy ... (go) to Grand Palais on Saturday?** Tu veux qu'on aille au Grand Palais ce samedi ?

**– Good idea! What's on?** Bonne idée ! Qu'est-ce qu'il y a ?

**– An exhibition of impressionists - Monet, Sisley, Pissaro and Renoir.** Une exposition des impressionnistes - Monet, Sisley, Pissaro et Renoir.

**– Oh that sounds fantastic! We need ... (book) the tickets online, don't we?** Oh ça a l'air fantastique ! On doit réserver les billets en ligne, n'est-ce pas ?

**– Yes, we do. As soon as I finish ... (cook), I'll book them**. Oui, c'est ça. Dès que je finis de cuisiner, je réserve.

...

**12. – Such a pity our children can't play in the street. I remember my parents let me ... (play) when I was a child.** Dommage que nos enfants ne peuvent pas jouer dans la rue. Je me rappelle que mes parents me le permettaient quand j'étais enfant.

**– Me too, I was allowed ... (stay) all day outside with my friends. There were very few cars and they never drove fast.** Moi aussi, on me laissait toute la journée dehors avec mes amis. Il y avait très peu de voitures et elles ne roulaient pas vite.

...

**13. – I hope ... (see) you at the after work party on Monday.** J'espère te voir lundi à la fête après le travail.

**– In fact I can't come. I forgot ... (tell) you that my cousins from Switzerland are coming this Sunday and I have taken all next week off.** En fait, je ne peux pas venir. J'ai oublié de te dire que mes cousins de Suisse viennent ce samedi et j'ai pris congé pour toute la semaine prochaine.

**– What do you plan ... (do)?** Qu'est-ce que vous envisagez de faire ?

**– They enjoy ... (walk) and ... (go) to concerts so that's going to be the program - lots of walks during the day and music bars in the evenings. I look forward to ... (have) a good**

**time with them.** Ils aiment beaucoup se promener et aller au concert donc ce sera ça le programme – des promenades pendant la journée et des bars de musique le soir. J'attends avec impatience de passer de bons moments avec eux.

...

**14. – I know you have travelled a lot around Africa, which country would you recommend me ... (go) for my holidays?** Je sais que tu as beaucoup voyagé en Afrique, quel pays tu me recommandes pour mes vacances ?

**– To me Morocco is one of the most interesting countries. The food is nice, the people are friendly. I remember that in the past I did fancy ... (go) there, but a close friend of mine persuaded me ... (do) it and I didn't regret ... (follow) her advice.** Pour moi le Maroc est l'un des pays les plus intéressants. La nourriture est bonne, les gens sont gentils. Je me rappelle que dans le passé je n'avais pas envie d'y aller, mais un proche ami m'a persuadé de le faire et je n'ai pas regretté de suivre son conseil.

...

**15. I like Leo but he tends ... (talk) too much.** J'aime bien Leo, mais il a tendance à parler beaucoup.

**– That's right. Plus he doesn't keep his promises. He promised ... (give) me an old vinyl disk of The Beatles and I am still waiting.** C'est vrai. En plus il ne tient pas ses engagements. Il m'a promis de me donner un vieux disque vinyle des Beatles et j'attends encore.

**– Yes, that's typical. I've decided ... (not trust) him anymore.** Oui, c'est typique avec lui. J'ai décidé de ne plus lui faire confiance.

...

**16. – I'd like ... (sell) my old computer but I don't know who might be interested.** J'ai envie de vendre mon vieil ordinateur, mais je ne sais pas qui pourrait être intéressé.

**– Have you tried ... (put) an advertisement on the Internet?** Tu as essayé de mettre une annonce sur internet ?

**– No, I haven't. I don't know how to do it.** Non, je n'ai pas essayé. Je ne sais comment faire.

**– I advise you ... (contact) one of the online shops which sell computers. I've seen many of them selling second hand laptops alongside with the new ones.** Je te conseille de contacter l'un des magasins en ligne qui vendent des ordinateurs. J'en ai vu plusieurs qui vendent des laptops d'occasion auprès des nouveaux.

**26 CHAPITRE**

# MODAL VERBS I

| | | | | |
|---|---|---|---|---|
| **CAN** | **WILL** | **SHALL** | **MAY** | **MUST** |
| **COULD** | **WOULD** | **SHOULD** | **MIGHT** | |

**OUGHT TO et NEED :** Deux cas particuliers qui sont « semi-modaux ».

## QU'EST-CE QU'UN « **MODAL VERB** » SIGNIFIE ?

C'est un groupe de quelques verbes spécifiques qui s'emploient très souvent et qui se comportent de manière différente par rapport aux verbes ordinaires. Les verbes modaux nous permettent d'exprimer exprimer la possibilité, l'obligation, la permission.
En plus, en les utilisant, on peut faire des suppositions avec différents degrés de probabilité.

**Spécificités :**

**1.** Ils sont **auxiliaires**, c'est-à-dire ils ne peuvent pas être seuls dans la phrase. Ils sont donc toujours suivis d'un autre verbe qui doit être obligatoirement à **l'infinitif** sans **to**. (à l'exception de « ought to », qui est d'ailleurs rarement utilisé)

Alors la formule est :
**MODAL VERB + INFINITIVE**

He **can drive**.
Il peut conduire.

I **must go** to the bank.
Je dois aller à la banque.

**2.** **Ils n'ont pas** une terminaison ***-s*** à la troisième personne singulier, comme les autres verbes.

He **can swim**. (pas He ~~cans~~ swim)
Il peut nager.

**3.** <u>**Ils n'ont pas** besoin de **do/does**</u> dans la forme interrogative (on fait l'inversion).

**Can you drive**?
Est-ce que tu peux conduire ?

**4.** <u>**Ils n'ont pas** besoin de **don't/doesn't**</u> dans la forme négative, mais uniquement de **not**.

She **can not** speak French. (can not =can't)
Elle ne peut pas parler français.

**5.** <u>**Ils n'ont pas d'infinitif**</u> et ne peuvent pas suivre un autre verbe dans la phrase. On ne peut pas dire, par exemple ~~I will can.~~

**6.** <u>**Ils n'ont ni participe passé, ni** forme **-ing**</u>, et ne peuvent former ni *Perfect*, ni *Continuous tenses*.

Ils peuvent être utilisés uniquement **au présent** (à l'exception de **can** qui peut aussi être mis au passé). Sinon, dans les cas où nous voulons exprimer une idée dans un temps futur, passé ou *perfect*, nous sommes obligés d'employer des « substituts » des verbes modaux qu'on verra en détail plus loin.

## CAN, BE ABLE TO, COULD, MAY

### ↪ CAN – pouvoir

**1.** <u>**Capacité**</u>

He **can speak** Spanish.
Il peut parler espagnol.

**2.** <u>**Possibilité**</u>

We **can see** the mountain from our hotel room.
Nous pouvons voir la montagne de notre chambre d'hôtel.

**3.** <u>**Persmission / demander permission**</u>

<u>- donner permission</u>

If you need a dictionary, you **can use** mine.
Si tu as besoin d'un dictionnaire, tu peux utiliser le mien.

<u>- demander permission</u>

**Can I smoke** here?
Est-ce que je peux fumer ici ?

**4. Demande**

**Can you pass me** the salt, please?
Est-ce que tu peux me passer le sel, s'il te plaît ?

**Can I have** a glass of water?
Est-ce que je peux avoir un verre d'eau ?

**Can you help me**?
Tu peux m'aider ?

Prononciation de CAN

On prononce [kæn] quand c'est au début de la phrase ou bien quand on veut accentuer. On peut aussi prononcer [kən] quand il n'y a pas besoin d'accentuer.

You **can borrow** my bicycle. [ju kæn borou]
Tu peux prendre mon vélo.

I **can wait**. [ai kən weit]
Je peux attendre.

**(-) Forme négative** – avec **not**
Can not = cannot = can't

Signifie soit « je n'ai pas la possibilité », soit « je n'ai pas la capacité » :

- ne pas avoir la possibilité

I **can't come** to the party on Saturday.
I am going to a business trip tomorrow.
Je ne peux pas venir à la fête samedi.
Je pars en voyage d'affaires demain.

- ne pas avoir la capacité

She **can't work** with this software.
Elle ne peut pas travailler avec ce logiciel.

Dans la conversation on utilise la forme contractée « **can't** ».

Prononciation de CAN'T
Il existe une nette différence entre la prononciation britannique et américaine dans ce cas :
Can't [kɑ:nt] – anglais britannique
Can't [kænt] – anglais américain

Avec CAN on a aussi des réponses courtes, « moi aussi », « n'est-ce pas », « c'est vrai ? », surtout quand **can** est dans son sens de « avoir la capacité de ».

**Réponses courtes :**
**Can you dance** tango? Tu peux danser le tango ?
Yes, I **can**. Oui, je peux.
No, I **can't**. Non, je ne peux pas.

**Moi aussi** / moi non plus

- I can swim.
- Je peux nager.

- **So can I**. (Me too)
Moi aussi.

- I can't swim.
- Je ne peux pas nager.

- I **can't either**.
Moi non plus.

**N'est-ce pas ?**

You can ski, **can't you**?
Tu peux skier, n'est-ce pas ?

**C'est vrai ?**

- I can speak Hungarian. Je parle hongrois.
- **Can you?** How do you say « hello » in Hungarian?
C'est vrai ? Comment on dit « salut » en hongrois ?

**Le substitut** de CAN est « **BE ABLE TO** ».

**CAN = BE ABLE TO**

**Be able to** remplace CAN dans les temps verbaux où il ne peut pas être employé :

- Present Perfect

**I've never been able to understand** her.
Je n'ai jamais pu la comprendre.

- Future

He **will be able to drive** again soon.
Bientôt il va pouvoir conduire à nouveau.

- Past Simple – dans le sens de « réussir à »

He **was able to get** there on time.
Il a réussi à arriver à temps.
= He managed to get there on time.
(« managed to » a le même sens et s'utilise plus souvent dans le langage courant)

- Present Simple (utilisé principalement à l'écrit)

We apologize, but we **are not able to deliver** the item today.
Nous sommes désolés, mais nous ne pouvons pas livrer le produit aujourd'hui.

→ **COULD** est un cas particulier de verbe modal et peut être :

- **le passé de CAN**
- **une option plus polie de CAN**

Il peut aussi exprimer une proposition, une situation imaginaire ou encore une probabilité.

### 1. Demande

**Could you**...? (option plus polie de **Can you**...?)

**Could you lend** me some money?
Tu pourrais me prêter un peu d'argent ?

**Could you send** me some more information?
Pourriez-vous m'envoyer un peu plus d'information ?

**Could I borrow** your pen for a moment?
Est-ce que je peux emprunter votre stylo un instant ?

### 2. Proposition / suggestion

What shall we do this weekend?
Qu'est-ce qu'on fait ce weekend ?

**We could go** to the mountain.
On pourrait aller à la montagne.

When you come to France next time, **we could organize** a class reunion.
Quand tu reviens en France la prochaine fois, on pourrait organizer une réunion d'anciens élèves.

### 3. Situation imaginaire

**I could** – Je pourrais

This island is lovely! **I could stay** and live here forever.
Cette île est splendide ! Je pourrais rester vivre ici.

**I couldn't** – Je ne pourrais pas

**I couldn't live** in the country. I am used to the big city.
Je ne pourrais pas vivre à la campagne. Je suis habitué à la grande ville.

I'm very pleased with this decision, **it couldn't be** better.
Je suis très content de cette décision, ça ne pourrait pas être mieux.

**4.** <u>**Passé de CAN**</u> – je pouvais, j'avais la faculté de

I **could swim** when I was five.
Je pouvais nager quand j'avais 5 ans.

He **could read** before he started going to school.
Il pouvait lire avant d'aller à l'école.

Dans une phrase affirmative on utilise **could** pour parler des facultés que nous avions dans le passé. En revanche, on ne peut pas l'utiliser pour parler de ce qu'on a réussi à faire dans une situation concrète.

I **managed to** ou **I was able to** (pas I ~~could~~) – J'ai pu

I **managed to** send the money before the bank closed.
J'ai pu envoyer l'argent avant que la banque ne ferme.
(pas ~~I could send~~ the money)

I finally **managed to persuade** him.
J'ai enfin pu le convaincre. (pas ~~I could persuade~~ him)

Dans une phrase négative tout est acceptable :
**I didn't manage to = I wasn't able to = I couldn't** – Je n'ai pas pu, je n'ai pas réussi à

**Could not (couldn't)** est la plus fréquente de ces trois options dans le langage parlé :

I **couldn't** send the money, because the bank was closed.
Je n'ai pas pu envoyer l'argent, parce que la banque était fermée.
I **couldn't catch** the bus at 6pm, I was held up at work.
Je n'ai pas pu prendre le bus à 18 heures, j'ai été retenu au travail.

**5.** <u>Probabilité</u> avec COULD – voir en détail au chapitre suivant.

## ↪ MAY

Ce verbe modal est utilisé pour **demander permission** dans le langage soutenu.

**May I ask** you a question?
Est-ce que je peux vous poser une question ?

**May I come** in?
Est-ce que je peux entrer ?

**May I call** you later?
Est-ce que je peux vous rappeler plus tard ?

<u>Le substitut</u> de MAY est « **BE ALLOWED TO** ».

**MAY = BE ALLOWED TO** – être autorisé à, avoir la permission de
Utilisé au passé et au présent, souvent dans une forme négative :

She **was not allowed to go** out in the evening when she was younger.
Quand elle était plus jeune, on ne lui permettait pas de sortir le soir.

They **are not allowed to use** the printer.
Ils ne sont pas autorisés à utiliser l'imprimante.

MAY peut exprimer aussi **la probabilité.** (voir le chapitre suivant)

## MUST, HAVE TO, SHOULD

### ↳ MUST - devoir

**1. Obligation**

You **must tidy** your room.
Tu dois ranger ta chambre.

You **must finish** this report by tomorrow.
Tu dois terminer le rapport d'ici demain.

**2. Forte recommandation**, conseil

You **must see** this film!
Tu dois voir ce film !
(vous l'avez tellement aimé que vous le recommandez avec passion)

**Le substitut** de MUST est « **HAVE TO** ».

Puisque **must** n'a ni passé, ni futur, ni infinitif, dans tous ces cas-là, on le remplace par **have to**.

- **had to** – il fallait, je devais, j'ai dû (remplace **must** au passé)

I **had to go** to the bank yesterday.
J'ai dû aller à la banque hier.

- **will have to** – je vais devoir (remplace **must** au futur)

I **will have to** work this Saturday.
Je vais devoir / je dois travailler ce samedi.

Quelle est la différence entre **MUST** et **HAVE TO** au présent ?

MUST a le même sens que HAVE TO, avec une légère nuance - quand vous-mêmes vous trouvez que vous devez faire quelque chose (ou bien, quelqu'un doit faire quelque chose, selon vous), on préfère **must** qui induit plus de subjectivité. Si l'obligation provient de l'extérieur (loi, règles, personne d'autorité), on opte pour **have to**.

They **have to wear** uniforms.
Ils doivent porter des uniformes. (ils sont obligés par la loi)

I **have to stay** at home until I get better.
Je dois rester / Il faut que je reste à la maison pour me remettre. (le docteur a dit)

I **have to be** at work at 8.30 am.
Je dois être / je suis obligé d'être au travail à 8.30.

My hair is too long. I **must get** a haircut.
Mes cheveux sont trop longs. Je dois aller chez le coiffeur.
(c'est votre avis personnel, personne ne vous oblige)

**I must tidy** my desk.
Je dois ranger mon bureau.

! Attention ! Cette distinction n'est pas stricte, et **must** et **have to** sont interchangeables dans leur forme affirmative.

You **have to apply** for a visa = You **must apply** for a visa.
Tu dois demander un visa.

En revanche, ce serait une erreur de les remplacer l'un par l'autre dans leur forme négative, parce que <u>**dans la négation ils ont un sens complètement différent**</u> :

<u>Différence entre **MUST NOT** et **DON'T HAVE TO**</u>

**Must not** (mustn't)
il ne faut pas, c'est interdit

**Don't have to**
ce n'est pas nécessaire, il n'y a pas besoin

L'un exprime une interdiction, l'autre – absence d'obligation.
Ils <u>**ne sont pas interchangeables**</u>.

Par exemple, si demain vous n'êtes pas obligé d'aller au travail, vous pouvez dire :

I **don't have to go** to work tomorrow.
Je ne suis pas obligé d'aller au travail demain.

Mais vous ne pouvez pas dire :
« I ~~mustn't~~ go to work tomorrow », parce que ça signifie « Il m'est interdit d'aller au travail demain. »

You **don't have to** pay in advance for the hotel.
Vous n'êtes pas obligés de payer d'avance l'hôtel.
(pas ~~you mustn't~~ – c'est interdit)

**Mustn't** est une interdiction forte, à utiliser quand vous parlez à des personnes très proches.

You **mustn't smoke**!
Tu ne dois pas fumer !

Pour donner un conseil, on préfère **shouldn't**, qui est plus atténué et plus délicat.

You **shouldn't smoke**, it's not good for your health.
Tu ne devrais pas fumer, ce n'est pas bon pour ta santé.

**Mustn't** est utilisé le plus souvent quand on parle aux enfants, surtout quand il s'agit de leur sécurité.

You **mustn't touch** the stove!
Tu ne dois pas toucher les plaques !

You **mustn't cross** the street at red lights!
Il ne faut pas traverser au feu rouge !

Ces phrases peuvent être remplacées par un impératif :
Don't touch...! Don't cross...! Ne touche pas... ! Ne traverse pas... !

**Don't have to** est utilisé dans le langage courant beaucoup plus souvent que **mustn't**.

You **don't have to come** with us if you don't want to.
Tu n'es pas obligé de venir avec nous, si tu n'as pas envie.

You **don't have to apply** for a visa.
Ce n'est pas nécessaire de demander un visa.

**(?) Forme interrogative** de « have to » – avec **do/does**

What **do I have to do** to get a visa?
Qu'est-ce que je dois faire pour obtenir un visa ?

Have to = have got to = 've got to

**I've got to buy** myself a new jacket.
Je dois m'acheter une nouvelle veste.

**I've got to go**.
Je dois y aller. (ou même **I gotta go**, (qui est encore plus familier)

## ↪ SHOULD – je/tu devrais, il/elle devrait... version plus délicate de **must**

**Should** est utilisé pour **donner des conseils.**

You **should read** this book.
Tu devrais lire ce livre.

**Should** est souvent combiné avec :
**I think / I don't think you should...**

**I think you should apply** for this job.
Je pense que tu devrais postuler cet emploi.

**I don't think you should tell** your colleague.
Je ne pense pas que tu dois dire à ton collègue.

Comme nous l'avons déjà mentionné, on emploie la forme négative **shouldn't,** quand on veut convaincre quelqu'un de ne pas faire quelque chose.

**You shouldn't change** your job, it is quite good.
Tu ne devrais pas changer de travail, il est plutôt bien.

Autres façons de dire « devoir », « il faut » :

↪ **HAD BETTER** – **I'd better** = I should – je devrais, il vaut mieux

**Had** en principe est une forme utilisée dans les temps du passé, mais dans ce cas, on ne parle pas du passé. Il s'agit de ce qu'on doit faire maintenant ou dans le futur. L'expression **had better** peut être conjuguée à toutes les personnes, mais le plus souvent on utilise **I'd better, you'd better** (pour donner des conseils), **we'd better**.

**You'd better talk** to them. They might give you a discount.
Il vaut mieux que tu parles avec eux. Ils pourraient te faire une réduction.

**I'd better go** now, otherwise I will miss the last train.
Je devrais y aller maintenant, sinon je vais rater le dernier métro.

It is already lunch time. **We'd better stop** for a rest.
Il est déjà midi. On devrait s'arrêter pour se reposer.

**Had better** est toujours suivi par un infinitif <u>sans</u> **to** !

↪ **BE SUPPOSED TO** – il devrait, il est prévu

**It is supposed to snow** tonight.
On prévoit de la neige pour ce soir.

**Be supposed to** est utilisé surtout pour parler de prévisions ou de projets.

Avec la forme négative on peut exprimer le même sens comme avec **mustn't / shouldn't** :

**You're not supposed to** use your cellphone in the library.
Vous ne devez pas utiliser vos portables dans la bibliothèque.

On l'utilise souvent au passé : **was / were supposed to**. Il y avait un projet, mais il ne s'est pas réalisé :

The manager **was supposed to** come to the meeting, but he didn't.
Le directeur devait venir à la réunion, mais il n'est pas venu.

<u>Différence entre **HAD TO** et **WAS SUPPOSED TO** :</u>

| | |
|---|---|
| **Had to** do<br>je devais faire quelque chose,<br><u>et je l'ai fait</u> | **Was supposed to** do<br>je devais faire quelque chose (c'était prévu),<br><u>mais je ne l'ai pas fait</u> |

Yesterday **I had to go** to the post to get my parcel.

J'ai dû aller à la poste hier pour récupérer mon colis.
(on comprend que j'y suis allé et je l'ai pris)

Yesterday **I was supposed to go** to the post to get my parcel, but I forgot.

Je devais aller à la poste hier pour récupérer mon colis, mais j'ai oublié.
(c'était prévu, mais...)

**We were supposed to take part** in the conference on the first day, but the schedule changed.
Nous devions participer à la conférence le premier jour, mais le programme a changé.

Expression courante qui exprime de l'étonnement ou du mécontentement de ce qu'on vient d'entendre :

**What was that supposed to mean?!**
Qu'est-ce que ça veut dire ?! ou Qu'est-ce que tu essayes de me dire ?!

**What do you mean?**
Qu'est-ce que tu veux dire ?

Il y a différentes manières de dire « il faut », parmi lesquelles certaines sont interchangeables, d'autres ont un emploi très strict.

**OBLIGATION - RÉCAPITULATIF**

| modal verb | Présent | |
|---|---|---|
| must | affirmative (+) | négative (-) |
| | **must**<br>devoir, il faut<br><br>I **must buy** a new cell phone. Mine is already old.<br>Il faut que je m'achète un nouveau portable. Le mien est déjà vieux. | **must not**<br>il ne faut pas, c'est interdit<br><br>We **must not** smoke here.<br>C'est interdit de fumer ici. |
| | **Passé** | |
| | affirmative (+) | négative (-) |
| | **had to**<br>il fallait faire quelque chose et on l'a fait<br><br>I **had to buy** a new cell phone because mine was broken.<br>J'ai dû m'acheter un nouveau portable, le mien s'est cassé. | **was / were not allowed to**<br>ce n'était pas permis (c'était interdit)<br><br>We **were not allowed to smoke** there.<br>C'était interdit de fumer là-bas. |

## OBLIGATION - RÉCAPITULATIF

| modal verb | Présent | |
|---|---|---|
| have to | affirmative (+) | négative (-) |
| | **have to**<br>devoir, être obligé<br><br>I **have to pay** the car insurance.<br>Je dois payer l'assurance de la voiture. | **don't have to**<br>il n'y a pas besoin<br><br>You **don't have to make** a booking.<br>Ce n'est pas nécessaire de réserver. |
| | **Passé** | |
| | affirmative (+) | négative (-) |
| | **had to**<br>il fallait faire quelque chose et on l'a fait<br><br>I **had to pay** the car insurance last week.<br>J'ai dû payer l'assurance de la voiture la semaine passée. | **didn't have to**<br>ce n'était pas nécessaire<br><br>I **didn't have to make** a booking.<br>Ce n'était pas nécessaire de réserver. |
| should | **Présent** | |
| | affirmative (+) | négative (-) |
| | **should**<br>tu devrais (recommandation, conseil)<br><br>I think you* **should study** more for this exam.<br>Je pense que tu devrais travailler plus pour cet examen. | **shouldn't**<br>il ne faut pas, tu ne devrais pas<br><br>You **shouldn't eat** so much bread.<br>Tu ne devrais pas manger autant de pain. |
| | **Passé** | |
| | affirmative (+) | négative (-) |
| | **should have****<br>tu aurais dû (reproche)<br><br>You **should have studied** more for this exam.<br>Tu aurais dû travailler plus pour cet examen. | **shoudn't have****<br>tu n'aurais pas dû (reproche)<br><br>You **shouldn't have wasted** your time playing games.<br>Tu n'aurais pas dû perdre ton temps à jouer. |

*La forme "tu" est le plus souvent utilisée, et donc donnée dans ce tableau comme exemple, mais ça peut aussi être je devrais, il/elle devrait, etc.
** Plus de détail sur **should/shoudn't have** exprimant un reproche au chapitre suivant.

## OBLIGATION - RÉCAPITULATIF

<table>
<tr><th>modal verb</th><th colspan="2">Présent</th></tr>
<tr><td rowspan="2">ought to</td><td>affirmative (+)</td><td>négative (-)</td></tr>
<tr><td>ought to<br>devoir (recommandation) = should<br><br>You ought to admit that you made a mistake.<br>Tu dois admettre que tu as fait une erreur.</td><td>ought not to<br>il ne faut pas, tu ne devrais pas<br><br>You ought not talk about him like that.<br>Tu ne devrais pas parler de lui comme ça.</td></tr>
<tr><td rowspan="3">had better</td><td colspan="2">Présent</td></tr>
<tr><td>affirmative (+)</td><td>négative (-)</td></tr>
<tr><td>I'd / you'd better<br>devoir, il vaut mieux<br><br>I'd better start cooking straight away.<br>Je dois commencer à faire la cuisine tout de suite.</td><td>I'd / you'd better not<br>il ne faut pas, il vaut mieux ne pas...<br><br>You'd better not talk to him now, he is angry.<br>Il vaut mieux ne pas parler avec lui maintenant, il est fâché.</td></tr>
<tr><td rowspan="6">be supposed to</td><td colspan="2">Présent</td></tr>
<tr><td>affirmative (+)</td><td>négative (-)</td></tr>
<tr><td>be supposed to<br>il devrait, c'est prévu<br><br>They are supposed to take part in the workshop.<br>Ils devraient participer au workshop.</td><td>be not supposed to<br>il ne devrait pas<br><br>You are not supposed to be working so late at night.<br>Tu ne devrais pas travailler si tard le soir.</td></tr>
<tr><td colspan="2">Passé</td></tr>
<tr><td>affirmative (+)</td><td>négative (-)</td></tr>
<tr><td>was / were supposed to<br>c'était prévu, mais je ne l'ai pas fait<br><br>I was supposed to take the car to the service yesterday, but I could not find time.<br>Je devais laisser la voiture au service hier, mais je n'ai pas pu trouver du temps.</td><td>was / were not supposed to<br>ce n'était pas prévu<br><br>It was not supposed to snow, but it's been snowing all day.<br>La neige n'était pas prévue, mais il n'a pas arrêté de neiger toute la journée.</td></tr>
</table>

# WILL, WOULD, SHALL

→ **WILL** et **WOULD** ont plusieurs fonctions – ils participent comme auxiliaires dans les temps du futur et dans le conditionnel, et servent à d'autres emplois spécifiques que nous verrons plus loin.
Ils peuvent être synonymes de **can** et **could** pour formuler une demande :

**Can** you do me a favour?
Tu peux me rendre un service ?

**Will** you do me a favour?
Tu veux me rendre un service ?

**Could** you do me a favour?
Pourriez-vous me rendre un service ?

**Would** you do me a favour?
Voudriez-vous me rendre un service ?

**Could** et **would** marquent un style plus poli et soutenu que **can** et **will**.

**Will** you send me the presentation, please?
Tu m'envoies la présentation, s'il te plaît ?

**Would** you send me the presentation, please?
Voudriez-vous m'envoyer la présentation, s'il vous plaît ?

## → SHALL

Rappelons l'emploi de **shall** pour **proposer** quelque chose :

It is rather hot. **Shall I open** the window?
Il fait chaud. Est-ce que j'ouvre la fenêtre ?

**Shall** fait aussi partie de certaines formes du futur.
(voir Chapitre 28 Future Simple, page 293)

Cas particulier :

→ **NEED** – avoir besoin

**Need** peut être un verbe lexical (ordinaire) ou modal. Il est souvent utilisé comme verbe ordinaire, sans être suivi d'un autre verbe :

Do you need anything?
Tu as besoin de quelque chose ?

I need something to drink.
J'ai besoin de boire quelque chose.

**Do not need to** = do not have to

You do not need to hurry.
Il n'y a pas besoin que tu te presses.

**Need + -ing** – une combinaison particulière qui s'emploie surtout pour des objets qui ont besoin d'être nettoyés, réparés, etc.

This shirt needs ironing.
Cette chemise doit être repassée.

The car needs cleaning.
La voiture a besoin d'être nettoyée.

**Need** comme un verbe modal (suivi d'un infinitif sans **to**) est rarement utilisé dans le langage parlé, et uniquement dans sa forme négative – **needn't**.

You needn't take off your shoes.
Ce n'est pas la peine d'enlever tes chaussures.

On peut aussi dire : You don't need to take off your shoes.

## EXERCICES

**Mettez le verbe modal approprié (ou son substitut) dans une forme affirmative ou négative selon le sens.**

**1. - I .................... come tonight unfortunately. I .................... study for my exam.**
Malheureusement je ne peux pas venir ce soir. Je dois réviser pour mon examen.

**- Come on! You .................... have a break from time to time.**
Allez ! Tu dois te reposer de temps en temps.

...

**2. - You .................... come with us if you are tired.**
Tu n'es pas obligé de venir avec nous, si tu es fatigué.

**- Good, I'll stay then. But you .................... tell me everything when you come back.**
Bien, alors je vais rester. Mais vous devez me raconter tout à votre retour.

...

**3. - .................... I have a word with you?** Est-ce que je peux te parler ?

**- Sure, I will be free in about an hour. We .................... go for lunch together, if you want.**
Bien sûr, je me libère dans environ une heure. Nous pouvons aller déjeuner ensemble, si tu veux.

**4. - ....................you .................... wear that funny uniform?**
Est-ce que tu es obligé de porter cet uniforme ridicule ?

**- Yes I ...................., otherwise I will be fired.**
Oui, je suis obligé, sinon on va me renvoyer.

...

**5. - You .................... get up early tomorrow. You .................... stay late tonight.**
Tu dois te lever tôt demain. Il ne faut pas veiller ce soir.

**- Don't worry, I won't.**
Ne t'inquiète pas, je ne vais pas veiller.

**6. - He is so rich that he .................... work.**
Il est si riche qu'il n'a pas besoin de travailler.

**- Yes, but he probably .................... do something, otherwise he would get bored.**
Oui, mais il devrait peut-être faire quelque chose, sinon il va s'ennuyer.

...

**7. I .................... wash the car yesterday, but I didn't have time.**
Je devais laver la voiture hier, mais je n'ai pas eu de temps.

**- Don't worry, you .................... wash it tomorrow morning.**
Pas de soucis, tu peux la laver demain matin.

**8. – ...you help me with my homework?** Tu peux m'aider à faire mon devoir a la maison ?

**– Yes, what ...you... do?** Oui, qu'est-ce que tu dois faire ?

**– I ... write a proposal.** Je dois écrire un "proposal".

...

**9. – ... rain tomorrow.** On prévoie de la pluie pour demain.

**– Is it? We ... postpone the game then.** C'est vrai? Il faut donc reporter le match.

...

**10. – ... I invite my friends on Saturday evening?** Je peux inviter mes amis samedi soir ?

**– Yes, you... , but you ... make too much noise.** Oui, tu peux, mais vous ne devrez pas faire beaucoup de bruit.

...

**11. – I have not signed the contract yet.** Je n'ai pas encore signé le contrat.

**– ... you to sign it yesterday?** Est-ce que tu ne devais pas le signer hier ?

**– Yes, but the agent ... prepare all documents on time.** Oui, mais l'agent n'a pas pu préparer tous les documents à temps.

...

**12. – Why are you so late?** Pourquoi tu es si en retard ?

**– I ... to the bank.** J'ai dû aller à la banque.

**– Was it still open?** Elle était encore ouverte ?

**– I ... get there just before it closed.** J'ai pu arriver juste avant qu'ils ferment.

...

**13. – Hello! I'd like to rent a snowboard, please.** Bonjour, je voudrais louer une planche à neige, s'il vous plaît.

**– OK. Have you ever been snowboarding?** D'accord. Est-ce que vous avez fait de la planche à neige ?

– **No. But I have skied many times.** Non, mais j'ai fait du ski plusieurs fois.

– **Well, we offer lessons, if you are interested. You ... take them but it ... be useful. You'll learn the basics.** Eh bien, nous proposons des cours, si ça vous intéresse. Vous n'êtes pas obligé de vous inscrire, mais ça peut être utile. Vous allez apprendre les bases.

– **All right. What time is your next lesson?** Très bien. A quelle heure est la prochaine leçon ?

– **At 10.30. You ... complete this form to sign up.** A 10 heures et demie. Vous devez remplir ce formulaire pour vous inscrire.

– **No problem. What else ... I ... to know?** Pas de problème. Est-ce qu'il y a autre chose que je dois savoir ?

– **After the lesson you ... stay in the beginners section for a while. It is safer for you and for the other snowboarders.** Après la leçon vous devriez rester dans la section des débutants pour un certain temps. C'est plus sécurisant pour vous et pour les autres.

– **OK. Is there anything else?** D'accord. Est-ce qu'il y a autre chose ?

– **Yes. You ... wear a helmet. Oh, and you ... wear sunscreen. The sun ... be very strong here.** Oui. Vous devez porter un casque. Oh, et vous devriez mettre de la crème solaire. Le soleil peut être très fort ici.

...

**14. – I'm not sure I ... play tonight.** Je ne suis pas sûr que je pourrai jouer ce soir.

– **But you ... play! You promised to all of us.** Mais tu dois jouer ! Tu nous as promis à tous.

– **Yes, but in fact I ... go out in the evenings. My parents won't let me, especially now before my exams.** Oui, mais en fait je ne peux pas sortir le soir. Mes parents ne me laisseraient pas, surtout maintenant, avant mes examens.

– **You ... tell them you're going to play. You ... tell them you're coming over to my place so that we can do some revision together.** Tu n'es pas obligé de leur dire que tu vas jouer. Tu peux leur dire que tu viens chez moi pour qu'on puisse réviser ensemble.

– **And if somebody sees me playing and tells them? No, you .... find someone else.** Et si quelqu'un me voit jouer et le leur dit ? Non, vous devez trouver quelqu'un d'autre.

– **There is no time to find someone else. We ... cancel the match.** Il n'y a pas de temps pour trouver quelqu'un d'autre. On devra annuler le match.

...

**15. – I ... find the movie we recorded the other day.** Je ne peux pas trouver le film qu'on a enregistré l'autre jour.

– **Don't worry. I'll find it on the Internet for you.** Ne t'inquiète pas. Je vais le trouver pour toi sur internet.

– **That's nice. I'm looking forward to watching it tonight.** C'est gentil. J'attends avec impatience de le regarder ce soir.

– **Tonight? Hm, I ... do it until tomorrow. You know I ... work on my history project for college.** Ce soir ? Hm, je ne pourrais pas le faire avant demain. Tu sais que je dois travailler sur mon projet d'histoire pour le collège.

– **But you ... hand it in until Friday.** Mais tu n'es pas obligé de le déposer avant vendredi.

– **That's right but I ... stop working. There is still a lot to do. You ... wait until tomorrow.** C'est vrai, mais je ne dois pas arrêter de travailler. Il y a encore beaucoup à faire. Tu peux attendre jusqu'à demain.

...

**16. – I used to ... stand on my head but I ... do it anymore.** Avant je pouvais me mettre sur la tête, mais je ne peux plus le faire.

– **You ... try again as it ... be dangerous. I have a friend who went to yoga summer class a few years ago. The teacher, an Indian yoga, ... do very difficult poses. The students obviously ... do everything but my friend is very ambitious so she tried to stand on her head like the teacher and later she had problems with the neck.** Tu ne dois plus essayer, parce que ça pourrait être dangereux. J'ai une amie qui est allée à un cours de yoga d'été. L'enseignant, un yoga indien pouvait faire des postures très difficiles. Evidemment, les élèves n'étaient pas obligés de tout faire, mais mon amie est très tenace et a essayé de se mettre sur la tête comme l'enseignant et plus tard elle a eu des problèmes au cou.

...

**17. – Hi, Rick! Do you have a minute? I ... talk to you.** Salut, Rick ! Tu as une minute ? Je dois te parler.

– **Hi, Isabel! What's so urgent?** Salut, Isabel ! Qu'est-ce qui est si urgent ?

– **Well, do you remember that competition I entered just for fun, a few weeks ago?** Eh bien, tu te rappelles cette compétition où j'ai participé juste pour m'amuser il y a quelques semaines ?

– **Yes, I remember. It was the one in the Daily Sun, wasn't it? You... name lots of capital cities all over the world?** Oui, je me rappelle. C'était sur Daily Sun, n'est-ce pas ? Tu devais nommer plusieurs capitales du monde ?

– **Exactly. Guess what? I've won!** Exactement. Et devine quoi ? J'ai gagné !

– **No! I ... believe it! What's the prize?** Non ! Je ne peux pas le croire ! C'est quoi la prime ?

– **A trip to New York. A trip for two! Will you come with me?** Un voyage à New York. Un voyage pour deux ! Tu viens avec moi ?

Jusqu'ici nous avons vu les verbes modaux dans leur premier sens, mais ils peuvent aussi jouer un autre rôle dans lequel on les utilise assez souvent – pour exprimer une **supposition avec différents degrés de probabilité.**

27 CHAPITRE

# MODAL VERBS II – PROBABILITÉ

Pour bien comprendre les cas où un verbe modal exprime une probabilité, nous devons revenir à l'infinitif et ses formes. Rappelons que selon la définition que nous avons adoptée au début du livre (Chapitre 2), l'infinitif en anglais est la forme de base du verbe sans «to». Cela s'applique à tous les types d'infinitif que nous allons examiner dans ce chapitre.

## TYPES D'INFINITIF

Chaque verbe a **quatre types d'infinitif**.
Ils servent, combinés avec un verbe modal (selon la règle **Modal verb + infinitive**) à marquer une supposition à des degrés variables de certitude.

Exemples des quatre types d'infinitif avec le verbe **work** :

| **1. Simple Infinitive** | **2. Continuous Infinitive** | **3. Perfect Infinitive** | **4. Perfect Continuous Infinitive** |
|---|---|---|---|
| work | be working | have worked | have been working |

Plus de détails sur chacun de ces types d'infinitif :

### 1. Simple Infinitive (ex. work)

C'est l'infinitif standard auquel nous sommes habitués. Combiné avec un verbe modal, il peut aussi être utilisé pour supposer.

He is always busy. He **must work** a lot.
Il est tout le temps occupé. Il doit travailler beaucoup.
(très probablement il travaille beaucoup)

They have a house in Beverly Hills. They **must be** very rich.
(*Simple infinitive* de **be**) Ils ont une maison à Beverly Hills.
Ils doivent être très riches.

He speaks English with a specific accent, he **might be** a Frenchman.
Il parle anglais avec un accent particulier. Il est peut-être Français.

**2. Continuous Infinitive (**ex. **be working)**

Formé avec **BE** + la forme **-ing** forme du verbe

BE dans ce cas reste toujours BE, n'est jamais conjugué en ~~am, are, is~~, parce que par définition l'infinitif ne change pas.

Avec le *Continuous Infinitive* on suppose ce qu'il se passe **en ce moment**, ou (plus rare) dans le futur.

She is not answering the phone, she **must be working**.
Elle ne répond pas au téléphone. Elle doit travailler. (maintenant)

He **may be sleeping**.
Il peut dormir. (parfois il fait la sieste)

You **must be joking**!
Tu plaisantes !

Encore plus familier : You **must be kidding** me!
Tu te fous de moi !

They **can't be coming**.
Ils ne peuvent pas venir. (c'est trop tard pour eux) = Ils ne vont pas venir.

**3. Perfect Infinitive (**ex. **have worked,** correspond en français à « avoir travaillé »)

Formé avec **HAVE** + **past participle**

HAVE reste toujours HAVE, même avec *she/he* et ne devient jamais ~~has~~, parce que l'infinitif ne peut pas changer.

Avec le *Perfect Infinitive* on suppose au **passé**.

He **must have worked** on this subject before.
Il doit avoir travaillé sur ce sujet avant. / Il a dû travailler sur ce sujet avant.
(il s'y connait beaucoup)

They **must have arrived**.
Ils doivent être arrivés. (ils sont partis il y a 3 heures)

She **might have told** him.
Elle peut lui avoir dit. (il a l'air de savoir quelque chose)

Attention ! « Have arrived » et « have told » dans ces phrases sont *Perfect infinitives* **et pas** le temps verbal *Present Perfect*.
Un verbe modal ne peut être suivi que d'un infinitif.

Dans la grammaire de Raymond Murphy, et dans d'autres manuels d'anglais, vous trouverez ce type de constructions présentées comme « *must have + past participle* » ou « *might have + past participle* », au lieu de « must/might + *Perfect Infinitive* ». Il s'agit simplement d'une différence dans la formulation, mais pas dans le sens :

Must + **have** + **past participle** = Must + **Perfect Infinitive**, parce que
**Have** + **past particple** = **Perfect Infintiive**

**4. Perfect Continuous Infinitive** – **have been working**

Formé avec **HAVE BEEN** + **-ing**

HAVE ne change jamais en ~~*has*~~ !

On suppose au **passé**, et il s'agit d'une longue activité.

> You look tired, you **must have been working** hard.
> Tu as l'air fatigué, tu as dû beaucoup travailler.
>
> I rang you late last night, but you didn't answer. You **must have been sleeping**.
> Je t'ai appelé tard hier soir, mais tu n'as pas répondu. Tu devais dormir.

Ce quatrième type d'infinitif est rarement utilisé, contrairement aux trois autres qui sont fréquents dans le **langage courant**.

## CLASSEMENT DES VERBES MODAUX
### SELON LE DEGRÉ DE CERTITUDE

**MODALS OF PROBABILITY AND DEDUCTION**

Si nous sommes absolument sûrs de ce que nous pensons, il n'y a pas besoin de verbe modal. Les verbes modaux « entrent en jeu » quand nous supposons quelque chose sans être à 100% sûrs. On choisit le verbe modal qui convient, en fonction du degré de certitude.

Exemple : Nous sommes à une fête et nous faisons des commentaires sur un garçon qui est en train de parler avec notre hôte. Nous pouvons dire :

> **A)** This **is** her brother.
> C'est son frère.

Nous sommes sûrs que c'est son frère, et donc, il n'y a pas besoin de verbe modal.

**B)** This **must be** her brother.
Il doit être son frère.

Nous ne sommes pas sûrs à 100%, mais presque, c'est pourquoi nous utilisons le verbe modal **must** qui exprime un haut niveau de certitude.

**D)** This **may be** her brother
This **might be** her brother
This **could be** her brother.
Il peut être son frère.

Nous ne sommes pas sûrs, nous supposons, d'où l'usage d'un de ces trois verbes modaux – *may, might, could.*

**E)** This **can't be** her brother.
Il ne peut pas être son frère.

Nous sommes presque sûrs que ce n'est pas son frère. Nous savons que son frère est beaucoup plus âgé qu'elle, et ce garçon paraît plus jeune, donc nous supposons avec un fort degré de certitude que ce n'est pas lui. **Can't** dans ce cas est l'opposé de **must.** L'emploi de **must** induit que nous sommes presque sûrs que quelque chose est vrai, tandis que **can't** – presque sûrs que ce n'est pas vrai.

Nous pouvons ranger les verbes modaux en commençant par celui qui exprime la plus grande certitude, suivi de ceux exprimant la certitude en degrés décroissants :

| verbe modal | | certitude |
|---|---|---|
| **must** | ça doit | très probablement, presque sûr |
| **can't** | ça ne peut pas | presque sûr que ce n'est pas |
| **should** | ça devrait | assez sûr |
| **may** | ça peut | tous les trois sont d'un faible degré de certitude |
| **might** | | |
| **could** | | |

Reprenons chaque verbe modal séparément :

## DEDUCTION AVEC MUST, CAN'T, SHOULD

### → MUST

**Must** sert à exprimer une forte certitude. C'est la conclusion la plus logique de ce qu'on sait.

They often go out in the evening. They **must have** a lot of friends.
Ils sortent souvent le soir. Ils doivent avoir beaucoup d'amis.

You haven't eaten anything all day, you **must be** hungry!
Tu n'as rien mangé toute la journée, tu dois avoir faim !

Don't call him now, he **must be working**!
Ne l'appelle pas maintenant, il doit être en train de travailler.

Nous supposons pour **le moment présent**, et donc nous utilisons *Continuous Infinitive* – be working.

They **must be playing** tennis.
Ils doivent être en train de jouer au tennis.

She **must have sent** an email to our partners.
Elle a dû envoyer un email à nos partenaires.

Nous supposons au **passé,** c'est pourquoi nous utilisons *Perfect Infinitive* – have sent.

## ↪ CAN'T – ça ne peut pas..., c'est impossible...

L'opposé de **must**.

This coat **can't be** Peter's. It is too small!
Cette veste ne peut pas être à Peter, elle est trop petite !

He **can't be sleeping**, it is only 8 pm.
Il ne peut pas dormir (être au lit), il est à peine 20 heures.
Nous supposons pour **le moment présent**, c'est pourquoi nous utilisons *Continuous Infinitive* – be sleeping.

She **can't have been** in the office yesterday, she is not in France.
Elle ne pouvait pas être au bureau hier, elle n'est pas en France.
Nous supposons au **passé**, c'est pourquoi nous utilisons *Perfect Infinitive* – have been.

## ↪ SHOULD – ça devrait...

**Should** est utilisé surtout pour le futur, pour exprimer ce que nous prévoyons.

Our guests **should arrive** soon.
Les invités devraient arriver bientôt.
On peut aussi dire : Our guests **should be arriving** soon.

This exercise **shouldn't take** you too long.
Cet exercice ne devrait pas te prendre trop de temps.

On peut aussi supposer au présent :

**There should be** some sandwiches left.
Il devrait y avoir encore des sandwiches.

# REPROCHE, REGRET AVEC SHOULD, SHOULDN'T, NEEDN'T

## ↪ SHOULD / SHOUDN'T + Perfect Infinitive

Quand on met *Perfect infinitive* après **should**, on parle du passé. Soit on suppose avec un fort degré de probabilité, soit on regrette quelque chose au passé.

**1. Probabilité**

It's 6pm, **they should have arrived** by now.
Il est 18 heures, ils devraient être arrivés.
(le trajet prend environ une heure et ils sont partis il y a deux heures)

**She should have done** well on the test.
Elle a dû bien réussir l'examen.
(je sais qu'elle s'était bien préparée)

**2. Reproche** ou **regret pour le passé**
**Shoud have done** – aurait dû faire
Une façon de critiquer quelqu'un d'avoir fait quelque chose ou de ne pas l'avoir fait.

You **should have bought** some meat.
Tu aurais dû acheter de la viande.

You **shouldn't have told** Tom about this!
Tu n'aurais pas dû dire à Tom !

On peut aussi exprimer un regret amical :

You **should have come** to the party, it was great!
Tu aurais dû venir à la fête, c'était super !

... ou une autocritique :

I **shouldn't have left** the window open.
Je n'aurais pas dû laisser la fenêtre ouverte.

**I shouldn't have eaten so much.**
I feel sick now!
Je n'aurais pas dû manger autant,
je ne me sens pas bien !

Une autre construction avec *Perfect Infinitive* dans le sens « après coup », mais sans la nuance de reproche :

↪ **NEEDN'T + Perfect Infinitive** – ce n'était pas nécessaire (je comprends que ce n'était pas nécessaire de faire quelque chose **après** l'avoir fait)

You **needn't have bought** so much milk.
Il n'y avait pas besoin que tu achètes autant de lait.
(mais tu l'as déjà acheté)

I **needn't have taken** so much luggage.
Ce n'était pas nécessaire de prendre autant de bagage.
(je l'ai pris, et plus tard je me suis rendu compte qu'il n'y en avait pas besoin)

La différence entre **shouldn't** et **needn't** (avec *Perfect Infinitive*) est comme entre « tu n'aurais pas dû » et « ce n'était pas nécessaire ». Dans le premier cas il y a une nuance négative, et dans le deuxième – il n'y en a pas.
Dans le cas où il n'y avait pas besoin de faire quelque chose, on le savait et on ne l'a pas fait, on utilise **didn't need to**, et pas needn't :

= **Didn't need to**
**Didn't have to**
il n'y avait pas besoin (de faire quelque chose),
ce n'était pas nécessaire (on le savait, et on ne l'a pas fait)

I **didn't need to go** to this meeting so I went home.
Ce n'était pas obligatoire que j'aille à cette réunion, alors je suis rentré à la maison. (je savais que ce n'était pas obligatoire, c'est pourquoi je n'y suis pas allé)

We **didn't need to pay** in advance.
Il n'était pas nécessaire de payer à l'avance.
(on le savait et on n'a pas payé à l'avance)

En comparaison avec : si on avait payé, et plus tard on a compris qu'il n'y en avait pas besoin, on va l'exprimer avec **needn't** + *Perfect Infinitive* :

We **needn't have paid** in advance.
Il n'y avait pas besoin de payer à l'avance.
(mais on a payé, et ce n'est que maintenant
qu'on se rend compte que ce n'était pas nécessaire)

# PROBABILITE AVEC MAY, MIGHT, COULD

## ➥ MAY MIGHT – ça peut..., peut-être

Les deux expriment une faible probabilité que quelque chose se passe, se passera ou bien s'est déjà passé. Théoriquement **might** exprime une probabilité plus faible que **may**, mais en pratique il n'y a pas de différence :

= We **may go** to Italy this summer.
We **might go** to Italy this summer.
On peut aller en Italie cet été.

I **might give** you a ring later, it depends on what time I finish work.
Je peux t'appeler plus tard, ça dépend à quelle heure je finis le travail.

It **might rain**. Take your umbrella.
Il risque de pleuvoir. Prends ton parapluie.

Don't call Jane now, the baby **might be sleeping**.
N'appelle pas Jane maintenant, le bébé peut être en train de dormir.

(« be sleeping » – *Continuous Infinitive*, parce que nous supposons une action qui est en train de se réaliser **en ce moment**)

Une manière plus simple d'exprimer la probabilité, c'est d'utiliser *probably* (probablement) ou *maybe* (peut-être) : *Maybe it will rain. Maybe she is sleeping.* Ce n'est pas faux évidemment, mais les anglais utilisent de préférence les verbes modaux. Si vous voulez montrer une excellente maîtrise de l'anglais, essayez de les introduire tous dans votre langage.

## ➥ MAY / MIGHT + Perfect Infinitive – on suppose **au passé**

**They might have decided** to stay.
Ils peuvent avoir décidé de rester.

Nous supposons qu'ils ont déjà décidé, il s'agit du passé, d'où *Perfect Infinitive*.

**He may have talked** to the accountant, I don't know.
Il peut avoir parlé avec le comptable, je ne sais pas.

Note : MIGHT dans la locution suivante n'exprime pas une probabilité :
**Might as well** – on pourrait..., faute de mieux

We **might as well watch TV** tonight.
On pourrait regarder la télé ce soir. (faute de mieux)

## ↪ COULD

Dans certaines situations COULD a un sens proche de MIGHT et exprime un faible degré de certitude.

His story **could be** true, but I don't trust him.
Son histoire peut être vraie, mais moi, je ne lui fais pas confiance.

You **could be** right.
Tu peux avoir raison.

## ↪ COULD + Perfect Infinitive (on parle du passé) :

**1. Situation qui ne s'est pas réalisée.**

**You could have asked** the teacher for help.
Tu aurais pu demander au professeur de t'aider.

Why did you touch the cooker?! **You could have burnt** yourself!
Pourquoi tu as touché la plaque ?! Tu aurais pu te brûler.

**2. Critique du passé / reproche**

**They could have organized** some entertainment for the children.
Ils auraient pu organiser un divertissement pour les enfants.

**You could have told me!** Tu aurais pu me dire !

**3. Supposition au passé**, avec un faible degré de certitude. (plus rare que **may / might**)

**They could have caught** the early train. Ils peuvent avoir pris un train plus tôt.

**VERBES MODAUX EXPRIMANT LA PROBABILITÉ – RÉCAPITULATIF**

| Verbe modal | Probabilité | Exemples |
|---|---|---|
| **MUST** | nous sommes presque sûrs de ce que nous supposons | He **must be** angry with me.<br>Il doit être fâché contre moi. (présent)<br><br>He **must be watching** the match right now.<br>Il doit être en train de regarder le match. (présent)<br><br>He **must have forgotten** to call me.<br>Il a dû oublier de m'appeler. (passé) |
| **CAN'T** | presque sûrs de l'impossibilité | He **can't be** a millionaire! I know who he works for.<br>Il ne peut pas être millionnaire ! Je sais pour qui il travaille. (présent)<br><br>He **can't be sleeping** now.<br>Il ne peut pas dormir à cette heure. (présent)<br><br>They **can't be coming,** it is too late.<br>Ils ne peuvent pas venir, c'est trop tard. (futur) |

## VERBES MODAUX EXPRIMANT LA PROBABILITÉ – RÉCAPITULATIF

| Modal verb | Probabilité | Exemples |
|---|---|---|
| **CAN'T** | presque sûrs de l'impossibilité | She **can't have seen** you, otherwise she would have said hello.<br>Elle ne t'a certainement pas vu, sinon elle t'aurait salué. (passé) |
| **SHOULD** | fort degré de certitude | Ask Maria, she **should know**.<br>Demande à Maria, elle doit / devrait savoir. (présent)<br><br>They **should deliver** the washing machine tomorrow.<br>Ils doivent livrer la machine à laver demain. (futur)<br><br>They **should have already delivered** the machine.<br>Ils doivent avoir déjà livré la machine. (passé) |
| **MAY** | faible degré de certitude | He **may be** in the garage.<br>Il peut être dans le garage. (présent)<br><br>He **may be reparing** the car.<br>Il peut être en train de réparer la voiture. (présent)<br><br>He **may call** the technician tomorrow.<br>Il peut appeler le technicien demain. (futur)<br><br>He **may have broken** something.<br>Il peut avoir cassé quelque chose. (passé) |
| **MIGHT** | | She **might be** at home.<br>Elle peut être à la maison. (présent)<br><br>She **might be cooking** dinner.<br>Elle peut être en train de préparer le dîner. (présent)<br><br>She **might choose** some Italian meal.<br>Elle peut choisir un plat italien. (futur)<br><br>She **might have bought** some kind of pasta.<br>Elle peut avoir acheté une variété de pâtes. (passé) |
| **COULD** | | He **could be** very busy.<br>Il peut être occupé. (présent)<br><br>He **could still be working**.<br>Il peut encore travailler. (présent)<br><br>He **could stay** at work until late tonight.<br>Il peut rester au travail jusqu'à tard ce soir. (futur)<br><br>He **could have been** stuck in a traffic jam.<br>Il peut avoir été coincé dans un bouchon. (passé) |

## AUTRES FAÇONS DE SUPPOSER AVEC DIFFÉRENTS DEGRÉS DE CERTITUDE :

Fort degré de certitude :

**Be bound to** – c'est sûr que...

Dan **is bound t**o pass the exam. He is well prepared.
C'est sûr que Dan va réussir à l'examen. Il s'est bien préparé.

**Be certain to** – certainement – proche de **be bound to**, mais soutenu, plus souvent dans la langue écrite.

Dan **is certain to pass**.
Dan va certainement réussir à l'examen.

Probabilité :

**Be likely to** – probablement

Katy **is likely to get** the job.
Katy va probablement avoir le poste.

**There is a good chance** – il y a de bonnes chances...

**There's a good chance** that Katy will get the job.
Katy a de bonnes chances d'avoir le poste.

Doute, faible probabilité :

**He is unlikely** to be promoted.
C'est peu probable qu'il ait une promotion.

**There's not much chance** that he will be promoted.
Il n'y a pas beaucoup de chances qu'il ait une promotion.

**I doubt that** he will be promoted.
Je doute qu'il ait une promotion.

## EXERCICES Complétez les phrases :

**1. – Where are the scissors?** Où sont les ciseaux ?

**– They .......................(be) in the top drawer.** Ils doivent être dans le premier tiroir.

...

**2. – I can't find the cat.** Je ne peux pas trouver le chat.

**– He .......................(hide) behind the wardrobe.** Il peut se cacher derrière l'armoire.

...

**3. – Are the children at school?** Est-ce que les enfants sont à l'école ?

**– No, they aren't. They .......................(play) in the park.** Non. Ils doivent jouer dans le parc.

...

**4. – Did you notice that she has been working in the main office for a while?**
Tu as remarqué qu'elle travaille à la centrale depuis un certain temps ?

**– Yes, I did. She .......................(get a promotion).**
Oui. Elle a dû avoir une promotion.

...

**5. – He told me that he had spent one thousand euros on a birthday present for his girlfriend.** Il m'a dit qu'il avait dépensé mille euros pour le cadeau d'anniversaire de sa petite amie.

**– He .......................(joke). He .......................(spend) so much.**
Il a dû plaisanter. Il ne peut pas avoir dépensé autant.

**6. – You .......................(tell) Louise about the party! It was a secret.**
Tu n'aurais pas dû dire à Louise pour la fête ! C'était un secret.

**– I did not tell her! Sarah .......................(tell) her.** C'est pas moi qui lui ai dit !
Sarah a dû lui dire.

...

**7. – I.......................(go) to the to the meeting to see her.**
J'aurais dû aller à la réunion pour la voir.

**– She.......................(not be) there anyway. I think she was away on a business trip that day.** Elle peut ne pas y avoir été. Je pense qu'elle était en voyage d'affaires ce jour-là.

...

**8. – I.......................(go) to the bank this morning to send some money to my mother.**
J'ai dû aller à la banque ce matin pour envoyer de l'argent à ma mère.

**– You.......................(send) it online, it is so much easier.** Tu aurais pu envoyer online, c'est tellement plus facile.

**– I......................(try), but......................(there are) some problems with my online banking.** J'ai essayé, mais il y avait des problèmes avec la banque en ligne.

**9. – Hi! I'm at the station but I can't see Paul. He ... (must/miss) the 8.00 train.** Salut ! Je suis à la gare, mais je ne vois pas Paul. Il a dû rater le train de 8 heures.

**– Are you sure? The train ... (might/get in) earlier and you ... (might/not see) it.** Tu es sûr ? Le train a pu arriver en avance et tu ne l'as peut être pas vu.

**– In fact I saw the train arriving and the passengers getting off. I ... (can't/miss) him.** En fait j'ai vu le train arriver et les passagers descendre. Je ne peux pas l'avoir raté.

Did you try calling him? Tu as essayé de l'appeler ?

**– Yes, but there's no reply. He ... (must/switch off) his phone or he ... (might/forget) to take it with him.** Oui, mais il n'y a pas de réponse. Il a dû éteindre son téléphone ou bien il peut avoir oublié de le prendre.

**– Hold on, I've just got a message from him. He says he is sorry but he fell asleep on the train and missed the station.** Attends, je viens de recevoir un message de lui. Il dit qu'il est désolé, mais il s'est endormi dans le train et a raté la gare.

**– Oh, he ... (must/have) a late night again!** Oh, il a dû encore veiller hier soir !

...

**10. – Hi, Ann, I couldn't understand the email you sent me yesterday.** Salut, Ann, je n'ai pas compris l'email que tu m'as envoyé hier.

**– Email? I didn't send you an email yesterday.** Email ? Je ne t'ai pas envoyé de email hier.

**– Well, you ... (might / send) it earlier but I got it yesterday.** Bon, tu as pu l'avoir envoyé plus tôt, mais je l'ai reçu hier.

**– I ... (can not / send) you an email. I haven't been able to open my mailbox for at least three days. I don't know what the problem is. It ... (might / be) a virus.** Je ne peux pas t'avoir envoyé un mail. Je ne peux pas ouvrir ma boite email depuis au moins trois jours. Je ne sais pas quel est le problème. Ça peut être un virus.

**– Somebody ... (must / use) your account. The mail had a link but when I clicked on it nothing happened.** Quelqu'un a dû utiliser ton compte. Le mail avait un lien, mais quand j'ai cliqué sur le lien rien ne s'est produit.

**– Oh you ... (should not/ click) on the link. You ... (might / download) some virus onto your phone.** Oh tu n'aurais pas dû cliquer sur le lien. Tu peux avoir introduit un virus sur ton téléphone.

**– That's not good! You ... (should / warn) me earlier!** Ça, ce n'est pas bien ! Tu aurais dû me prévenir plus tôt !

**– I'm sorry. I didn't even know.** Désolée. Je ne savais même pas.

– **Anyway, you should warn all your friends. This mail ... (could / contaminate) everybody in your address book!** Du coup tu dois prévenir tous tes amis. Cet email a pu infecter tous tes contacts !

...

**11. – My friend Lyn never seems to have time for me these days. I can't rely on her anymore.** Mon amie Lyn semble ne jamais avoir du temps pour moi ces jours-ci. Je ne peux plus compter sur elle.

– **She started a new job last month, didn't she? She ... (be) very busy.** Elle a commencé un nouveau travail le mois dernier, non ? Elle doit être très occupée.

– **Yes, I'm sure she is but she used to call me all the time.** Oui, je suis sûre qu'elle est occupée, mais avant elle m'appelait tout le temps.

– **She ... (feel) stressed out from the new job. Or she ... (be) upset with you about something.** Elle peut être stressée par son nouvel emploi. Ou bien elle peut être fâchée contre toi pour quelque chose.

– **No, it ... (be) the problem. I haven't done anything wrong.** Non, il ne doit pas y avoir de problème. Je n'ai rien fait de mal.

– **I think you ... (ring) her.** Je pense que tu dois l'appeler.

– (ringing Lyn) **You see, she's not answering.** Tu vois, elle ne répond pas.

– **She ... (sleep). It is already midnight.** Elle peut être au lit. Il est déjà minuit.

...

**12.– You look worried. Are there any problems?** Tu as l'air soucieux. Est-ce qu'il y a des problèmes ?

– **Hm, I should tell you something that you ... (not like).** Hm, je dois te dire quelque chose que tu peux ne pas aimer.

– **Come on! Tell me what it is. It ... (be) that bad.** Allez ! Dis ce qu'il y a. Ça ne peut pas être si grave.

– **I don't know. I'm afraid you ... (feel) really bad.** Je ne sais pas. J'ai peur que tu te sentes vraiment mal.

– **Then it ... (be) serious. Please, tell me.** Alors ça doit être sérieux. Dis-moi, s'il te plaît.

– **I saw Betty with another man in a bar on Saturday night.** J'ai vu Betty avec un autre homme dans un bar samedi soir.

– **So what? Betty and I broke up a few months ago. Didn't you know?** Et alors ? Betty et moi, nous avons rompu il y a quelques mois. Tu ne savais pas ?

– **No, I had no idea. You ... ... (tell) me!** Non, je n'avais aucune idée. Tu aurais dû me dire !

## DIALOGUE 12

audio

www.grammar-marydell.com

« DÎNER AVEC KATE »

*Julien, qui n'a aucune idée comment faire la cuisine, a quand même préparé une tartiflette, et l'a servie à Kate.*

Kate: It smells nice, but it has a strange taste...

Julien: Hm yes, I'm afraid there is something wrong. **It shouldn't taste** like this. **I must have put** too much salt.

Kate: No, I don't think it's too salty. Did you put everything according to the recipe?

Julien: Well... I must admit I don't have a recipe, I simply relied on my memory. I guess **I should have asked** my mother on the phone.

Kate: Don't worry.
We can still eat it.

Julien: The good thing is that there is a nice dessert. It is called Crème brûlée. We talked once about it,
do you remember ?

Kate: Yes, I do. Can I try this famous Crème?

Julien: Sure, here you are.

Kate: Don't you think that the taste is a bit strange?

Julien: Oh no, **I must have done** something silly again!

Kate : Ça sent bon, mais le goût est bizarre...

Julien : Hm, oui, j'ai peur d'avoir fait une erreur. Elle ne devrait pas avoir ce goût. J'ai dû mettre trop de sel.

Kate : Non, je ne pense pas que ce soit trop salé. Est-ce que tu as fait selon la recette ?

Julien : Euhh, je dois admettre que je n'ai pas de recette, j'ai simplement fait confiance à ma mémoire. J'aurais dû demander à ma mère au téléphone.

Kate : Ne t'inquiète pas.
On peut tout de même la manger.

Julien : Heureusement nous avons un bon dessert. Une crème brûlée. On en a parlé une fois,
tu te rappelles ?

Kate : Oui, je me rappelle. Est-ce que je peux goûter à cette fameuse crème ?

Julien : Bien sûr, la voici.

Kate : Tu ne trouves pas que le goût est un peu bizarre ?

Julien : Oh non, j'ai dû faire une autre bêtise !

## VOCABULAIRE UTILE : produits alimentaires, faire la cuisine

Produits alimentaires

### Meat – viande

**pork** – porc
**chicken** – poulet
**fish** – poisson
**mussels** – moules
**beef** – veau
**turkey** – dinde
**sea food** – fruits de mer
**shrimps / prawns** – crevettes
**lamb** – agneau
**game** – gibier
**oysters** – huîtres

### Dairy products – produits laitiers

**milk** – lait
**butter** – beurre
**cream** – crème fraîche

**cow** / **goat** / **sheep** **cheese** – fromage de vache / de chèvre / de brebis

**eggs** – œufs

### Vegetables [ˈvɛdʒtəbəls] – légumes

**tomato** – tomate
**potato** – pomme de terre
**cabbage** – chou
**cauliflower** – chou-fleur
**zucchini** – courgette
**legumes** – légumineux
**pea** – petit pois
**chilly pepper** – piment
**carrot** [ˈkærət] – carotte
**ginger** – gingembre
**garlic** – ail
**string beans** – haricots verts
**mushrooms** – champignons
**lentils** – lentilles
**pepper** – poivron
**beetroot** – betterave
**spinach** – épinards
**onion** – oignon
**pumpkin** – citrouille
**beans** – haricots

**Herbs** – herbes / épices (des feuilles de plantes)
**Spices** – épices

### Fruit* – fruits

**apple** – pomme
**strawberries** – fraises
**blackberries** – mûres
**cranberries** – canneberges
**melon** [ˈmɛlən] – melon
**grapefruit** – pamplemousse
**pear** – poire
**raspberries** – framboises
**blueberries** – myrtilles
**apricot** – abricot
**water melon** – pastèque
**pineapple** – ananas
**plum** – prune
**cherries** – cerises
**peach** – pêche
**grapes** – raisin
**lemon** – citron

* Le mot **fruit** est assez particulier. Dans la plupart des cas, il est un nom non-comptable et n'a pas de pluriel.

> I love **fruit**. (pas I love ~~fruits~~)
> J'aime les fruits.

Try to eat plenty of **fruit** and vegetables. (pas ~~fruits~~ and vegetables).
Essaie de manger beaucoup de fruits et de légumes.

Mais : **fruits** au pluriel est utilisé quand il s'agit d'une variété spécifique de fruit, ou bien quand le mot est au sens figuré :

They grow **citrus fruits** in their garden.
Ils cultivent des agrumes dans leur potager.

He is enjoying **the fruits of his labour**.
Il profite des fruits de son travail.

**Nuts** – fruits secs

**walnuts** – noix
**hazelnuts** – noisettes
**almonds** – amandes
**peanuts** – cacahuètes
**chestnuts** – marrons

**Cereals** [ˈsɪəriəls] – céréales

**wheat** – blé
**rice** – riz
**oat** – avoine

**flour** [flauə] – farine (la prononciation est comme de « flower » [flauə] – fleur )
**sugar** – sucre
**pastry** – pâte
**honey** – miel
**olive oil** – huile d'olive
**sunflower oil** – huile de tournesol
**canola oil** – huile de colza

En cuisine

**spoon** – cuillère
**fork** – fourchette
**knife** – couteau
**tea spoon** – cuillère à thé
**cutlery** – couverts
**jar** – bocal. pot
**glass** – verre
**mug** – chope
**ladle** – louche
**cup** – tasse
**plate** – assiette
**tray** – plateau
**corkscrew** – tire-bouchon
**grater** – râpe
**scales** – balances
**tablecloth** – nappe
**salt shaker** – salière

**roast** – faire cuire de la viande au four
**bake** – faire cuire un gâteau au four
**stew** – faire mijoter / à la vapeur

**boil** – bouillir
**simmer** – mijoter
**fry** – frire
**brown** – dorer
**grill** – griller

**chop** – couper en morceaux, hacher
**slice** – trancher
**peel** – peler
**cut** – couper
**grate** – râper
**stir** – remuer
**squeeze** – presser

**sprinkle** – saupoudrer
**mix** – mélanger
**mixture** – mélange
**bowl** – bol
**saucepan** / pot – casserole
**frying pan** – poêle

Pour ceux qui aiment faire la cuisine ou simplement regarder des émissions liées à la cuisine, je recommande vivement la chaîne de Jamie Oliver « **Food Tube** ». Comme il dit lui-même : « Subscribe, if **you haven't subscribed** already, because Food tube is free, nothing to lose! ». Notez « if you haven't subscribed already » – *Present Perfect* avec le mot-clé « already ».

**28 CHAPITRE**

# FUTURE SIMPLE

TRADUIT EN FRANÇAIS PAR **LE FUTUR** (je ferai) OU **LE FUTUR PROCHE** (je vais faire)

## COMMENT
EST-CE QU'ON LE FORME ?

**WILL + INFINITIVE**

**Forme affirmative**

I **will call** you back later.
Je vais te rappeler plus tard.

The president **will** probably **put** a veto on this law.
Le président va probablement utiliser son droit de véto à cette loi.

Dans le langage parlé on utilise la forme contractée **'ll** (mais pas à l'écrit) :

| | |
|---|---|
| I will = I'll | We will = we'll |
| You will = you'll | |
| He/She/it will = he'll | They will = they'll |

You absolutely must see this film. **You'll love** it!
Tu dois absolument voir ce film. Tu vas l'adorer !

There is → **there will be** – il y aura

**There will be** a lot of people at the fair.
Il y aura beaucoup de monde à la foire.

**(-) Forme négative** – avec **not**

**Will not** = **won't** – ne...pas
Dans le langage parlé on utilise la forme contractée **won't** [wəunt].

I **won't tell** Julien, I promise.
Je ne vais pas dire à Julien, je te promets.

Bye, I **won't be** late!
Salut, je ne vais pas tarder !

**(?) Forme interrogative** – avec inversion

When **will** the renovation works **be** finished?
Quand est-ce que les travaux de rénovation vont finir ?

**Will** there **be** a next interview?
Est-ce qu'il y aura un autre entretien ?

**Will** you **shut** the door, please? = Can you shut the door, please?
Tu fermes la porte, s'il te plaît? = Tu peux fermer la porte, s'il te plaît ?

**Réponses courtes :**

Yes, I will.
No, I won't.

**N'est-ce pas ?**

Will you? Won't you?

Formé selon le même principe que les autres temps verbaux :

verbe à la forme affirmative / « n'est-ce pas » négatif (+/-)
verbe à la forme négative / « n'est-ce pas » positif (-/+).

You won't tell anyone, **will you**?
Tu ne diras à personne, n'est-ce pas ?

You will be back soon, **won't you**?
Tu reviens vite, n'est-ce pas ?

I'll see you next week, **won't I**?
On se voit la semaine prochaine, n'est-ce pas ?

**Impératif + will you**
– une autre façon de demander, souvent utilisée dans le langage parlé / familier.

Pass me the scisors, **will you**?
Tu me donnes les ciseaux ?

Open the door, **will you**?
Tu peux ouvrir la porte ?

On peut ajouter « please » :

Open the door, **will you please**! = Can you open the door, please?
Tu peux ouvrir la porte, s'il te plaît ?

# QUAND

## EST-CE QU'ON EMPLOIE **WILL ?**

**1.** Quand on décide de faire quelque chose **au moment où l'on parle**.
On **ne** l'a **pas** planifié d'avance.

Exemples :

Je viens d'apprendre d'un ami qu'une de nos amies fête bientôt son anniversaire. Alors je dis :

« **I'll send** her a greeting card. »
Je vais lui envoyer une carte de vœux.
(Je prends la décision maintenant, c'est pourquoi – **will**)

Vous voyez qu'un de vos collègues est en train de déplacer quelque chose de lourd :

Hold on, **I'll help** you!
Attends, je vais t'aider !

On vous explique une situation problématique :

**I'll do** what I can.
Je vais faire ce que je peux.
**We'll see**.
On verra / on va voir.

**2.** Quand on fait une **prévision pour le futur** ou quand on parle d'un événement sûr qui va se réaliser dans le futur.

Come with me to the concert, you **will like** the music.
Viens au concert avec moi, tu vas aimer la musique.

Don't worry, **you will pass** the exam.
Ne t'inquiète pas, tu vas réussir l'examen.

Next month **there will be** a total lunar eclipse.
Le mois prochain il y aura une éclipse totale de la Lune.

This year the conference **will be** in June.
Cette année la conférence se tiendra en juin.

↪ **WILL** avec **I think**, **probably**

Mots et expressions souvent utilisés avec *Future Simple* :

**Probably**
**Maybe**
**I think / I don't think**
**I am sure / I'm not sure**

| | |
|---|---|
| **Probably** | He **will** probably **get** the job.<br>Il va probablement avoir le poste. |
| **Maybe** | Maybe **I will buy** this car.<br>Je vais peut-être acheter cette voiture. |
| **I think** | I think they **will come** by car.<br>Je pense qu'ils vont venir en voiture. |
| **Do you think** | Do you think we **will win**?<br>Est-ce que tu penses que nous allons gagner ? |
| **I'm not sure** | I am not sure if the Sales director **will be back** soon.<br>Je ne suis pas sûr que le directeur des Ventes revienne bientôt. |

↪ **SHALL**

Dans le passé **shall** était une alternative de **will** et on le rencontre souvent dans la littérature classique anglaise. Dans le langage moderne il est rarement utilisé à la forme affirmative et négative, mais on fait souvent des questions avec **shall** en première personne (**I** et **we**) quand on propose quelque chose ou on cherche un conseil.

**Shall we go** to the cinema tonight?
On va au cinéma ce soir ?

**What shall I do** now?
Qu'est-ce que je vais faire maintenant ?

**Shall** s'utilise dans le langage officiel pour exprimer une obligation (comme synonyme de **must**) et vous pouvez aussi l'entendre dans une déclaration officielle.

**Applicants shall provide** evidence of their qualification.
Les candidats doivent présenter une attestation de compétences.

**The president shall begin** his talk at 8 pm.
Le président va commencer son discours à 20 heures.

Quand on parle de projets, de décisions déjà prises, c'est-à-dire d'un **futur planifié**, on n'utilise pas **will** (*Future Simple*), mais d'autres temps verbaux :

**1.** Present Continuous – projets, engagements personnels (voir Chapitre 18, page 159)
Le plus souvent avec les verbes : **go, come, leave, have, play, meet, see**.

My friends from Lyon **are coming** this Friday.
Mes amis de Lyon viennent ce vendredi.
Pas My friends ~~will come~~. C'est décidé, donc on ne peut pas utiliser ~~will~~.

**2.** Be going to + infinitive – expression fréquente qui mérite une attention spéciale et qu'on découvrira dans le chapitre suivant :

29 CHAPITRE

# BE GOING TO + INFINITIVE

Cette construction a deux emplois :

## I. PREMIER EMPLOI – AVOIR L'INTENTION DE

On l'utilise quand **on a déjà décidé** quoi faire.

I **am going to buy** a new computer.
Je vais m'acheter un nouvel ordinateur.

He **is going to apply** for this job.
Il envisage de présenter sa candidature pour ce poste.

We **are going to renovate** the house this summer.
Cet été, nous allons faire des travaux à la maison.

**What are you going to do** this weekend?
Qu'est-ce que tu vas faire ce weekend ?

## COMPARAISON ENTRE BE GOING TO ET WILL

| | |
|---|---|
| Quand on a **planifié** d'avance | Quand on décide **sur le moment** |
| **BE GOING TO** + INFINITIVE | **WILL** |
| *Ci-dessous, deux dialogues-exemples sur un même sujet, qui illustrent cette différence :*<br>- Anne from the design company just called and told me she did not receive the offer.<br>- Anne de l'agence de design vient d'appeler et a dit qu'elle n'a pas reçu l'offre. | |
| *Réponse 1:*<br>- Yes, I know. I talked to them too. **I'm going to send** it later.<br>- Oui, je sais. Moi aussi, j'ai parlé avec eux. Je vais l'envoyer tout à l'heure. | *Réponse 2:*<br>- Didn't she? I wonder why. **I'll send** it again immediately.<br>- Ah bon ? Je me demande pourquoi. Je vais l'envoyer de nouveau tout de suite. |
| Le collègue **sait déjà**, il a l'intention de l'envoyer, et donc il dit « I'm going to send it. | Le collègue **ne sait pas** que le designer n'avait pas reçu l'offre, c'est pourquoi il dit « I will send it ». |

**-I'm going to buy** a new laptop.
Mine is too old.
-Good. What kind of laptop?
(elle lui montre des détails sur son portable)

-You know, there is a huge promotion
of laptops on fnac.
-Really? **I will check** later
and **will** probably buy one.

## II. DEUXIEME EMPLOI – DÉDUCTION POUR LE FUTUR

On déduit sur la base d'un élément du présent que quelque chose va se passer dans le futur.

Exemples :

Si un verre est très proche du coin de la table, on peut dire :
Watch out! **The glass is going to fall!**
Fais attention ! Le verre va tomber !

Il y a des nuages, le ciel est assombri :
Look at the clouds! **It is going to rain**.
Regarde les nuages ! Il va pleuvoir.

Dans les deux cas il y a un élément du présent qui nous fait penser à ce qui peut logiquement se produire. Il <u>ne s'agit pas d'une intention</u> de la personne, comme dans le premier usage de « going to ».

# LE FUTUR

## RÉCAPITULATIF

Nous pouvons dire en résumé qu'il existe **quatre manières principales** d'exprimer le **futur**, les quatre fréquemment utilisées dans le langage parlé :

| **Will** | **Going to + infinitive** | **Present Continuous** | **Present Simple** |
|---|---|---|---|
| on prend la décision au moment de parler | on parle de nos intentions | on parle de nos engagements (rendez-vous, visite, voyage, etc.) | horaire, programme (de la télé, d'une conférence) |

Nous verrons un peu plus loin encore trois types de futur qui sont moins fréquents.

## EXERCICES

**Conjuguez les verbes entre parenthèses :**

**1. – I ....................... (make) something for dinner. Are you hungry?**
Je vais faire quelque chose pour le dîner. Tu as faim ?

**– Not really. I ....................... (have) a beer first.** Pas vraiment. Je vais prendre une bière d'abord.

...

**2. – We ....................... (go) Disneyland next month.** Nous allons à Disneyland le mois prochain.

**– Great! The children ....................... (love) it.** Super ! Les enfants vont adorer !

...

**4. – What have you decided about the job offer?** Qu'est-ce que tu as décidé à propos du poste ?

**– It's not really what I am interested in. I ....................... (not apply).**
Ce n'est pas vraiment ce qui m'intéresse. Je ne vais pas postuler.

**3. – Did you hear that Eva ...................... (get) a promotion.**
Tu sais que Eva va avoir une promotion ?

**– Really? That's awesome, she deserves it! I ...................... (call) later to congratulate her.**
C'est vrai ? C'est génial, elle le mérite ! Je vais l'appeler tout à l'heure pour la féliciter.

...

**5. – I have forgotten my phone and I must ring my sister.** J'ai oublié mon portable, et je dois appeler ma sœur.

**– Don't worry. I ...................... (give) you mine. You know her number, don't you?**
Pas de soucis, je vais te donner le mien. Tu connais son numéro, n'est-ce pas ?

...

**6. – What ...................... (do) tonight?** Qu'est-ce que tu vas faire ce soir ?

**– There is a football match on the TV, I ...................... probably (watch) it.**
Il y a un match à la télé, je vais probablement le regarder.

**– What time ... it (start)?** A quelle heure il commence ?

**– At 8H45 as usual.** A 20H45, comme d'habitude.

...

**7. – What ...................... you (do) after you leave school?**
Qu'est-ce que tu vas faire quand tu finis les études ?

**– I'm not sure yet. I think I .................... (work) for one year and then study at university.**
Je ne suis pas encore sûr. Je pense que je vais travailler un an, et puis je vais faire des études à l'université.

...

**8. - ... we (go out) tonight?** On sort ce soir ?

**Not tonight, please. I ... (work) until late.** Pas ce soir, s'il te plaît. Je vais travailler jusqu'à tard.

**And when do you think you ... (be) free for a drink with me?** Et quand est-ce que tu penses être libre pour boire un verre avec moi ?

**Hold on, I have my diary here with me, I ... (see) straight away. Tomorrow night, for example. ... (you/do) anything?** Attends, j'ai mon agenda avec moi, je vais voir tout de suite. Demain soir, par exemple. Tu fais quoi?

**I ... (see) my dentist tomorrow after work. What about Thursday?** Je vais voir mon dentiste après le travail. Et jeudi ?

**Yes, Thursday is perfect.** Oui, jeudi c'est parfait.

**OK. What time ... we (meet)?** D'accord. A quelle heure on se voit ?

**I ... (meet) my cousin at 6pm to give him back a book and then I'm free. Is 7pm OK?** Je vois mon cousin à 18 heures pour lui rendre un livre et puis je suis libre. 19 heures, ça te va ?

**Yes, great. But I don't have my car.** Oui, super. Mais je n'ai pas ma voiture.

**Don't worry, I ... (take) mine. I ... (pick you up) at 7 then?** Ne t'inquiète pas, je vais prendre la mienne. Je viens te chercher à 19 heures donc ?

**OK, thanks.** C'est ça. Merci.

...

**9. - Hi, Sophia! How have you been? I haven't heard from you for such a long time so I decided to give you a ring.** Salut, Sophia ! Comment ça va ? Je n'ai pas eu de nouvelles de toi depuis si longtemps, alors j'ai décidé de te passer un coup de fil.

**Hello, Mike! Great to hear from you. I ... (pack) my bags right now. Tomorrow I ... (go) to France for one year.** Salut, Mike ! Ravi d'avoir de tes nouvelles. Je suis en train de préparer mes bagages. Demain je pars en France pour une année.

**To France? That's great! What ... you (do) there?** En France ? C'est super ! Qu'est-ce que tu vas faire là-bas ?

**I ... (study) literature at the Sorbonne.** Je vais faire des études de littérature à la Sorbonne.

**Amazing! So you ... (leave) tomorrow?** Incroyable ! Et donc tu pars demain ?

**Yes. My plane ... (leave) at 7.30 in the morning. My Mum ... (take) me to the airport but I have absolutely no idea how I ... (carry) all this luggage**. Oui. Mon vol est à 7 heures et demie le matin. Ma mère va m'accompagner à l'aéroport, mais je n'ai absolument aucune idée de comment je vais porter tous ces bagages.

**Don't worry! I ... (come) to help you. I ... (start) work at 9.00 so I ... (have) enough time to get to the office.** Ne t'inquiète pas ! Je vais venir t'aider. Je commence le travail à 9 heures donc j'aurai suffisamment de temps pour arriver au bureau.

**Oh, you're so kind! Thanks a lot!** Oh tu es si gentil ! Merci !

...

**10. – What are you doing in your nightgown? It's only 8 o'clock.** Qu'est-ce que tu fais en chemise de nuit ? Il est à peine 20 heures ?

**- I'am sleepy and tomorrow I have to get up early. I ... (meet) my new boss in the morning. I ... (have) an early night.** J'ai sommeil et je dois me lever tôt demain. J'ai un entretien avec mon nouveau chef le matin. Je vais me coucher tôt.

**- I think I ... (make) some tea when the news ... (finish). ... I (bring) you a cup?** Je pense que je vais faire du thé dès que les infos finissent. Je t'apporte une tasse ?

**- No, thanks, don't bother. I ... (try) to fall asleep fast.** Non, ne t'inquiete pas. Je vais essayer de dormir vite.

**- OK, sleep well.** OK, dors bien.

...

**11. – Remember to call me when you ... (get) to New York.** N'oublie pas de m'appeler quand tu arrives à New York.

**- Of course I will. But I am not sure I ... (be able to) to call you often. I probably ... (not have) much time next week, because my course ... (start) the day after I ... (arrive) and I ... (spend) the weekend with some friends of my mother's.** Bien sur que je vais t'appeler. Mais je ne suis pas sûre que je pourrais t'appeler souvent. Je n'aurai probablement pas beaucoup de temps la semaine prochaine, parce que mes cours commencent le lendemain de mon arrivée et je passe le weekend avec des amis de ma mère.

**- Yes, I understand. I ... (be) busy next week as well. I ... (go) to London on a business trip but I can call you from there.** Oui, je comprends. Je serai occupé la semaine prochaine, moi aussi. Je vais à Londres en voyage d'affaires, mais je peux t'appeler de là-bas.

**- We ... (keep) in touch, that's for sure.** On reste en contact, c'est sûr.

## DIALOGUE 13

audio
www.grammar-marydell.com

« VISITE EN ANGLETERRE »
*Pendant la pause de midi Julien discute avec Kate.*

Julien: You know, my sister **Laure is coming** for Easter. **She is going to stay** for a week.

Kate: That's great! **You will have enough time** to show her the most interesting places. Has she been to England before?

Julien: No, she hasn't. She is very curious and told me to make a program for her, but it is not so easy. In fact, we have completely different interests.

Kate: I may be able to help you. Is she younger or older than you?

Julien: She is younger.
She is fourth year at university.

Kate: Is she interested in music?

Julien: Absolutely! She is all the time on Spotify.

Kate: Then I have an idea. **I am going to Adele's concert** the day after Easter and I suggest taking her with me.
A friend of mine is close to the sponsors and can find some more tickets. For you too, if you want to come,
but I don't think you are fan of Adele.

Julien: Not really, you know I am a hard rock fan. But I'm sure that **my sister will be** in heaven. Thank you so much for the idea! After the concert **I will take you** both to a restaurant.

Kate: To the Italian restaurant you have been talking about all the time?

Julien: Maybe...

Julien : Tu sais, ma sœur Laure vient à Pâques. Elle va rester une semaine.

Kate : C'est super ! Tu auras assez de temps pour lui montrer les endroits les plus intéressants. Est-ce qu'elle a déjà été en Angleterre ?

Julien : Non, jamais. Elle est très curieuse et m'a dit de lui faire un programme, mais ce n'est pas facile. En fait, nous avons des intérêts complètement différents.

Kate : Je pourrais t'aider. Est-ce qu'elle est plus jeune ou plus âgée que toi ?

Julien : Elle est plus jeune.
Elle est en quatrième année à l'université.

Kate : Elle s'intéresse à la musique ?

Julien : Absolument ! Elle est tout le temps sur Spotify.

Kate : Alors j'ai une idée. Je vais au concert d'Adele le lendemain de Pâques et je propose qu'elle vienne avec moi.
Un de mes amis connaît bien les sponsors et peut trouver des billets en plus.
Y compris pour toi, si tu veux, mais
je ne pense pas que tu sois fan d'Adele.

Julien : Pas vraiment, tu sais que je suis fan de hard rock. Mais je suis sûr que ma sœur sera aux anges. Merci beaucoup pour l'idée ! Après le concert je vais vous emmener au restaurant.

Kate : Au restaurant italien dont tu parles tout le temps ?

Julien : Peut-être...

*Kate et Laure se connaissent déjà. Elles discutent dans un café.*

Kate: **What are you going to do** after you graduate? **Are you going to stay** in France or you prefer to look for a job somewhere else?

Kate : Qu'est-ce que tu vas faire quand tu finis tes études ? Tu vas rester en France ou tu préfères chercher du travail ailleurs ?

Laure: I'm not sure yet. Once I complete my Master's degree, I might try my luck in the Netherlands.

Laure : Je ne suis pas encore sûre. Après mon Master, je peux aller tenter ma chance aux Pays-Bas.

Kate: Why the Netherlands?

Kate : Pourquoi les Pays-Bas ?

Laure: Because I have a close friend who lives in Amsterdam. I get on with her very well and we are in touch all the time. She says there are a lot of job opportunities for qualified people. **I am going to visit her** this summer.

Laure : Parce que j'ai une amie qui habite à Amsterdam. On s'entend très bien et on est en contact tout le temps. Elle me dit qu'il y a beaucoup d'opportunités de travail pour des gens qualifiés. Je vais lui rendre visite cet été.

Kate: Or **maybe you will come to live here** and be close to your brother?

Kate : Ou peut-être tu vas venir vivre ici et te rapprocher de ton frère ?

Laure: That could be nice, especially if he stops treating me like a child!

Laure : Ce serait sympa, surtout s'il arrête de me traiter comme une gamine !

**VOCABULAIRE UTILE : éducation, travail, professions**

**Education**

**crèche** – crèche
**primary school** – école primaire
**college** [ˈkɒlɪdʒ] – fac
**certificate** – certificat, diplôme
**bachelor's degree** – licence
**science** [ˈsaɪəns] – science

**kindergarten** – école maternelle
**secondary school** – collège, lycée
**higher education** – études supérieures
**graduation** – obtention de son diplôme
**master's degree** – master
**scientist** [ˈsaɪəntɪst] – scientifique

**PhD** – doctorat, docteur (PhD est contracté de « Doctor of Philosophy » – docteur de philosophie. Historiquement toutes les sciences sont originaires de la philosophie)

**economics** – économie
**medicine** [ˈmɛdsən] – médecine
**philosophy** [fɪˈlɒsəfi] – philosophie
**physics** – physique
**chemistry** [ˈkɛmɪstri] – chimie

**law** – droit
**psychology** [saɪˈkɒlədʒi] – psychologie
**biology** [baɪˈɒlədʒi] – biologie
**civil engineering** – génie civil
**architecture** [ˈɑːʳkɪtɛktʃəʳ] – architecture

## Work

**have a job** – avoir un travail
**apply for a job** – postuler

**What do you do** (for a living)? = **What is your job?**
Qu'est-ce que tu fais dans la vie ?

**Where do you work?**
Où est-ce que tu travailles ?

**How long have you been working** for this company?
Depuis quand tu travailles pour cette entreprise ?

**Do you like your job**?
Est-ce que tu aimes ton travail ?

I like my job although it is a bit stressful sometimes.
J'aime mon travail, même s'il est un peu stressant parfois.

Do you often go to business trips?
Tu vas souvent en voyages d'affaires ?

**be unemployed / be out of work** – être au chômage

He is unemployed at the moment ou He doesn't have a job at the moment.
Il est au chômage.

**fire / dismiss / sack** – renvoyer
**quit** – quitter
**notice** – préavis

## Professions

**engineer** [ˌɛndʒɪˈnɪəʳ] – ingénieur
**accountant** – comptable
**teacher** – enseignant, e
**journalist** [ˈdʒɜːʳnəlɪst] – journaliste
**judge** [ˈdʒʌdʒ] – juge

**architect** [ˈɑːʳkɪtɛkt] – architecte
**economist** [ɪˈkɒnəmɪst] – économiste
**interpreter** [ɪnˈtɜːʳprɪtəʳ] – interprète
**lawyer** – avocat

**chemist** [ˈkɛmɪst] – pharmacien, chimiste
**vet** – vétérinaire
**nurse** – infirmière
**actor** [ˈæktəʳ] – acteur
**singer** – chanteur, euse
**musician** [mjuːˈzɪʃən] – musicien, ne
**writer** – écrivain

**physician** – médecin
**dentist** [ˈdɛntɪst] – dentiste
**midwife** – sage-femme
**actress** [ˈæktrəs] / female actor – actrice
**dancer** – danseur, euse
**painter** [ˈpeɪntəʳ] – peintre
**sport trainer / coach** – entraîneur, euse

**chef** [ʃef] – chef cuisinier (par exception on prononce « ch » comme en français)
**waiter** – serveur, euse
**shop assistant** – vendeur, euse

**dressmaker** – couturier, ière
**postman** – facteur
**office manager** – responsable administratif, ve
**hairdresser** – coiffeur, euse
**receptionist** [rɪˈsɛpʃənɪst] – réceptionniste

**worker** – ouvrier, ère
**mechanic / technician** [tɛkˈnɪʃən] – technicien, ne
**carpenter** [ˈkɑːpɪntəʳ] – charpentier
**electrician** [ɪlɛkˈtrɪʃən] – electricien
**policeman** – policier
**plumber** [ˈplʌməʳ] – plombier
**fireman** – pompier
**driver** – conducteur, trice, chauffeur

**pilot** [ˈpaɪlət] – pilote
**flight attendant** – steward, hôtesse de l'air

## Economics

**company / firm** – entreprise, société
**entrepreneur** [ˌɒntrəprəˈnɜː] – entrepreneur
**manager** – directeur, trice, responsable
**staff** – personnel
**branch** – branche, agence
**market** – marché
**invest / investment** – investir / investissement
**stock exchange** – bourse
**shareholder** – actionnaire
**price list** – tarifs, liste de prix
**deliver / delivery** – livrer / livraison
**owner** – propriétaire
**department** – service, département
**customer / client** – client, e
**free market** – libre marché
**trade / trader** – commerce / commerçant
**shares** – actions
**market price** – prix du marché
**supply** – fournir
**courier** [ˈkuriə] – coursier

**advertise** [ˈædvəʳtaɪz] – faire la publicité
**advertisement** [ədˈvɜːʳtɪsmənt] / **advert / ad** – publicité

**discount** – réduction
**invoice** – facture
**purchase** – achat, acheter
**bargain** – bonne affaire, négocier
**income** – revenu
**tax** – taxe, impôts
**receipt** – reçu
**profit** – bénéfice
**deal** – affaire, marché
**turnover** – chiffre d'affaires
**expenses** – dépenses
**fine** – amende

Dans le chapitre suivant nous allons aborder deux temps du futur, qui ne sont pas souvent utilisés, mais dans certains cas, seuls ces temps peuvent exprimer le sens précis. Ils se forment à l'aide de deux des infinitifs que nous avons déjà vus – *Continuous Infinitive* et *Perfect Infinitive* :

**30** CHAPITRE

# FUTURE CONTINUOUS ET FUTURE PERFECT

## FUTURE CONTINUOUS

TRADUIT PAR LE **FUTUR** (je serai en train de travailler)

### COMMENT
EST-CE QU'ON LE FORME ?

**WILL + BE + -ING**

BE + -ING = CONTINUOUS INFINITIVE (voir Chapitre 27, page 275)

La forme négative se fait avec **not**, l'interrogative – avec inversion du sujet et **will**.

### QUAND
EST-CE QU'ON **L'EMPLOIE ?**

**1.** Pour une longue action qui sera en train de se produire au futur.

This time next week **I will be sunbathing** on the beach.
A ce moment la semaine prochaine je serai en train de bronzer sur la plage.

Don't call him tonight, **he will be watching** the final,
and you know what a crazy fan he is.
Ne l'appelle pas ce soir, il sera en train de regarder la finale,
et tu sais comment il est passionné.

Nous pouvons faire une comparaison entre *Past Continuous, Present Continuous et Future Continuous*. Les trois expriment une action prolongée et c'est le moment du déroulement de l'action qui les distingue - au passé, au présent ou dans le futur :

| | |
|---|---|
| At 9 pm last night **I was watching** TV. | Hier soir à 21 heures je regardais la télé. |
| It is 9 pm now, **I am watching TV.** | Il est 21 heures, je regarde la télé. |
| At 9 pm tomorrow night **I will be watching TV.** | Demain à 21 heures, je serai en train de regarder la télé. |

**2.** Action future liée au développement naturel des événements.

We **will be landing** shortly.
Nous allons atterrir dans quelques instants.

**3.** Question sur les intentions, en particulier pour emprunter quelque chose.

**Will you be using** your bicycle tomorrow?
Est-ce que tu vas utiliser ton vélo demain ?
(posée ainsi, la question signifie que vous voudriez bien emprunter le vélo)

La même idée peut être exprimée par la locution verbale **be going to** :
Are you going to use your bicycle tomorrow?

## FUTURE PERFECT

TRADUIT PAR LE **FUTUR ANTÉRIEUR** (j'aurai fait)

### COMMENT
EST-CE QU'ON LE FORME ?

**WILL + HAVE + PAST PARTICIPLE**

HAVE + PAST PARTICIPLE = PERFECT INFINITIVE

La forme négative se fait avec **not**, l'interrogative – avec inversion du sujet et **will**.

### QUAND
EST-CE QU'ON **L'EMPLOIE ?**

Pour parler d'une action qui sera accomplie avant un moment déterminé dans le futur.
Mot clé : **BY**

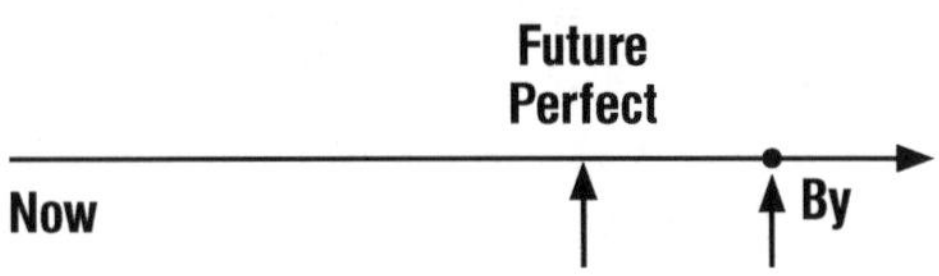


The film **will have finished by** 11 pm.
Le film aura fini avant 23 heures.

Nous ne savons pas exactement à quelle heure, mais dans tous les cas, ce sera avant 23 heures.

They **will have arrived by** the end of the week.
Ils seront arrivés avant la fin de la semaine.

Il y a un autre temps du futur qui est très rarement utilisé dans le langage parlé et même à l'écrit. On le rencontre le plus souvent dans les examens d'anglais ☺:

## FUTURE PERFECT CONTINUOUS

TRADUIT PAR LE **FUTUR ANTÉRIEUR** (j'aurai travaillé)

### COMMENT

EST-CE QU'ON LE FORME ?

**WILL + HAVE BEEN + -ING**

HAVE BEEN + ING = PERFECT CONTINUOUS INFINITIVE

Il s'agit de nouveau d'une action qui sera accomplie avant un moment déterminé dans le futur, mais qui est une **longue** action. C'est justement ça la différence avec le temps précédent *Future Perfect*.

> **By** the end of the year she **will have been working** for this company for 20 years.
> Vers la fin de l'année elle aura travaillé pour cette entreprise pendant 20 ans.

### EXERCICES

**Conjuguez les verbes entre parenthèses :**

**1. - Bye, I'll meet you at 6pm.**
Salut, on se voit à 18 heures.

**- No, it is too early, I .............................. (still work) at that time.**
Non, c'est trop tôt. Je serai encore en train de travailler à cette heure.

**- How about 7.30?** 19.30, ça te va ?

**- That seems fine. I .............................. (finish) by then.**
Je pense que ça ira. J'aurai fini avant.

**2. - Do you think Eve and Dany .............................. (arrive) by the time I get home?**
Est-ce que tu penses que Eve et Dany seront arrivés avant que je sois rentré ?

**- I don't know. I .............................. (call) them to ask what time their bus .............................. (arrive).**
Je ne sais pas. Je vais les appeler pour demander à quelle heure arrive leur bus.

...

**3. - I'm sure PSG .............................. (win) the match tomorrow.**
Je suis sûr que le PSG va gagner le match demain.

**- It doesn't really worry me. This time tomorrow I ............................... (sit) in the plane on my way to Rome.**
Moi, ça m'est égal. A ce moment demain je serai installé dans l'avion pour Rome.

...

**4. - I might be late for dinner tonight. I still have so many things to do.**
Je serai peut-être en retard pour le dîner ce soir. J'ai encore beaucoup de choses à faire.

**- Don't worry. We ............................... (wait) for you.**
Ne t'inquiète pas. On va t'attendre.

...

**5. - By the end of April we ........................ ............................ (live) here for 10 years.**
Vers la fin d'avril, on aura habité ici pendant 10 ans.

**- It seems to me as if it was yesterday when we bought the house.**
Pour moi c'est comme si c'était hier qu'on a acheté la maison.

...

**6. - ............................... you (use) the car at the weekend?**
Tu vas utiliser la voiture ce weekend ?

**- Yes, I ............................... (go) to Dijon on Saturday.**
Oui, je vais à Dijon samedi.

**- ...............................? For how long?**
Ah bon ? Pour combien de temps ?

**- Just for the day. I ............................... (come) back in the evening. If you need the car, you can have it on Sunday.**
Juste pour la journée. Je rentre le soir. Si tu as besoin de la voiture, tu peux la prendre dimanche.

...

**7. - I ............................... (clean).**
J'ai l'intention de nettoyer.

**- Can you hold on for a little while, please? When I finish this game I ............................... (help) you.**
Tu peux attendre un peu ?
Quand je finis mon jeu, je vais t'aider.

**- A little while? You must be joking! By the time you finish your game, I ............................... (clean) the whole house.**
Un peu ? Tu plaisantes ! Avant que tu finisses ton jeu, j'aurai nettoyé toute la maison.

**8. – They ... (build) the new train station in my town by November this year.** Ils auront construit la nouvelle gare de train dans ma ville avant novembre cette année.

**– Great! We ... (travel) by train, instead of taking the car all the time.** Super! On va prendre le train au lieu de conduire tout le temps.

...

**9. – In twenty years time most people around the world ... (use) the Internet.**
Dans une vingtaine d'années la plupart des gens dans le monde entier utiliseront internet.

**– I am not sure. In the western world it is already reality, but I don't think that the developing countries ... (make) such progress by that time.** Je ne suis pas sûr. A l'ouest c'est déjà fait, mais je ne pense pas que les pays en voie de développement auront accompli d'aussi importants progrès.

31 CHAPITRE

# CONDITIONALS

**Il y a trois principaux types de conditionnel avec « IF ».**
Le premier est facile, les deux autres sont un peu plus complexes, mais il y a des règles pour leur formation. Nous utiliserons cette catégorisation – premier, deuxième, troisième type, uniquement pour faciliter la présentation. Notez qu'on peut aussi former des phrases qui ne correspondent à aucune de ces trois catégories.

## CONDITION RÉALISABLE DANS LE FUTUR

### I. FIRST CONDITIONAL Conditionnel de premier type

Si j'ai ..., je ferai...

| IF + PRESENT SIMPLE ... , | ... WILL + INFINITIVE |
|---|---|
| Première partie de la phrase | Deuxième partie de la phrase |

If **I have** time tomorrow, I **will do** the shopping.
Si j'ai du temps demain, je vais faires les courses.

If it **does not rain** on Sunday, we **will play** tennis.
S'il ne pleut pas dimanche, nous allons jouer au tennis.

If **I finish** work before 6pm, I **will go** to the cinema with my girlfriend.
Si je finis le travail avant 18 heures, j'irai au cinéma avec ma copine.

If **there is** a long queue, I **will not wait**.
S'il y a une longue queue, je ne vais pas attendre.

**May / Might / Could** peuvent être utilisés à la place de **will :**

**I may give** you a ring after the concert **if it is not** too late.
Je peux t'appeler après le concert, si ce n'est pas trop tard.

**If you like** – si tu veux / si vous voulez

**Inversion** avec **should** :

Dans le langage soutenu, on peut faire des inversions du conditionnel.
Avec le conditionnel de premier type, il est possible d'ajouter **should** dans la partie « if » de la phrase ou de faire **une inversion avec should** en omettant le « if » :

= **If you should require** any further information, please contact us.
**Should you require** any further information, please contact us.
Si vous avez besoin de plus d'informations, veuillez nous contacter.

Si la forme est négative, la particule « not » vient après le sujet :

= **Should you not wish** to participate, please let us know before 4pm.
**If you do not wish** to participate, please let us know before 4pm.
Si vous ne souhaitez pas participer, veuillez nous informer avant 16 heures.

## SITUATION IMAGINAIRE

### II. SECOND CONDITIONAL Conditionnel de deuxième type

Si j'avais ..., je ferais / j'aurais fait

**IF + PAST SIMPLE ... , ... WOULD + INFINITIVE**

| IF + PAST SIMPLE ... | ... WOULD + INFINITIVE |
| --- | --- |
| Première partie de la phrase | Deuxième partie de la phrase |

Dans la première partie de la phrase (après **if**) – **Past Simple,** dans la seconde – **would**
Notez que même si nous utilisons *Past Simple*, nous **ne parlons pas du passé**, mais du présent ou du futur.

On l'emploie dans deux cas :

**1. Situation imaginaire**, différente de la réalité. On parle de ce qui pourrait être ou pourrait se passer si une condition était réalisée.

If I **had** money, I **would build** a big house. (but I don't have money)
Si j'avais de l'argent, je construirais une grande maison. (mais je n'ai pas d'argent)

If **I had** a car, I **would drive** to work.
Si j'avais une voiture, j'irais au travail en voiture. (mais je n'ai pas de voiture)

If **I knew** her phone number, I **would call** her.
Si je connaissais son numéro de téléphone, je l'aurais appelée. (je ne le connais pas)

If **I were** taller, I **would be** a basketball player.
Si j'étais plus grand, je serais un joueur de basketball. (je ne suis pas grand)

**Were** au lieu de **was** :

On dit « If I were » (et ce n'est pas une erreur !), car au conditionnel la forme de **be** est toujours « **were** » : if I were, if you were, if he were... C'est une règle stricte à l'écrit, tandis que dans le langage parlé on accepte aussi « if I was », « if he was ».

Expression courante :

**If I were you** – si j'étais à ta place, si j'étais toi
Utilisée souvent pour donner des conseils :

> If **I were you**, I **would** do...
> Si j'étais à ta place, je ferais / j'aurais fait...

> If **I were you, I would go** to the dentist straight away.
> Si j'étais toi, j'irais chez le dentiste tout de suite.

Question typique :

> What **would you do**, if...?
> Qu'est-ce que tu ferais si... ?

> What **would you do** if **you were** Prime minister?
> Qu'est-ce que tu ferais si tu étais Premier ministre ?

**Would** est généralement suivi d'un infinitif simple – *Simple infinitive*, comme dans les exemples ci-dessus, mais nous pouvons aussi utiliser *Continuous infinitive* :

> If **I were you**, I **would be studying** for the exam, instead of playing computer games.
> Si j'étais à ta place, je travaillerais pour l'examen au lieu de jouer à des jeux vidéo.

« be studying » est *Continuous infinitive* du verbe **study**.

**Inversion** avec **were :**

> **Were the boss not** such a difficult person, our job would be more enjoyable.
> = If the boss were not such a difficult person, our job would be more enjoyable.
> Si le directeur n'était pas une personne aussi difficile, notre travail serait plus agréable.

> **Were it not for Guillaume,** we would not know what to do.
> = If it weren't for Guillaume, we would not know what to do.
> Si ce n'était pas pour Guillaume, on ne saurait quoi faire.

Deuxième cas où on emploie « Second Conditional » :

**2.** Condition pour le futur, dont la réalisation est **très peu probable.**

> If I **won** the lottery, I **would buy** a big house on the Italian Riviera.
> Si (jamais) je gagne au loto, je vais acheter une grande maison sur la riviera italienne.

**Would** peut être remplacé par **might** ou **could** :
If I **got** the job, I **might move** closer to the office.
Si j'obtiens le poste, je pourrais déménager pour être plus près du bureau.
(vous considérez que la probabilité d'obtenir le poste est très faible)

If I **had** time, I **could** go swimming tomorrow morning.
Si j'ai du temps, je peux aller nager demain matin.
(mais c'est très peu probable que j'aie du temps)

**L'inversion avec were** est également possible quand on parle d'une condition de faible probabilité. « If + Past Simple » est remplacé par « Were...to + infinitive » :

**If Germany withdrew** from this agreement, all countries in EU would have problems.
= **Were Germany to withdraw** from this agreement, all countries in EU would have problems.
Si l'Allemagne se retirait de cet accord, tous les pays de l'UE auraient des problèmes.

**If the government increased** taxes, there would be a strike.
= **Were the government to increase** taxes, there would be a strike.
Si le gouvernement augmentait les impôts, il y aurait une grève.

Choisir « First Conditional » ou « Second Conditional » dépend de votre perception subjective de la probabilité. Si vous êtes persuadé(e) que vous allez probablement gagner au loto, alors vous pouvez utiliser le premier type de conditionnel et dire :

If I **win** the lottery, I **will make a trip** around the world.
Si je gagne au loto, je ferai un tour du monde.

Mais si vous êtes réaliste et vous estimez que la probabilité de gagner au loto est très faible, vous allez choisir le deuxième type de conditionnel, et dire :

If I **won** the lottery, I **would make a trip** around the world.
Si je gagnais au loto, je ferais un tour du monde.

**Autres exemples :**

If **there is** a war, we **will** have to...
S'il y a une guerre, nous serons obligés de...
(je suis pessimiste, je considère que c'est une option probable)

If **there were** a war, we **would** have to...
S'il y avait une guerre, nous serions obligés de...
(je suis optimiste, je considère que la probabilité est minime)

If **you saw** where they live, **you would be** surprised.
Si tu voyais où ils habitent, tu serais surpris.

Even if **I asked** her, she **would not tell** me anything.
Même si je lui demandais, elle ne me dirait rien.

# <u>**CONDITION** NON RÉALISÉE DANS LE PASSÉ</u>

## III. THIRD CONDITIONAL Conditionnel de troisième type

Si j'avais eu, j'aurais fait...

| | |
|---|---|
| **IF + PAST PERFECT ... ,** | **... WOULD + HAVE + PAST PARTICIPLE** |
| Première partie de la phrase | Deuxième partie de la phrase |

HAVE + PAST PARTICIPLE = PERFECT INFINITIVE

On parle du <u>**passé**</u>. Si une condition s'était réalisée dans le passé, une autre action se serait déroulée en conséquence.

If **you had told** me about the concert, I **would have come**. (but you did not tell me)
Si tu m'avais parlé du concert, je serais venu. (mais tu ne m'as pas dit)
ou I **could have come** – j'aurais pu venir

If I **had known** her phone number, I **would have called** her. (but I did not know it)
Si j'avais eu son numéro de téléphone (à ce moment dans le passé),
je lui aurais téléphoné. (mais je ne connaissais pas le numéro)
ou I **could have called** her – j'aurais pu l'appeler

If I **had studied** harder, I **would have passed** the exam. (but I did not work hard)
Si j'avais mieux révisé, j'aurais réussi l'examen. (je n'ai pas bien révisé)

**Would** peut être suivi par *Perfect Continuous infinitive* = have + been+ -ing :

If the weather **had been** nice yesterday, I **would have been working** in the garden all day instead of sitting in front of the TV. (the weather was not nice)
S'il avait fait beau hier, j'aurais travaillé toute la journée au potager au lieu de rester devant la télé. (il n'a pas fait beau)

**Inversion** avec **had :**

**Had we booked** our flight earlier, it would have been much cheaper.
**If we had booked** our flight earlier, it would have been much cheaper.
Si nous avions réservé plus tôt, le billet d'avion aurait été beaucoup moins cher.

**Had it not rained** yesterday, we would have finished painting the fence.
**If it had not rained** yesteday, we would have finished painting the fence.
S'il n'avait pas plu hier, on aurait fini la peinture de la clôture.

Il peut y avoir des phrases qui combinent deux types de conditionnel :

## MIXED CONDITIONAL

« Mixed » signifie ici qu'une partie de la phrase est **« Second conditional »** (situation imaginaire, différente du présent réel),
et l'autre partie est **« Third conditional »** (renvoie au passé).

> If I **had studied** at university, I **would have** a better job now.
> Si j'avais fait des études à l'université (je n'en ai pas fait),
> j'aurais un meilleur poste maintenant. (que je n'ai pas)

If I had studied / si j'avais fait des études – troisième type de conditionnel, renvoie au passé.

I would have / j'aurais – deuxième type conditionnel - situation imaginaire, la réalité est différente.

> If I **had** talent, I **would have become** an actor.
> Si j'avais du talent (mais je n'en ai pas), je serais devenu acteur. (je ne le suis pas)

If I had talent / si j'avais du talent – deuxième type de conditionnel, on imagine une situation différente que celle du présent.

I would have become an actor – troisième type de conditionnel, renvoie au passé.

**Inversion :**

Avec les « mixed conditionals » on peut aussi faire une inversion à l'aide de **were** ou de **had**, en fonction du type de la partie « IF » de la phrase :

= If the driver were faster, we would have already arrived.
**Were the driver faster,** we would have already arrived.
Si le chauffeur était plus rapide, nous serions déjà arrivés.

= If they had got a visa, they would be in Canada now.
**Had they got a visa,** they would be in Canada now.
S'ils avaient obtenu un visa, ils seraient au Canada maintenant.

« ZERO» CONDITIONAL

Dans plusieurs manuels et ouvrages de grammaire d'anglais on évoque un autre type de conditionnel – **« Zero » conditional.**
Simplement dit, c'est une phrase, dans laquelle « si » (if) peut être remplacé par « quand » (when). Il ne s'agit pas d'une situation concrète, mais de ce qu'il se passe chaque fois qu'une condition est réalisée. Dans les deux parties de la phrase, on met *Present Simple*.

Examples :

**If/when it rains**, I go to work by car.
Si/quand il pleut je vais au travail en voiture.

**If/when I am tired** in the evening, I don't watch TV.
Si/quand je suis fatigué le soir, je ne regarde pas la télé.

Dans le langage courant on fait parfois des phrases avec « if » qui ne peuvent être classées dans aucune des catégories indiquées ci-dessus.
Par exemple, si quelqu'un de votre famille se plaint d'être fatigué, vous pouvez lui dire :

– Well, **if you are** so tired, why don't you go to bed and get some sleep?!
– Et bien, si tu es tellement fatigué, pourquoi tu ne vas pas dormir ?!

Autre exemple : Un de vos amis est fâché, parce que son collègue devait lui rendre un manuel et il ne le lui a pas rendu. Alors vous pouvez essayer de le rassurer.

– Don't worry. **If he didn't give** you back the book yesterday, he will probably give it to you tomorrow.
– Ne t'inquiète pas. S'il ne te l'a pas rendu hier, il va probablement te le rendre demain.

## AUTRES MANIÈRES DE PARLER DE CONDITIONS : **UNLESS, AS LONG AS, PROVIDED THAT**

↪ **UNLESS** – à moins que
**Unless** est toujours suivi d'un verbe à la forme affirmative.

I am not going to the party **unless** you come too.
Je n'irai pas à la fête, à moins que tu ne viennes toi aussi.

You won't pass the exam **unless** you start studying seriously.
Tu ne vas pas réussir à l'examen, à moins que tu ne commences à travailler sérieusement.

**UNLESS = IF … NOT**
**Unless** + verbe forme **affirmative** = **if** + verbe forme **négative**

= I will play tennis tomorrow **unless it rains**
I will play tennis tomorrow **if it does not rain**.

= Je vais jouer au tennis demain, sauf s'il pleut
Je vais jouer au tennis demain, s'il ne pleut pas.

➥ **AS LONG AS** – à condition que

You can have my bicycle **as long as** you ride carefully.
Tu peux prendre mon vélo, à condition que tu sois prudent.

I will lend you some money **as long as** you give it back to me soon
= I will lend you some money **only if** you give it back to me soon.
Je vais te prêter de l'argent à condition que tu me rembourses vite.

**Providing that**, **provided that** sont synonymes de **as long as.** Ils sont plutôt utilisés à l'écrit.

## EXERCICES

**Conjuguez les verbes.**
**(Notez qu'il ne s'agit pas toujours du conditionnel.)**

**1. - .............................. you (come) to the kids concert this Saturday?**
Est-ce que tu vas venir au concert des enfants ce samedi ?

**- I'm not sure. If I .............................. (be) still busy with the work conference, I .............................. (not come).**
Je ne suis pas sûr.
Si je suis encore occupé avec la conférence, je ne viendrai pas.

...

**2. - Where is my blue bag? I .............................. (look for) it for one hour!** Où est mon sac bleu ?
Je le cherche depuis une heure !

**- I have no idea. If you .............................. (not find) it, I .............................. (give) you mine.**
Je n'ai aucune idée. Si tu ne le trouves pas, je vais te donner le mien.

**3. - Everything you cook is delicious! If you .............................. (start) your own restaurant, you .............................. (have) great success.**
Tout ce que tu cuisines est délicieux !
Si tu ouvrais un restaurant, tu aurais beaucoup de succès.

**- If I .............................. (not love) my job so much, I .............................. probably (take) the risk.**
Si je n'aimais pas mon travail autant, j'aurais probablement couru le risque.

...

**4. - Do you think he loves me?**
Est-ce que tu penses qu'il m'aime ?

**- Of course he does! If he .............................. (not love) you, he .............................. (not marry) you.**
Bien sûr qu'il t'aime ! S'il ne t'aimait pas, il ne t'aurait pas épousée.

**5. - Why are you coming home so late?**
Pourquoi tu rentres si tard ?

**- Well, if you ........................ (not ask) me to do the shopping, I .............................. (arrive) much earlier.**

Eh bien, si tu ne m'avais pas demandé de faire les courses, je serais rentré beaucoup plus tôt.

**6. - If you ... (not lie) to your girlfriend, you .............................. (not be) in trouble now.**
Si tu n'avais pas menti à ta copine, tu n'aurais pas d'ennuis maintenant.

**- I know, stop reminding me!**
Je sais, arrête de me le rappeler !

**7. - Did you see this job ad?**
**If ............................... (be) you,**
**I ............................... (apply) for it.**
Tu as vu cette offre d'emploi ?
Si j'étais à ta place, je j'aurais postulé.

**- It sounds interesting indeed.**
**But they want someone with perfect English. If my English ...................... (be) better, I .............................. (have) more chances of getting it.**

Ça semble intéressant, c'est vrai.
Mais ils demandent une maîtrise parfaite de l'anglais. Si mon anglais était meilleur, j'aurais plus de chance d'avoir le poste.

## INVERSION APRÈS DES ADVERBES NÉGATIFS

L'inversion, utilisée dans le langage soutenu, se fait non seulement avec les conditionnels, mais avec certains temps verbaux : *Present Simple, Past Simple, Past Perfect, Future Simple,* ainsi qu'avec un *modal verb*, quand la phrase commence par un **adverbe négatif** ou une **expression adverbiale négative** :

↪ **Never ; Seldom ; Rarely ; Hardly**

**Never** (before) **had I met** such an interesting person.
= I had never met such an interesting person.

**Seldom do I have** the chance to go to the opera.
= I seldom have the chance to go to the opera.

**Rarely will you hear** such beautiful music.
= You will rarely hear such beautiful music.

**Barely had they arrived** when the boss called them.
= They had just arrived when the boss called them.

**↪ Only then ; Only later**

= **Only then did I realize** that I had forgotten my key.
I only then realized that I had forgotten my key.

= **Only later did she think** about the problem.
She only later thought about the problem.

**↪ Not only...but**

= **Not only did he exceed** the speed limit but he had also consumed alcohol.
He not only exceeded the speed limit but he had also consumed alcohol.

= **Not only will you save** money, but you will also get a better product.
You will not only save money but you will also get a better product.

**↪ In no way ; On no account ; Under no circumstances**

= **In no way do I agree** with what you are saying.
I do not agree in any way with what you are saying.

= **On no account should you disturb** the pilots.
You should not disturb the pilots on any account.

= **Under no circumstances should we allow** this to happen.
We should not allow this to happen under any circumstances.

**Attention!**

Avec certaines expressions comme :
**Only after** ; **Only when** ; **Only if** ; **Not until**
**l'inversion** se fait dans la deuxième partie de la phrase :

= **Only if** we invest more money, **can we save** the company.
We can save the company only if we invest more money.

= **Only when** they had called me, **did I feel** calm.
I felt calm only when they had called me.

= **Only after** you have finished your homework **can you play**.
You can play only after you have finished your homework.

= **Not until** I visited the head office, **did I realize** how well everything was organized.
I did not realize how well everything was organized until I visited the head office.

## EXERCICES

**Complétez le dialogue :**

Leo: **This week I have to let the company know whether or not I'm going to accept the position of regional manager they offered me.** Cette semaine je dois informer l'entreprise si j'accepte ou pas la position de gérant régional qu'ils m'ont offerte.

Claude : **If there (1) ... (be, not) so many factors to consider, this (2) .... (be) easy!** S'il n'y avait pas autant de facteurs à prendre en considération, ça aurait été facile !

Leo : **I know. If we (3) ... (like, not) living here in Lyon so much, we (4) ... (catch) the opportunity to move to Nantes.** Si on n'aimait pas autant notre vie à Lyon, on aurait profité de l'opportunité de déménager à Nantes.

Claude : **Yes, and if your salary (5) ... (remain) the same, it (6) ... (be) easier to turn this job down, but they've offered you a big increase.** Oui, et si ton salaire était resté le même, ça aurait été plus facile de refuser l'offre, mais ils t'ont proposé une grande augmentation.

Leo : **I've been talking to some people at work about it. One of them said, "Leo, if I (7) .... (be) you, I (8) ... (accept) that promotion in a heartbeat!** J'en ai discuté avec des collègues au travail, quelqu'un m'a dit: « Leo, si j'étais à ta place, j'aurais accepté la promotion sans hésiter ! »

Claude : **I was thinking that if Nantes (9) .... (be) closer, you (10) ... (can commute) to work, but it's just too far for that.** Je me disais que si Nantes était plus proche, tu aurais pu prendre le train tous les jours, mais c'est trop loin.

Leo : **How (11) ... (feel) you, if I (12) ... (come) home only at the weekends?** Comment tu te sentirais si je rentrais à la maison uniquement pour les weekends?

Claude : **I (13)... (like, not) it, if I (14) ... (can only see) you two days a week.** Je n'aimerais pas, si je pouvais te voir uniquement deux jours par semaine.

Leo : **Well, if (15) ... (take) the promotion then, you (16) ... (have) to quit your job and come with me. How (17) ...you (feel) abot that?** Bon, si j'accepte alors, tu devras quitter ton travail et venir avec moi. Tu aimerais ça ?

Claude: **I (18) ... (be) okay with quitting as we (19) ... (have) more time together.** Je serais d'accord de quitter mon travail, puisqu'on aura plus de temps ensemble.

Leo : **Then I guess we've decided! It's the right decision, isn't it?** Alors, je suppose qu' on a décidé! C'est la bonne décision, n'est-ce pas ?

Claude: **Yes, I think so.** Oui, je pense. ☺

## Complétez la deuxième phrase de façon à ce qu'elle ait le même sens que la première.

1. I wouldn't fly with them again even if they offered me a free flight.

Not even if they offered me a free flight, ... with them again.

2. He is both charming and very kind.

Not only ... charming, but he is also very kind.

3. He didn't start his speech until there was absolute silence in the hall.

Not until there was absolute silence in the hall ... his speech.

4. You shouldn't tell him about my trip to Vietnam.

On no account ... him about my trip to Vietnam.

5. We have seldom seen such a brilliant goal.

Seldom ... such a brilliant goal.

6. This must not leak out to the press.

Under no circumstances ... out to the press.

## Conjuguez les verbs :

7. If I ... (can) speak Russian, I ... (help) you with the translation yesterday.

8. If I ... (make) the right decision, we ... (complete) the project by now.

9. I ... (go) to fitness at least twice a week if I ... (have) more time.

## Complétez les phrases :

**1. – Why didn't you come to the party last night?** Pourquoi tu n'es pas venu à la fête hier soir ?

**– I wasn't invited.** Je n'étais pas invité.

**– Jenny didn't invite you? Strange. So ... you (come), if she ... (invite) you?** Jenny ne t'a pas invité ? C'est bizarre. Et est-ce que tu serais venu, si elle t'avait invité ?

**– I'm not sure. If I ... (know) that Tom would be there with his new girlfriend, I ... (not come).** Je ne suis pas sûr. Si j'avais su que Tom serait là avec sa nouvelle petite amie, je ne serais pas venu.

...

**2. – Why are you talking about Spain all the time?** Pourquoi tu parles de l'Espagne tout le temps ?

**– That's a long story. After I graduated from university I applied for a marketing position in a prominent bank with branches all over the world. I didn't get the job because they wanted someone who spoke Spanish fluently. I ... (could / choose) to study Spanish in high school but I didn't. If I ... (study) Spanish, I ... (get) the job. Just imagine, if I ... (get) the job, I ... (move) to Spain.** C'est une longue histoire. Après avoir obtenu mon diplôme universitaire j'ai postulé un poste marketing dans une grande banque avec des agences dans le monde entier. Je n'ai pas réussi à avoir le poste, parce qu'ils avaient besoin de quelqu'un qui parlait espagnol couramment. J'aurais pu choisir d'étudier l'espagnol au collège, mais je ne l'ai pas fait. Si j'avais étudié l'espagnol, j'aurais obtenu l'emploi. Imagine, si j'avais obtenu l'emploi, j'aurais déménagé en Espagne.

**– Why do you think you ... (be) happier now, if you ... (move) to Spain?** Pourquoi tu penses que tu serais plus heureux maintenant, si tu avais déménagé en Espagne ?

**– My entire life ... (could / go) to a totally different direction. I ... (might / meet) a girl in Spain and ... (might / marry) her. We ... (might / have) three children and ... (might / buy) a big house. You see, if I ... (take) Spanish at the time, my life ... (be) much more interesting.** Toute ma vie aurait pu suivre une direction totalement différente. J'aurais pu rencontrer une fille en Espagne et l'épouser. On aurait pu avoir trois enfants et acheter une grande maison. Tu vois, si j'avais étudié l'espagnol, ma vie aurait été beaucoup plus intéressante.

**– You never know. The Spanish woman ... (could / leave) you with the children and that ... (would not / be) fun.** On ne sait jamais. L'espagnole aurait pu te laisser avec les enfants et ça n'aurait pas été amusant.

**– You're so negative!** Tu es si négatif !

**– In fact it's you who are negative. If you ... (not regret) the past, you ... (would / be)**

**happier in the present.** En fait, c'est toi qui es négatif. Si tu ne te lamentais pas du passé, tu aurais été plus heureux dans le présent.

...

**3. – Maria, have you ever had a teacher at school who influenced you greatly?** Maria, est-ce que tu as eu un professeur à l'école qui t'a beaucoup influencée.

**– Yes, my teachers of chemistry and biology that I adored. Unfortunately I also had оне teacher who wasn't nice, my maths teacher. He thought that girls couldn't be good at maths and always looked at us with disregard.** Oui, mes professeurs de chimie et de biologie que j'adorais. Malheureusement, j'ai aussi eu un professeur qui n'était pas gentil, mon professeur de maths. Il pensait que les filles ne pouvaient pas être bonnes en maths et nous regardait toujours avec mépris.

**– Your parents ... (should / do) something about this. They ... (could / go) to the principle to complain. If you ... (be) my daughter, I ... (demand) that such an irreponsible teacher change his attitude or be sanctioned.** Tes parents auraient dû faire quelque chose. Ils auraient pu se plaindre au directeur. Si tu étais ma fille, j'aurais demandé qu'un professeur aussi irresponsable change d'attitude ou bien soit sanctionné.

**– You're right. If someone ... (force) him to treat the children equally, I ... (become) more confident. His behavior ... (must / affect) every girl in the class.** Tu as raison. Si quelqu'un l'avait amené à traiter les élèves de manière égale, je serais devenue plus confiante. Son comportement a dû affecter toutes les filles dans la classe.

...

**4. – Val's got a university degree, hasn't she?** Val a un diplôme universitaire, n'est-ce pas ?

**– Yes. To be honest, I don't know how she can work here. I ... (search) for a more interesting job, if I ... (have) her qualifications.** Oui. Honnêtement, je ne sais pas comment elle peut travailler ici. Moi, j'aurais cherché un travail plus intéressant, si j'avais ses compétences.

**– What kind of job would be better?** Quel genre de travail serait meilleur ?

**– Oh I don't know exactly. But if I ... (be) Val, I ... (not stay) here.** Oh je ne sais pas exactement. Mais si j'étais à la place de Val, je ne serais pas resté ici.

...

**5. – Did you see Mark when you were in the States?** Tu as vu Mark quand tu étais aux Etats Unis ?

**– No, I didn't. My business trip to Los Angeles was only five days and we were very busy. If ... (stay) longer, I ... (would / visit) him.** Non, je ne l'ai pas vu. Mon voyage d'affaires à Los Angeles n'a été que de cinq jours et nous étions très occupés. Si j'étais resté plus longtemps, je lui aurais rendu visite.

# SUBJUNCTIVE

Le subjonctif dans la langue anglaise est beaucoup plus rarement utilisé que le subjonctif français.

La prononciation est [səb'dʒʌŋktɪv].

## QUAND EST-CE QU'ON L'EMPLOIE ?

Tout comme en français il devrait être employé dans une proposition subordonnée (*that*-clause), suivant :

- des verbes qui expriment un désir, un doute, une recommandation, comme *ask, demand, insist, recommend, suggest.*
- des expressions impersonnelles comme *it is important, it is essential, it is vital, it is necessary*.

## COMMENT EST-CE QU'ON LE FORME ?

La forme du subjonctif pour toutes les personnes est identique à **l'infinitif** du verbe.

that I /you/he/she/it/they **be**
that he/she/it **make** (pas ~~makes~~)

La négation se fait avec **not**.

Exemples :

He suggests **that you be** present at the meeting.
They recommend **that he join** the new department.
I insist **that we not approve** this letter.
He made a proposal **that the company buy** more shares.
It is advisable **that we not use** our mobile phones in the hall.
It is vital **that the museum be renovated**.

Notez que :

- « **not** » se place devant le verbe au subjonctif.
- le verbe dans la proposition principale peut être conjugué au présent ou au passé.

Le subjonctif est plus souvent utilisé dans l'anglais américain, tandis qu'en anglais britannique on préfère la construction avec **should** :

He made a proposal **that the company should buy** more shares.
It is advisable **that we should not use** our mobile phones in the hall.

Le subjonctif de BE après **if/whether** est utilisé dans l'anglais britannique soutenu :

**If that be the case**, I intend to inform the director.
**Whether they be** prepared or not, I suggest that we start.

Expressions avec le subjonctif :

On utilise ces expressions sans parfois se rendre compte qu'elles comportent un subjonctif. Il y est sous-entendu.

| | | |
|---|---|---|
| Bless you! | God save the Queen! | |
| Long live the Republic! | Heaven forbid! | |
| So be it. | Suffice (it) to say. | Be that as it may... |

Past Subjunctive : **WERE**

Cette forme du subjonctif est la plus fréquemment utilisée (quand on parle d'une situation imaginaire ou hypothétique). Nous venons de la voir avec le *Second Conditional*, ainsi qu'avec l'inversion des conditionnels – « **were** » à la place de « was » :

I would go to this trip **if I were you**.
**If he were** really interested in the offer, he would contact us.
She acts **as if she were** the boss.
**Were it not** for your kindness, I would still be living in that tiny flat.

## DIALOGUE 14

audio
www.grammar-marydell.com

« PÂQUES ET LES TRADITIONS »
*Au bistrot avec Peter.*

| | |
|---|---|
| Peter: How is your sister?<br>What are you doing tomorrow? | Peter : Comment va ta sœur ?<br>Qu'est-ce que vous allez faire demain ? |
| Julien: She is fine. Tomorrow we are going to London. The weather forecast says it might rain so it depends – **if it doesn't rain, we will have a tour** of the centre. **If it rains, we will go to the British Museum**, and then probably to the shops. She loves shopping but I hate it so it will not be fun for me. | Julien : Elle va bien. Demain nous allons à Londres. Selon la météo il peut pleuvoir, et donc ça dépend – s'il ne pleut pas, on va faire un tour au centre. S'il pleut, nous allons visiter British Museum, et puis probablement faire les magasins. Elle adore faire du shopping, et moi je déteste, donc je ne vais pas m'amuser. |
| Peter: **If I were you, I would ask Kate** to show her around the shops. | Peter : Si j'étais à ta place, j'aurais demandé à Kate d'aller avec elle. |

Julien: Oh yes, **that would have been great**, but she has already suggested taking her to Adele concert, so I feel awkward about asking for more...

Julien : Oh oui, ça aurait été super, mais tu vois, elle a déjà proposé de l'emmener au concert d'Adele et je ne me sens pas à l'aise de lui demander davantage...

Peter: On Sunday morning you can bring her to our tennis club, and then I suggest that we go to my parents' place for Easter lunch. I told them that your sister is here and they invited you both. They visited some friends in Germany a few years ago and on the way back stayed in France for a week. They will be pleased to meet you and your sister and talk to you about France.

Peter : Dimanche tu peux venir avec elle à notre club de tennis et je propose qu'on aille ensuite chez mes parents pour le déjeuner de Pâques. Je leur ai dit que ta sœur était là et ils vous ont invités tous les deux. Ils ont été chez des amis en Allemagne il y a quelques années et au retour, ils sont restés une semaine en France. Ils seront heureux de faire connaissance avec toi et ta sœur et de parler de la France avec vous.

Julien: Thank you very much for your invitation! This is so kind of you and your parents. It will be fantastic to spend this special day with an English family!

Julien : Merci beaucoup pour ton invitation ! C'est si gentil de ta part et de la part de tes parents. Ce sera fantastique de passer cette journée spéciale avec une famille anglaise !

*Everybody is at Peter's parents home, they are talking about holidays and France.*

Laure: I am so lucky. **If you had not been** so kind to invite us**, I would not have had** the chance to see an English Easter up-close.

Laure : J'ai tellement de chance. Si vous n'aviez pas eu la gentillesse de nous inviter, je n'aurais pas eu l'occasion de voir comment les Anglais fêtent Pâques.

Peter: It is our pleasure! I guess there are some differences between English and French traditions, and not only on Easter.

Peter : C'est notre plaisir ! Je suppose qu'il y a certaines différences entre les traditions anglaises et françaises, et pas seulement à Pâques.

Laure: Yes... every country has its own customs... For exemple, we call 1 April « Poisson d'avril » – April's fish, and try to attach a paper fish to the victim's back without being noticed. Or, 1 May. In France it is not just an international holiday but a special day, called « Fête du muguet ». Traditionally we offer a lilly of the valley to our friends and family as a lucky charm.

Laure : Oui... chaque pays a ses coutumes particulières... Par exemple, nous, on appelle le 1er avril « Poisson d'avril », et on essaie d'attacher un poisson en papier sur le dos de la victime sans être aperçu. Ou bien, le 1er mai. En France, ce n'est pas uniquement une fête internationale, mais aussi la « Fête du muguet ». Selon la tradition nous offrons un brin de muguet à nos proches comme porte bonheur.

Peter's father: It is a very beautiful day indeed, full of flowers, smiles and good mood! We had the chance to be in Paris on that day five years ago.

Le père de Peter : C'est une très belle journée effectivement, remplie de fleurs, de sourires et de bonne humeur ! Nous avons eu la chance d'être à Paris ce

In fact, there were many more things which impressed us. We just loved your country! **If we had not had** to go back to work, **we would have stayed** much longer.

Laure: You must come back, especially now that you have friends in France. Come to Paris this summer, my cousin and I will show you some more interesting places.

Peter's mother:
Thank you, that's so kind of you!

jour-là il y a cinq ans. En fait, nous avons été impressionnés par beaucoup d'autres choses. Nous avons adoré votre pays ! Si on ne devait pas retourner au travail, on serait restés plus longtemps.

Laure : Vous devez y retourner, surtout maintenant que vous avez des amis en France. Venez à Paris cet été, mon cousin et moi vous ferons découvrir d'autres endroits intéressants.

La mère de Peter :
Merci, c'est très gentil de votre part !

**VOCABULAIRE UTILE : fêtes, politique, société**

**Célébrations**

**Anniversary** [ˌænɪˈvɜːʳsəri] – anniversaire de quelque chose
**Birthday** – anniversaire
**Happy Birthday**! Bon anniversaire !
**Christmas** – Noël
**Santa Claus** – Père Noël
**presents/gifts** – cadeaux
**Easter** – Pâques
**Christmas Eve** – la Veille de Noël
**Merry Christmas**! Joyeux Noël !
**Happy New Year**! Bonne année !
**New Year's Resolution** – décision que l'on prend au Nouvel an pour arrêter une mauvaise habitude ou pour un autre changement positif. C'est une tradition dans le monde anglo-saxon.

**Société**

**country** – pays ; **state** – État
**people** [ˈpiːpəl] – peuple
**politician** [ˌpɒlɪˈtɪʃən] – homme / femme politique
**government** [ˈgʌvəʳnmənt] – gouvernement
**parliament** [ˈpɑːʳləmənt] – parlement
**Prime-minister** – Premier ministre
**embassy** [ˈɛmbəsi] – ambassade
**human rights** – droits de l'homme
**freedom** – liberté
**security** [sɪˈkjʊərɪti] – sécurité
**immigration** [ˌɪmɪˈgreɪʃən] – immigration

**society** [səˈsaɪəti] – société
**policy** – politique
**member of parliament** – député, e
**mayor** – maire
**ambassador** – ambassadeur
**equality** [ɪˈkwɒlɪti] – égalité
**democracy** [dɪˈmɒkrəs] – démocratie
**minority** [maɪˈnɒrɪti] – minorité
**war** – guerre

**environment** [ɪnˈvaɪərənmənt] – environnement
**global warming** – réchauffement climatique
**technologies** [tɛkˈnɒlədʒiz] – technolgies
**breakthrough** – découverte scientifique

**ecology** [ɪˈkɒlədʒi] – écologie
**pollution** [pəˈluːʃən] – pollution
**innovation** [ˌɪnəˈveɪʃən] – innovation
**progress / advance** – progrès

32 CHAPITRE

# I WISH

## 1. I WISH + PAST SIMPLE

« I wish... », combiné avec *Past Simple* est un autre moyen de parler d'une situation imaginaire.
Comme avec le « Second Conditional », même si on utilise *Past Simple*, on ne parle pas du passé, mais on imagine comment les choses auraient pu être différentes de ce qu'elles sont à present. On imagine une autre « réalité », si l'on peut dire.

**I wish I were** taller.
J'aurais aimé être plus grand. (mais je ne le suis pas)

**I wish I lived** by the sea.
J'aurais aimé vivre proche de la mer. (je vis à Lyon)

« (I) **Wish you were** here » chanson de Pink Floyd
J'aurais aimé que tu sois là.

**If only** – si seulement...
Au lieu de « I wish », on peut utiliser « if only » qui exprime plus d'émotion.

**If only I could afford** to travel round the world.
Si seulement je pouvais me permettre de voyager à travers le monde.
(je ne peux pas)

## 2. I WISH + PAST PERFECT

Combiné avec *Past Perfect* exprime le regret d'une action accomplie (ou non accomplie) dans le passé :
J'aurais aimé ne pas avoir fait quelque chose (mais je l'ai fait), ou le contraire – l'avoir fait (mais je ne l'ai pas fait).

**I wish I had become** a volleyball player.
J'aurais aimé être devenu joueur de volleyball.

**I wish I had never smoked**.
J'aurais aimé ne jamais avoir fumé.

**I wish I had bought** that grey coat. It was really elegant.
J'aurais aimé avoir acheté cette veste grise. Elle était très chic.

**Should** + *Perfect Infinitive* – une autre manière de regretter le passé
(voir Chapitre 27 Modal verbs II – probabilité, page 275)

**I should have bought** that grey coat.
J'aurais dû acheter cette veste grise.

## I WISH YOU WOULD

Exprime la désapprobation :

I wish **you would stop** complaining all the time!
J'aimerais que tu arrêtes de te plaindre tout le temps !

« I wish **he would/it would/they would** » sont d'autres options possibles. Ça dépend envers qui le mécontentement est dirigé. On ne peut pas dire ~~I wish I would~~.

I wish **people would not drop** litter in the street.
J'aurais aimé que les gens ne jettent pas d'ordures dans la rue.
(mais ils le font)

I wish **my neigbour would not play** the piano in the middle of the night.
J'aurais aimé que mon voisin ne joue pas du piano au milieu de la nuit.
(il le fait)

AUTRES EMPLOIS DE **WOULD :**

- pour parler des **habitudes dans le passé**, variante de « used to »
  (voir Chapitre 20 Past Simple, page 187)
- quand on transforme le **discours** direct en **indirect**, « **will** » devient « **would** » :

Alex: I will be a bit late.
J'aurai un peu de retard.

Alex said he **would** be a bit late.
Alex a dit qu'il aurait un peu de retard.

Les règles du discours indirect et de la concordance des temps en anglais sont les mêmes qu'en français et sont examinées dans le chapitre suivant.

# I'D RATHER, I'D PREFER

Les deux signifient « préférer ».

! Attention ! Ici « **'d** » est la forme contractée de « **would** », et pas de « had » comme dans « I'd better ».

**I'd rather** + infinitif (sans **to** !)

**I'd rather go** by car. Je préfère aller en voiture.
**I'd rather have** a coffee. Je préfère prendre un café.

I'd rather **somebody did** something :

**I'd rather you cooked** tonight.
Je préfère que tu fasses la cuisine ce soir.

On utilise le passé (cooked), mais le sens est au présent.

**I'd prefer + to + infinitif**

What **would you prefer to** drink, water or juice?
Qu'est-ce que vous préférez boire, de l'eau ou du jus ?

Shall we go by car?
Est-ce qu'on va en voiture ?

Well, **I'd prefer to** walk.
Euh, moi je préfère marcher.

**A comparer :**

| **I'd rather / I'd prefer to** | **I prefer** + -ing / to + infinitive |
|---|---|
| je préfère quelque chose ou faire quelque chose dans une situation concrète. | je préfère quelque chose en principe. |

**I prefer reading** a book **to watching** TV.
ou

**I prefer to read** a book **rather than (to) watch TV.**
Je préfère lire un livre que regarder la télé.

**I prefer coffee to tea**.
Je préfère le café au thé.

## EXERCICES

**Complétez les phrases :**

**1. - I wish I ............................... (invite) him to the party.**
J'aurais aimé l'avoir invité à la fête.

**- Oh come on, he ............................... only (make) you angry!**
Oh arrête, il t'aurait seulement enervée !

...

**2. - I ............................... (not spend) all my money. Now I can't buy the tablet I have been talking to you about.**
Je n'aurais pas dû dépenser tout mon argent. Maintenant je ne peux pas acheter la tablette dont je t'avais parlé.

**- I can lend you some money if you want to.**
Je peux te prêter de l'argent, si tu veux.

**3. - I wish I ............................... (earn) more money for what I do. I work a lot and the salary is not good. I will probably look for another job.**
J'aurais aimé toucher plus d'argent pour ce que je fais. Je travaille beaucoup et le salaire n'est pas bon. Je vais probablement chercher un autre travail.

**- Hm, why don't you talk to your manager? You ............................... (get) a promotion.**
Pourquoi tu ne parles pas avec ton chef ? Tu pourrais avoir une promotion.

**4. - You ............................... (listen) to my advice. What ............................... (do) now?**
Tu aurais dû suivre mon conseil. Qu'est-ce que tu vas faire maintenant ?

**- I don't know.**
Je ne sais pas.

**5. - If ................. you........................ ....... (arrive) five minutes earlier, you ............................... (see) her.**
Si seulement tu étais arrivé cinq minutes plus tôt, tu l'aurais vue.

**- Such a pity! I ............................... (call) and asked her to wait for me.**
Dommage ! J'aurais dû l'appeler et lui demander de m'attendre.

**6. - If ............................... he ............................... (be) so selfish!**
Si seulement il n'était pas si égoiste !

**- If he ............................... (be) different, maybe you ............................... (not like) him.**
Peut-être il ne te plairait pas, s'il était différent.

...

**7. – I wish you ............................... (not get) at me all the time!**
J'aurais aimé que tu ne m'attaques pas tout le temps !

**- I am not getting at you, I am just telling you the truth.**

Je ne t'attaque pas, je te dis simplement la vérité.

33 CHAPITRE

# REPORTED SPEECH

## DISCOURS INDIRECT

Quand on rapporte les propos de quelqu'un on utilise le discours indirect.

> I **have been** to Spain.
> J'ai été en Espagne. (discours direct)
>
> He said (that) he **had been** to Spain.
> Il a dit qu'il avait été en Espagne. (discours indirect)

Notez que dans le discours indirect « **have been** » devient « **had been** ».
La particule « that » correspond à « que » en français. **On peut omettre « that** », et dans le langage parlé il est souvent omis.

> Elle a dit qu'elle allait m'appeler plus tard.
> She said she would call me later.
> (au lieu de « She said that she would call me later »)

Dans le discours indirect le verbe du discours direct est conjugué à un temps antérieur (concordance des temps, comme en français).

Tournures des auxiliaires du discours direct à indirect :

| | | | | | |
|---|---|---|---|---|---|
| **am/is** | → | **was** | **are** | → | **were** |
| **have/has** | → | **had** | **do** | → | **did** |
| **will** | → | **would** | **can** | → | **could** |

> He said: « I **am** tired ».
> Il a dit : « Je suis fatigué ».
>
> He said (that) he **was** tired.
> Il a dit qu'il était fatigué. (« **am** » devient « **was** »)
>
> He said: « I **have** an appointement ».
> Il a dit : « J'ai un rendez-vous ».
>
> He said (that) he **had** an appointment.
> Il a dit qu'il avait un rendez-vous. (« **have** » devient « **had** »)
>
> He said: « I **will** probably accept the job offer ».
> Il a dit : « Je vais probablement accepter le poste ».

He said (that) he **would** probably accept the job offer.
Il a dit qu'il allait probablement accepter le poste. (**will** → **would**)

He said: « I **can** help you ».
Il a dit : « Je peux t'aider ».

He said (that) he **could** help me.
Il a dit qu'il pouvait m'aider. (**can** → **could**)

Variation des temps verbaux :

↪ **Present Simple → Past Simple**

« I **want** to come with you. »
« Je veux venir avec toi. »

He said (that) he **wanted** to come with me.
Il a dit qu'il voulait venir avec moi.

↪ **Present Continuous → Past continuous**

« I **am** cooking a pizza. »
« Je suis en train de faire une pizza. »

He said (that) he **was** cooking a pizza.
Il a dit qu'il était en train de faire une pizza.

↪ **Present Perfect → Past Perfect**

« I **have** bought a new computer. »
« Je me suis acheté un nouvel ordinateur. »

He said (that) he **had** bought a new computer.
Il a dit qu'il avait acheté un nouvel ordinateur.

↪ **Past Simple → Past Perfect** ou **Past Simple**

« I **saw** Maria yesterday. »
« J'ai vu Maria hier. »

He said (that) he **had seen** Maria the day before.
ou He said (that) he **saw** Maria the day before.
Il a dit qu'il avait vu Maria la veille.

Notez que « yesterday » se transforme en « the day before ».
Quand on rapporte des propos du passé, on ne peut pas utiliser « today » (aujourd'hui), « yesterday » (hier) ou « tomorrow » (demain), parce que ces adverbes correspondent au moment présent. Dans le discours indirect on utilise des variantes :

| Discours direct | Discours indirect |
|---|---|
| **today**<br>"I am very busy **today.**" | **that day** – ce jour-là<br>He said he was very busy **that day**. |
| **yesterday**<br>"I saw him **yesterday.**" | **the day before** – la veille<br>She said she had seen/saw him **the day before**. |
| **tomorrow**<br>"I'll call you **tomorrow**." | **the next day** – le lendemain<br>She said she would call me **the next day**. |
| **next** week/month/year<br>"I have an appointment **next** week." | **the following** week/month/year<br>la semaine/le mois/l'année suivant(e)<br>He said he had an appointment **the following** week. |
| **last** night/week/month/year<br>"I was on holiday **last** week." | **the previous** night/week/month/year<br>le soir/la semaine/le mois/l'année précédent(e)<br>He said he had been on holiday **the previous** week. |
| **ago**<br>"I saw them a few days **ago**." | **before** – avant<br>He said he had seen/saw them a few days **before.** |
| **in** one hour<br>"I'll call you back **in** one hour." | one hour **later** – une heure plus tard<br>He said he would call me back one hour **later**. |
| **now** | **then** |
| **this** | **that** |
| **at this moment** | **at that moment** |

Dans le discours indirect « **will** » devient « **would** » :

| | | | |
|---|---|---|---|
| ↪ **Future Simple :** | **will** do | → | **would** do |
| ↪ **Future Continuous :** | **will** be doing | → | **would** be doing |
| ↪ **Future Perfect :** | **will** have done | → | **would** have done |
| ↪ **Future Perfect Continuous :** | **will** have been doing | → | **would** have been doing |

Ce sont donc quatre temps verbaux supplémentaires.

« I **will** call you later. » He said (that) he **would** call me later.
« I **won't** be using the printer. » He said he **would not** be using the printer.

**16** En comptant ces quatre temps,
**le nombre total des temps verbaux en anglais est de <u>seize</u>.**

La règle de transformer le temps dans le discours indirect, n'est pas absolument stricte. Quand on parle de quelque chose qui continue à être actuel au présent, on peut garder le même temps :

He said: « Bulgaria **is** a member of the European Union ».
Il a dit : « La Bulgarie est membre de l'Union européenne ».

He said (that) Bulgaria **is** a member of the European Union.
Il a dit que la Bulgarie est membre de l'Union européenne.

She said: « I **want** to live in Japan ».
Elle a dit : « Je veux vivre au Japon ».

She said (that) she **wants** (ou wanted) to live in Japan.
Elle a dit qu'elle veut / voulait vivre au Japon.

Formulation du discours indirect quand il s'agit d'un **ordre** ou d'une **demande** :
**Told me to do / Asked me to do**... – ... m'a dit de faire /... m'a demandé de faire

She said: « Could you send me the report, please? ».
Elle a dit : « Est-ce que tu peux m'envoyer les notes ? ».

**She asked me to send** her the report.
Elle m'a demandé de lui envoyer les notes.

He said: « Don't wait for me ».
Il a dit : « Ne m'attendez pas ».

**He told us not to wait** for him.
Il nous a dit de ne pas l'attendre.

La particule négative « not » est mise **avant** « to ».

**Discours indirect – questions :**

**Whether** = **if** – si

Quand il n'y a pas de mot interrogatif (when, where, why, etc.) dans la phrase, on utilise **whether** ou **if**.

Have you been to France?
Tu as été en France ?

He asked me **if** (ou **whether**) **I had been** to France.
Il m'a demandé si j'ai été en France.

Do you still play volleyball?
Est-ce que tu continues à jouer au volleyball ?

He asked me **if** (ou **whether**) **I still played** volleyball.
Il m'a demandé si je continuais à jouer au volleyball.

Quand il y a un mot interrogatif, « if (whether) » n'est plus utilisé, et c'est le mot interrogatif qui lie les deux parties de la phrase :

Where does she live?
Où est-ce qu'elle habite ?

He asked me **where she lives**. (sans « does »)
Il m'a demandé où elle habite.

When did you arrive?
Quand est-ce que tu es arrivé ?

He asked me **when I (had) arrived**. (sans « did »)
Il m'a demande quand j'étais arrivé.

Ces exemples montrent que quand on transforme des questions en discours indirect, on n'utilise plus ni l'inversion, ni les particules interrogatives « do, does, did ».

## QUESTIONS INDIRECTES

Ce sont des questions qu'on introduit par :

- **Do you know** ...?
- **Have you got any idea why** ...?
- **Could you tell me** ...?

Dans les questions indirectes il n'y a pas de particule interrogative « do », « does », « did », et l'ordre des mots est comme dans une phrase affirmative :

**Do you know** where she goes to dance classes? (sans « does »)
Est-ce que tu sais où elle prend ses cours de danse ?

La question directe serait avec la particule « does » :

Where does she go to dance classes?
Où est-ce qu'elle prend ses cours de danse ?

Autres exemples :

Why did Laure want to talk to the Human Ressources director yesterday?
(question directe avec « did »)
Pourquoi Laure voulait parler avec la directrice des Ressources Humaines ?

↪ **Have you got any idea** why Laure wanted to talk to the Human Ressources director yesterday? (question indirecte, sans « did »)
Tu as une idée pourquoi Laure voulait parler avec la directrice des Ressources Humaines ?

What is the time?
(question directe avec inversion)
Quelle heure est-il?

↪ **Could you tell me** what the time is?
(question indirecte, il n'y a pas d'inversion)
Pouvez-vous me dire quelle heure il est ?

Quand il n'y a pas de mot interrogatif dans la phrase, on emploie « whether » (ou « if ») pour faire la question indirecte.

Is he still in Italy? (question directe avec inversion)
Est-ce qu'il est encore en Italie ?

↪ **Do you know if** (ou whether) he is still in Italy?
(question indirecte, pas d'inversion)
Est-ce que tu sais s'il est encore en Italie ?

Les questions indirectes commencent souvent par :
**« I wonder », « I am not sure », « I don't know »**, etc.

↪ **I wonder** if our collegues from Prague will come to the meeting.
Je me demande si nos collègues de Prague vont venir à la réunion.

↪ **I'm not sure** what time the film starts.
Je ne suis pas sûr à quelle heure le film commence.

↪ **I have no idea** why Kim has left her job.
Je n'ai aucune idée pourquoi Kim a quitté son travail.

# WHO, WHAT, WHICH

## PRONOMS RELATIFS

→ **Who** – qui (pour des personnes)

This is the man **who** can help you.
C'est l'homme qui peut t'aider.

Faut-il mettre ou pas une virgule devant « who » ?

Dans l'exemple ci-dessus il n'y a pas de virgule devant « who », parce que l'information qui est introduite par le pronom « qui » est un complément déterminant pour la compréhension de la phrase (« defining clause »). Si on l'enlève, la phrase perdrait son sens : « This is the man » ne signifie rien de précis.

Quand le complément est déterminant, comme dans ce cas, dans le langage parlé on peut dire « that » au lieu de « who » :

This is the man **that** can help you.

Il y a, en revanche, des cas ou « who » introduit un complément non déterminant (« non-defining clause ») :

This is Ed King, **who** works for the BBC.
C'est Ed King, qui travaille pour la BBC.

Ici, devant « who » il faut mettre une virgule, parce que l'élément d'information introduit par « who » n'est pas déterminant. Même si on l'enlève, la phrase garde un sens : « This is Ed King ».
Quand le complément est non déterminant, on ne peut pas utiliser « that » à la place de « who » :

On ne peut pas dire : This is Ed King, ~~that~~ works for the BBC.

→ **Which** – qui (pour des objets)

I like movies **which** have happy endings.
J'aime les films qui finissent bien.

! Attention ! « Which » ne peut pas être utilisé pour des personnes !
~~I like people which~~...

La règle de la virgule devant « who » s'applique également à « which » (defining and non-defining clause). Dans l'exemple sur les films ci-dessus, le complément est déterminant, c'est pourquoi il n'y a pas de virgule devant « which ».

Un exemple de phrase avec un complément non déterminant qui est « encadré » de virgules :

> The novel Harry Potter, which has millions of readers, was J.K. Rowling's first book. Le roman Harry Potter, qui a des millions de lecteurs, est le premier livre de J.K. Rowling.

Si on enlève le complément (« which has millions of readers »), la phrase garde un sens.

Dans les exemples ci-dessus « which », « that » se rapportent au sujet, à celui qui accomplit l'action.
Quand ils se rapportent au complément, **ils peuvent être omis**, et dans le langage parlé ils sont presque toujours omis.

The girl **that** I wanted to see was not at the party.
= The girl I wanted to see was not at the party. (« that » est omis)
La fille que je voulais voir n'était pas venue à la fête.

This is the computer **which** we bought yesterday.
= This is the computer we bought yesterday. (« which » est omis)
C'est l'ordinateur qu'on a acheté hier.

Is this the book **that** you were looking for?
= Is this the book you were looking for? (« that » est omis)
Est-ce que c'est le livre que tu cherchais ?

↪ **What** – ce que

> I didn't understand **what** you told me.
> Je n'ai pas compris ce que tu m'as dit.

↪ **Where** – où ; là où

> I would like to live in a country **where** law is respected.
> Je veux vivre dans un pays où la loi est respectée.

↪ **When** – quand ; au moment où

> I was a student at university **when** I met him.
> J'étais étudiante à l'université quand j'ai fait connaissance avec lui.

↪ The reason **why** – la raison pour laquelle

There are **several reasons why** I refused the offer.
Il y a plusieurs raisons pour lesquelles j'ai refusé l'offre.

34 CHAPITRE

# LINKING WORDS

## BUT, BECAUSE, ALTHOUGH...

Les « linking words » (conjonctions) sont des mots invariables qui servent à relier deux mots ou groupes de mots.

Les conjonctions marquent :

↳ Union :

**and** – et
**too** – aussi
**besides / plus** – en plus
**also** – aussi, de même
**as well** – aussi, également
**furthermore** – de plus (langue écrite)

↳ Opposition :

**but** – mais
**however** – pourtant, cependant (au début de la phrase)

> The job was not very interesting. **However**, the pay was good.
> Le travail n'était pas très intéressant. Cependant, il était bien payé.

**although** ou **even though** – bien que
Suivi d'un verbe conjugué :

> **Although it starts raining**, we will go for a walk.
> Bien qu'il commence à pleuvoir, on va aller se promener.

**despite** ou **in spite of** – malgré
Suivi d'un nom commun ou de la forme **-ing** d'un verbe :

> **Despite the rain,** we will go for a walk.
> Malgré la pluie on va aller se promener.

**in spite of the fact that** – malgré le fait que

> **In spite of the fact that** she had the necessary qualification, she did not get the job.
> Malgré le fait qu'elle disposait de la qualification nécessaire, elle n'a pas obtenu le poste.

« Despite » et « in spite of » combinés avec la forme **-ing** sont utilisés plus souvent dans la langue écrite.

**In spite of being** rich, they do not spend much.
Bien qu'ils soient très riches, ils ne dépensent pas beaucoup.

Dans une conversation, la même idée serait exprimée avec « although » :

**Although they are** rich, they do not spend much.

**instead of** – au lieu de ; à la place de

**Instead of studying,** I watched a film on the TV.
Au lieu de travailler, j'ai regardé un film à la télé.

I can go **instead of you** if you want.
Je peux aller à ta place, si tu veux.

**on the other hand** – d'un autre côté
**on the contrary** – au contraire
**having said that = that said** – ceci dit

↪ **Cause :**

**because / as** – parce que ; car

Last night I went to bed early **because** I was very tired.
Hier soir je suis allé me coucher tôt, parce que j'étais très fatigué.

**as / since** – comme ; puisque

**As** the roads were blocked, a helicopter rescued the people.
Comme les routes étaient bloquées, un hélicoptère a secouru les gens.

**because of** – à cause de (suivi d'un nom commun)

The concert was put off **because of** the heavy rain.
Le concert a été reporté à cause d'une pluie forte.

**due to / owing to / on account of** – à cause de
Tous les trois sont plutôt utilisés dans la langue écrite.

He had to withdraw from the tournament **due to** a knee injury.
Il a dû se retirer du tournoi à cause d'une blessure au genou.

↪ **Conséquence :**

**so** – ainsi ; donc **that's why** – c'est pourquoi

I had to look after the chidren **so** I could not go out with my friends.
Je devais rester avec les enfants, et donc je n'ai pas pu sortir avec mes amis.

**as a result / consequently / therefore** – par conséquent

Your experience has been an asset for the company. We have **therefore** decided to promote you. Votre expérience est un vrai atout pour l'entreprise. Nous avons décidé par conséquent de vous accorder une promotion.

↪ **<u>But :</u>**

**to** + infinitive – pour ; de

He worked hard **to pass** the exam.
Il a beaucoup travaillé pour réussir l'examen.

La négation « de **ne pas** » – **not** to

We decided **not to go** to this meeting.
On a décidé de ne pas aller à cette réunion.

**in order to / so as to** + infinitive – afin de

**in order not to / so as not to** – afin de ne pas

**so that** + subject + can/could/would – pour que quelqu'un puisse...

They sent her all the data **so that** she could prepare the offer.
Ils lui ont envoyé toutes les données pour qu'elle puisse préparer l'offre.

**in case** – parce qu'il est possible de...

Utilisé quand on prend des précautions, parce qu'il y a une probabilité que quelque chose d'indésirable se produise.

Take an umbrella **in case** it rains.
Prends ton parapluie, parce qu'il peut pleuvoir.

**in case of** – en cas de

**In case of** fire, do not use the elevator.
En cas d'incendie ne prenez pas l'ascenseur.

↪ **<u>Comparaison :</u>**

**for example** ou **for instance** – par exemple

**or** – ou

**either** ... **or** – soit ... soit

**neither** ... **nor** – ni ... ni

<u>**like** and **as**</u>

Les deux sont proches, mais utilisés distinctement :

**like** – comme, proche de

Pour comparer des objets ou des personnes qui se ressemblent.

He sometimes behaves **like a child**. (pas ~~as a child~~)
Parfois il se comporte comme un enfant.

You are **like me**.
Tu es comme moi.

**like this** – comme ça

You should do it **like this**.
Il faut le faire comme ça.

**as** – comme, en tant que

They left everything **as it was** before their arrival.
Ils ont tout laissé comme c'était avant leur arrivée.

Expressions :

**as you know** – comme tu sais

**as you like** – comme tu veux

**as I told you** – comme je t'avais dit

**as usual** – comme d'habitude

**such as** – comme (par exemple), tel que

Some wild animals, **such as** the bear or the chimpanzee, are endangered.
Certains animaux sauvages, tels que l'ours et le chimpanzé, sont menacés d'extinction.

He uses the attic **as a workshop**. (pas ~~like a workshop~~)
Il utilise le grenier comme un atelier.

**as** + profession

She works in England **as a nurse**.
Elle travaille en Angleterre en tant qu'infirmière.

**as if** – comme si

You **sound as if** you have just woken up.
Tu parles comme si tu venais de te réveiller.

Stop treating me **as if I were** a child.
Arrête de me traiter comme si j'étais un enfant.

**it looks as if** = **it looks as though** = **it looks like** – il semble, il paraît

Le plus courant des trois est « **it looks like** ».

**It looks like** it's going to rain.
Il semble qu'il va pleuvoir.

**It looks like** they are going to get married soon.
Il paraît qu'ils vont se marier bientôt.

**it sounds like ; it smells like**

**It sounds like** the neighbours are having a party again.
Il semble (par le bruit) que les voisins sont de nouveau en train de faire une fête.

**unlike** – à la différence de

**Unlike** aerobics, callanetics is not so demanding.
A la différence de l'aérobic, les cours de callanetics ne sont pas aussi fatigants.

**by the way** – au fait

It is terribly hot today... **By the way**, how was your weekend at the mountain?
Il fait terriblement chaud aujourd'hui... Au fait, comment ça s'est passé ton weekend à la montagne ?

**in fact / actually / as a matter of fact** – en fait ; en réalité

Everyone thinks he has a bad temper, but **in fact** he is a very good person.
Tout le monde pense qu'il a un caractère difficile, mais en fait il est une très bonne personne.

**anyway** – de toute façon ; quand-même ; au juste ; enfin

Placé au début ou à la fin de la phrase :

**Anyway**, you cannot do this without consulting your colleagues.
De toute façon, tu ne peux pas faire ça sans consulter tes collègues.

It is raining, but we'll go out **anyway**.
Il pleut, mais on va quand-même sortir.

**after all** – après tout ; tout de même

Don't be too hard on him. **After all**, he is still a child.
Ne sois pas si sévère avec lui. Il est encore un enfant après tout.

**as a whole** – dans l'ensemble ; en gros

The job is good **as a whole**.
Le travail est bon dans l'ensemble.

**at least** – au moins

I'll be on a business trip in Madrid but hope to have **at least** one evening free.
Je serai en voyage d'affaires à Madrid, mais j'espère avoir au moins une soirée libre.

**LINKING WORDS** – RÉCAPITULATIF

| **Sequence** | **Result** | **Emphasis** | **Addition** |
|---|---|---|---|
| Firstly/First of all<br>Secondly<br>Finally<br>In addition<br>Moreover<br>Furthermore<br>Also<br>In conclusion<br>To sum up<br>On balance | So<br>As a result<br>As a consequence (of)<br>Therefore<br>Consequently<br>Thus<br>Hence | Indeed<br>Obviously<br>No doubt<br>In fact<br>Particularly<br>In particular<br>Especially<br>Above all<br>Of course<br>In other words | And<br>In addition<br>Furthermore<br>Also<br>Too<br>As well as |
| | | | |
| **Reason** | **Example** | **Contrast** | **Comparison** |
| For<br>Because<br>Since<br>As<br>Because of<br>Due to | For example<br>For instance<br>That is (ie)<br>Such as<br>Including<br>Namely<br>To illustrate | However<br>Nevertheless<br>Having said that<br>Still<br>Although / Though<br>But<br>Yet<br>Despite / in spite of<br>In contrast (to)<br>On the contrary<br>While / whereas<br>On the one hand | Similarly<br>Likewise<br>Also<br>Like<br>Same as<br>Similar to<br>Compared to<br>In comparison with<br>Not only...but also |

## USEFUL PHRASES FOR ESSAYS, PRESENTATIONS, WORK DISCUSSIONS

**Phrases for the introduction**
First, I would like to give you an overview of...
It is often said that / argued that...
It is a fact that...
Over the past few years it seems that...
These days it seems that...
Recently we have all become concerned that...
Nowadays we are becoming aware that...

**Giving opinion**
In my opinion / in my view, ...
From my perspective, ...
As far as I'm concerned, ...
I firmly believe that...
Personally, I feel that...
I would argue that...
I feel strongly that...
I'm quite convinced that...
I am completely opposed to...
As I have mentioned before, ...
I consider that...

**Asking for the opinion of others**
Would you agree with that?
What are your views on...?
What's your opinion?
What do you think about...?

**Disagreeing politely**
There might be some truth in what you say, but don't you think it's more a question of...
I take your point but that's not the way I see it.
I take your point but there might be a better idea.
Yes, but don't you think that...
I see what you mean but I'm not at all convinced that...
I don't entirely agree with you here.
Another option for this would be...

**Admitting you might be mistaken**
Come to think of it, you might be right.
I must admit it's true that...
I hadn't thought of ... in that way.
I suppose you are right.

**Commenting on something you know nothing (or little) about**
Actually, I don't have any first-hand experience of ... but ...
Personally, I've had little to do with... but...
It's rather difficult to say but I would imagine that...

**Talking about certainty, probability, improbability**
I doubt whether...
I'm bound to...
There is a fairly good chance of / that...
There is very little chance of / that ...
There is no doubt in my mind whatsoever that...
I wouldn't be surprised if ...
I would assume that...

**Asking someone to repeat something**
I'm sorry but I'm not sure I understood correctly.
I'm sorry, I didn't quite catch that.
Sorry, could you say that again, please.

**Avoid using overgeneralization**
~~Everybody believes that~~ ... Many people believe that...
~~People always~~ ... People tend to...
~~Nobody believes that~~ ... Not everybody believes that...
~~All young people are~~ ... The majority of young people are...
~~Young people get into trouble because~~... Young people may get into trouble because...

**Weighing up and stating arguments**
One of the most significant advantages / disadvantages is ...
One of the main risks is...
It is important to remember that...
While it is true that... it must not be forgotten that...
Although it could be argued that... it is also a fact that...

**Summarizing arguments**
All in all, I tend to the view that...
On balance, I think that...
Taking everything into consideration, I would say that...

**Explaining**
There are a number of reasons for...
One of the causes of... is...
This is largely due to...
That has lead to... / this means that...
Taking into account / consideration that...

**Suggesting solutions**
Fortunately, there are ways in which we can solve this problem.
It is essential that we...
The most obvious solution is to...

**Phrases for the conclusion section**
On this bases we conclude that...
In summary this paper argued that ...
In conclusion, ... seems to improve ...
The main conclusion that can be drawn is that ...
Overall, our results demonstrate that ...

**Formal and Informal Register**

| **Formal** | **Informal** |
|---|---|
| Single-word verbs | Phrasal verbs, idioms |
| Impersonal constructions; passive<br>*The price has been increased.* | Active constructions<br>*They've put the price up.* |
| Abstract nouns<br>*After clarification of the problem area...* | Adjectives<br>*When the problems are clarified...* |
| Use of inversion of conditionals<br>*Should you require further information...* | Conditionals without inversion<br>*If you need more information...* |
| No contractions in writing<br>*I will; we would* | Contractions in writing<br>*I'll; we'd* |

| Formal | Informal |
|---|---|
| Words of Latin / French origin | Words of Anglo-Saxon origin |
| Verbs | |
| commence, initiate | begin |
| depart | go |
| retain | keep |
| cease | stop |
| function | work |
| demonstrate | show |
| reside | live |
| appear | seem |
| abbreviate | shorten |
| terminate | end |
| assist / aid | help |
| desire / require | want |
| obtain | get |
| liberate | free |
| discuss | talk over |
| contact | get in touch with |
| lodge a complaint | put in a complaint |
| connect | put somebody through |
| investigate | check out |
| arrange | fix up |
| postpone | put off |
| tolerate | put up with |
| deteriorate | get worse |

| | |
|---|---|
| enter | join in |
| Adverbials | |
| Subsequently | Next / later |
| Principally | Mostly / mainly |
| Consequently<br>Therefore | So |
| Initially | At first |
| Ultimately / finally | In the end |
| Nouns | |
| deficiency | lack |
| vision | sight |
| residence | home |
| respiration | breathing |
| comprehension | understanding |
| Adjectives | |
| incorrect | wrong |
| vacant | empty |
| insane | mad |
| inexpensive | cheep |
| vivacious / animated | lively |
| superior / improved | better |
| immature | childish |
| sufficient | enough |
| entire / complete | whole |
| senior | older |

## EXERCICES

**Mettez les adverbes à leurs places correctes :**
whereas ; especially ; Moreover ; for example ; However ; Overall ; therefore ; although ; In conclusion ; thanks to ; despite ; as ; due to ; On balance ; such as ; also

**Nowadays it is common for people to work from home (1) ... advances in technology. (2) ... , I would argue that this has more negative impact than positive.**

**One advantage of working from home is the freedom it provides. Home workers can undertake some other tasks they need to do during the day, (3) ... doing the laundry or cooking. It is (4) ... time-saving (5) ... they do not have to commute to work. (6) ... , employees have more control over their lives.**

**(7) ..., (8) ... these positive factors, there are a number of disadvantages. The first of these is the fact that those who work from home will not be mingling with colleagues. When people are at work, they are always surrounded by others, (9) ... at home, an employee is likely to be alone most of the time. This may lead to feelings of loneliness (10) ... lack of interaction. (11) ... , one may have less influence in the company, (12) ... when important decisions need to be made. If an employee is not there, others may have to step in. If this occurs on a regular basis, the employee's contribution to the company may decline, meaning a higher probability of getting overlooked for things (13) ... promotion.**

**(14) ... , (15) ... there are some advantages related to working from home, the negative impact can be significant. Employees should (16) ... consider carefully whether this is the best option for them.**

De nos jours, il est courant que les gens travaillent à domicile grâce aux progrès des technologies. Tout bien considéré, je dirais que cela a plus d'impact négatif que positif.

L'un des avantages du télétravail est la liberté qu'il procure. Les travailleurs à domicile peuvent entreprendre d'autres tâches qu'ils doivent accomplir pendant la journée, par exemple faire la lessive ou cuisiner. C'est aussi un gain de temps car ils n'ont pas à se déplacer pour se rendre au travail. Dans l'ensemble, les employés ont plus de contrôle sur leur vie. Cependant, malgré ces facteurs positifs, il existe un certain nombre d'inconvénients. Le premier, c'est le fait que ceux qui travaillent à domicile ne voient pas leurs collègues. Lorsque les gens sont au travail, ils sont toujours entourés par d'autres, alors qu'à la maison, un employé est susceptible d'être seul la plupart du temps. Cela peut faire naître des sentiments de solitude en raison du manque d'interaction. De plus, on peut avoir moins d'influence dans l'entreprise, surtout lorsque des décisions importantes doivent être prises. Si un employé n'est pas là, d'autres peuvent être obligés à intervenir. Si cela se produit régulièrement, la contribution de l'employé à l'action de l'entreprise peut diminuer, ce qui signifie une plus grande probabilité d'être oublié lors des promotions, par exemple. En conclusion, bien qu'il y ait certains avantages liés au travail à domicile, l'impact négatif peut être important. Les employés devraient donc évaluer attentivement s'il s'agit de la meilleure option pour eux.

## Mettez les adverbes à leurs places correctes :

such as ; for instance ; in my view ; while (2 fois) ; another example ; finally ; as a result ; to sum up ; but ; in addition ; certainly ; also ; for example

Technology plays an increasingly important part in our daily lives. ... (1) many technological developments may be beneficial – in the field of medicine, ... (2), there are many others whose effects are less positives. We can find examples of these in the world of work, in the home and in the whole area of freedom and privacy.

In the world of work technological advances have had various negative effects. The development of robotics, ... (3) has meant that in industries such a car-manufacturing robots are replacing people. They work faster and more accurately and they don't need breaks. ... (4), industrial workers see job opportunities dwindling further and unemployment levels rising. ... (5) more and more people are working from home losing the direct contact with other people and may feel isolated.

... (6) of the negative effect of technological change can be found on the domestic field, in the home. ... (7), technological developments ... (8) the microwave are devaluing traditional home-making skills like cooking.

... (9), there are the implications of information technology for freedom and privacy. More facts about individuals are being stored in data files, which may be accessed through networks of computers..It is ... (10) convenient to store information in this way ... (11) it creates an ever-increasing risk of accidental or deliberate leaking of private details and I feel it could lead to long-term problems. There may be other hidden danger – theoretically could a "thinking" computer start to use the date against us?

... (12), I believe that we must be very careful with technology. ... (13) it has clear advantages, there is ... (14) the danger that it could turn on us and we could find ourselves the victims of our own success.

35 CHAPITRE

# PASSIVE
# HAVE SOMETHING DONE

La voix passive est particulièrement utilisée dans la littérature scientifique et technique, ainsi que dans les journaux, c'est-à-dire, dans la langue écrite, mais il arrive aussi qu'on l'utilise en parlant.

Rappelons d'abord ce que c'est la voix passive en français.

## QUELLE EST LA DIFFÉRENCE ENTRE :

| | | |
|---|---|---|
| Paul a écrit la lettre<br>la semaine passée.<br>**Paul wrote** the letter<br>last week. | et | La lettre a été écrite (par Paul)<br>la semaine passée.<br>**The letter was written**<br>last week (by Paul). |

Dans la première phrase Paul est le sujet et il accomplit l'action.
Dans la deuxième phrase la lettre est le sujet, mais elle **n'accomplit pas l'action**, elle la subit. D'où on appelle la voix « passive ».

Celui qui accomplit réellement l'action peut être introduit par **by**.

> Shakespeare wrote Hamlet in 1509. (voix active, Shakespeare accomplit l'action)
> Shakespeare a écrit Hamlet en 1509.
>
> Hamlet, one of the greatest plays of all time, **was written by** Shakespeare in 1509. (voix passive, Hamlet n'accomplit pas l'action)
> Hamlet, l'une des plus grandes pièces de tous les temps a été écrite par Shakespeare en 1509.

La voix passive est utilisée dans les cas où l'on ne s'intéresse pas spécialement à celui qui accomplit l'action ou bien on ne sait pas qui c'est.

> Volvos **are made** in Sweden.
> Les Volvos sont fabriquées en Suède.
>
> This house **was built** in the 19th century.
> Cette maison a été construite au 19ème siècle.

**RÈGLE « D'OR »** pour la forme **PASSIVE** :

**BE + PAST PARTICIPLE**

Cette règle n'a aucune exception. Vous prenez le verbe BE, vous le conjuguez au temps qui convient et vous ajoutez le participe passé - *Past Prticiple*.

Exemples avec toutes les variantes possibles de **BE** et le participe passé de **MAKE:**

| | | |
|---|---|---|
| Present Simple | **is made**<br>est fabriqué<br>(en principe) | The Mercedes S-class **is made** in Germany.<br>La Mercedes S-class est fabriquée en Allemagne. |
| Present Continuous | **is being made**<br>est en train d'être fabriqué | This new model **is being made**.<br>Ce nouveau modèle est en train d'être fabriqué. |
| Present Perfect | **has been made**<br>a été fabriqué<br>(le résultat est important) | Two new models **have been made** this year.<br>Deux nouveaux modèles ont été fabriqués cette année. (jusqu'à présent) |
| Past Perfect | **had been made**<br>avait été fabriqué<br>(avant un moment passé) | This model **had been made** before the new series started.<br>Ce modèle avait été fabriqué avant le lancement de la nouvelle série. |
| Past Simple | **was made**<br>a été fabriqué<br>(on précise quand) | More than 2 million cars **were made** last year.<br>Plus de 2 millions de voitures ont été fabriquées l'année passée. |
| Past Continuous | **was being made**<br>était fabriqué / se fabriquait (longue action au cours de laquelle une autre action brève s'est produite) | The model **was being made** already when they decided to change some details.<br>Le modèle se fabriquait déjà quand ils ont décidé de modifier certains détails. |
| Future Simple | **will be made**<br>sera fabriqué,<br>va être fabriqué | More cars of this model **will be made** next year.<br>D'autres voitures de ce modèle seront fabriquées l'année prochaine. |
| Future Perfect<br>(avant un moment futur) | **will have been made**<br>aura été fabriqué | By the end of the year, a lot of cars of this model **will have been made**.<br>Vers la fin de l'année un grand nombre de voitures de ce modèle auront été fabriquées. |

Une expression courante, qui est à la voix passive :

**I was told** – on m'a dit

« I told » signifie « j'ai dit », et « I was told » – « on m'a dit ». Voix passive typique, formée selon la règle « d'or » avec le verbe BE et le participe passé. Peu importe qui accomplit l'action.

Par exemple, si vous obtenez un renseignement à la poste, vous pouvez ensuite dire :

> **I was told** that the parcel should arrive by the end of the week.
> On m'a dit que le colis doit arriver avant la fin de la semaine.

Expressions impersonnelles qui commencent par « **It is** :

**it is said that** = **people say that** – les gens disent que, on dit que
**it is considered that** – on considère que
**it is expected that** – on attend que

> **It is said** that he is very rich.
> On dit qu'il est très riche.

> **It is expected that** the government will announce its decision soon.
> On attend que le gouvernement annonce sa décision bientôt.

On peut aussi commencer directement par le sujet :

= It is said that he is very rich
**He is said to be** very rich.

= It is expected that the government will announce its decision soon.
**The government is expected to** announce its decision soon.

Une locution qui a deux usages :

## BE SUPPOSED TO

**1.** Premier usage :

**Be supposed to** = be said to – on dit que
On rencontre cet usage surtout dans la littérature, dans les journaux, à la télé.

> He **is supposed to** have won a lot of money gambling.
> On dit qu'il a gagné beaucoup d'argent au jeu.

(Notez the *Perfect Infinitive* – « have won » qui exprime un fait dans le passé)

> The thieves **are supposed to** have stolen at least 20 valuable paintings.
> On pense que les voleurs ont pris au moins 20 tableaux de valeur.

(De nouveau *Perfect Infinitive* – « have stolen »)

**2.** Deuxième usage (courant dans la conversation) :

**Be supposed to** – devrait, c'est prévu

Nous avons déjà vu cet usage au Chapitre 26 Modal verbs I, page 257, comme une façon de dire « il faut ».

Il est souvent employé au passé :
**Was/were supposed to** – devait, aurait dû (mais ...)

> Where is the file?
> You **were supposed to hand it in** by now.
>
> Où est le dossier ?
> Tu devais déjà l'avoir remis.
>
> I **was supposed to call** Marie this morning, but I forgot.
> Je devais appeler Marie ce matin, mais j'ai oublié.

Souvent employé au présent, à la forme négative :
**You are not supposed to** – tu ne dois pas... tu ne devrais pas

> **You are not supposed to** smoke here!
> Tu ne dois pas fumer ici !

## PASSIVE INFINITIVE

Il existe aussi un **infinitif passif**, utilisé dans des phrases où le sujet subit l'action. L'infinitif passif peut être « simple » ou « perfect » :

**1.** Simple :

**BE + PAST PARTICIPLE**

**be made ; be done ; be told**

> He is hoping to **be elected** president.
> Il espère être élu président.
>
> I don't want to **be disturbed**.
> Je ne veux pas être dérangé.

**2.** Perfect :

| |
|---|
| **HAVE + BEEN + PAST PARTICIPLE** |

**have been made ; have been done ; have been told**

On utilise le « perfect passive infinitive » quand on parle du passé :

This house must **have been built** last century.
Cette maison doit avoir été construite / a dû être construite le siècle passé.

We should **have been told** about the change of the schedule.
On aurait dû nous informer du changement des horaires.

Les infinitifs passifs s'utilisent souvent à l'écrit, surtout dans des textes techniques ou de la presse. Voici un extrait tiré de la rubrique de sport de BBC où on trouve un *Perfect Passive Infinitive* (après **may**), ainsi qu'un conditionnel de troisième type, contenant un *Perfect (Active) Infinitive*. La Grammaire dans toute sa splendeur ! ☺

« If it had not been for Andy Murray's decision to use his protected world ranking of two, Great Britain might not have qualified for the inaugural event because their other players may not have been ranked high enough. »

## PASSIVE -ING FORM

A partir de l'infinitif passif on peut faire une forme **-ing**. La forme **-ing** passive est soumise aux mêmes règles que la forme **-ing** active (voir Chapitre 17 -ING FORM, page 155) – on la trouve après des verbes qui exigent son emploi, après des prépositions, etc. Elle peut être « simple » ou « perfect » :

**1.** Simple

be made → **being made**

I don't like **being told** what to do. Je n'aime pas qu'on me dise quoi faire.

He is tired of **being insulted**. Il en a marre d'être insulté.

**2.** Perfect

have been made → **having been made**

« Perfect Passive -ing form » est utilisée pour marquer une action qui précède une autre :

He complained of **having been mistreated**. Il s'est plaint d'avoir été maltraité.

Une variante de la voix passive, souvent utilisée dans le langage parlé, c'est « **have something done** » :

# HAVE SOMETHING DONE

**Have something done** s'utilise quand on parle des services faits (par exemple d'un technicien, d'un coiffeur, etc).

We **had** a new security system **installed** yesterday.
On nous a installé un nouveau système de sécurité hier.

Dans une phrase affirmative l'ordre des mots est le suivant :

On commence par celui à qui on fait le service, puis HAVE*, ensuite l'objet qui subit l'action (qui est réparé, nettoyé, etc.), et enfin le participe passé.
*HAVE dans ce cas ne signifie pas « avoir », il est auxiliaire, conjugué au temps qui convient.

I **had** my car **repaired** last week.
On m'a réparé la voiture la semaine passée.

**Have** est ici conjugué au *Past Simple*, parce qu'on précise le moment – la semaine passée.

Autres exemples :

Vous rencontrez par hasard une amie qui a changé de coiffure et vous dites :

You **have had** your hair **cut**!
Tu t'es fait couper les cheveux !

HAVE dans cet exemple est au *Present Perfect* (have had), parce que le moment précis de l'action n'a pas d'importance, c'est le résultat qui compte – ses cheveux sont courts maintenant.

Si votre amie précise quand, HAVE sera mis au *Past Simple* :

I **had** my hair **cut** yesterday.
Je me suis fait couper les cheveux hier.

La question serait également au *Past Simple* :

When **did you have** your hair **cut**?
Quand est-ce que tu t'es fait couper les cheveux ?

**Have** peut être conjugué au *Present Continuous*, si l'action est en cours :

We **are having** our apartment **painted** this week.
On fait peindre notre appartement cette semaine.

Prenons l'exemple de quelqu'un qui fait réparer (ou réviser) sa voiture, afin de voir comment **have** est conjugué :

| | | |
|---|---|---|
| Present Simple | **has** | He **has** his car **serviced** once a year.<br>Il fait réviser sa voiture une fois par an. |
| Present Continuous | **is having** | He **is having** his car **repaired**.<br>Il fait réparer sa voiture.<br>(c'est pourquoi il doit venir en bus) |
| Present Perfect | **has had** | He **has had** his car **repaired**.<br>Il a fait réparer sa voiture.<br>(c'est le résultat qui est important, pas le moment précis) |
| Past Perfect | **had had** | He **had had** his car **repaired** before he left.<br>Il avait fait réparer sa voiture avant de partir. |
| Past Simple | **had** | He **had** his car **repaired** last week.<br>Il a fait réparer sa voiture la semaine passée.<br>(on précise le moment) |
| Past Continuous | **was having** | He **was having** his car **repaired**.<br>Il faisait réparer sa voiture.<br>(c'est pourquoi il est venu en bus) |
| Future | **will have** | He **will probably have** his car **repaired** next week.<br>Il va probablement faire réparer sa voiture la semaine prochaine. |
| | **is going to have** | He **is going to have** his car **repaired** next week.<br>Il va faire réparer sa voiture la semaine prochaine.<br>(c'est arrangé) |

A la place de **have**, on peut utiliser **get** :

He is going to **get** his car **repaired** next week.
I **got** my hair **cut** yesterday.

**Have something done** a aussi un usage complètement différent, lié à un problème :

He **had** his car **stolen** while he was on holiday.
On lui a volé la voiture pendant qu'il était en vacances.

La même action peut être exprimée à la voix passive :

His car <u>**was stolen**</u> while he was on holiday.

## EXERCICES

**Complétez les phrases :**

**1. - How many languages ..................... (speak) in Swtzerland?**
Combien de langues on parle en Suisse ?

**- I think, three – French, German and Italian.**
Je pense qu'on parle trois – français, allemand et italien.

...

**2. - I haven't been around for such a long time. I didn't know that the bridge ...................(destroy).**
Je n'ai pas été ici depuis si longtemps.
Je ne savais pas que le pont avait été détruit.

**- A new one ....................... (build) soon.**
Un nouveau va être construit bientôt.

...

**3. - A lot of firecrackers ....................... (throw) but fortunately nobody ....................... (hurt).**
Beaucoup de pétards ont été jetés,
mais heureusement personne n'a été blessé.

**- I thought firecrackers ....................... (ban) at public places.** Je pensais que les pétards étaient interdits dans les endroits publics.

...

**4. - Do you know that Pit ....................... (send) to the headquarters in Berlin for a year?**
Tu sais que Pit a été envoyé au siège à Berlin pour une année ?

**- No, I didn't know. We ....................... (need) another person here then.**
Je ne savais pas. On aura besoin de quelqu'un d'autre ici dans ce cas.

**5. - Did you check about the visa?**
Tu as vérifié pour le visa ?

**- Yes, I did, I ....................... (tell) that I needed one more document.**
Oui, j'ai vérifié, on m'a dit que j'avais besoin d'un autre document.

...

**6. - Have you finished the renovation works yet?**
Vous avez déjà fini les travaux ?

**- Not yet. The apartment ....................... already (paint), but the bathroom ...................(renovate) now.**
Pas encore. L'appartement est déjà peint, mais la salle de bain est en train d'être rénovée.

...

**7. - I ....................... a new fixed Internet (install) last week but I'm not happy because the connection is not fast enough.**
La semaine passée on m'a installé un nouveau service internet, mais je ne suis pas content, parce que la connexion n'est pas suffisamment rapide.

**- You should call them, it might be something related to the settings.**
Tu dois les appeler, c'est peut-être une question de réglage.

...

**8. - You ....................... (call) me last night.**
Tu devais m'appeler hier soir.

**- I am sorry. I finished work very late.**
Je suis désolé. J'ai fini le travail très tard.

I ANNEXE

# ADJECTIVE / VERB + PREPOSITION

## ADJECTIVE + PREPOSITION

La préposition peut être : **OF, AT, ABOUT, WITH, BY, FOR, FROM, IN, TO, ON**

Rappelons que si la préposition est suivie d'un verbe, le verbe doit être en forme **-ing**.

↪ kind **OF** you – gentil de ta part

Thanks a lot, **this is so kind of you**!
Merci bien, c'est tellement gentil de ta part !

↪ good **AT** – bon en quelque chose

She is really very **good at cooking**.
Elle est vraiment très bonne en cuisine.

↪ angry **ABOUT** something – fâché pour quelque chose

He often **gets angry about small things** at work.
Il se fâche souvent pour de petites choses au travail.

↪ worried / upset **ABOUT** – inquiété pour; à cause de / contrarié

**Scientists are really worried about** climate change.
Les scientifiques sont vraiment inquiets à cause du changement climatique.

↪ sorry **ABOUT** – désolé pour

**I'm sorry about that**.
Je suis désolé pour ça.

↪ angry **WITH** someone – fâché contre quelqu'un

**Don't be angry with me**, it wasn't my fault.
Ne te fâche pas contre moi, ce n'était pas ma faute.

↪ pleased / satisfied **WITH** – content / satisfait de

**I am satisfied with my progress** in English.
Je suis content de mes progrès en anglais.

↪ disappointed **WITH** – déçu de

**Are you disappointed with his decision?**
Est-ce que tu es déçu de sa décision ?

↪ fed up **WITH** – en avoir assez de

**I'm fed up with people who are complaining** all the time.
J'en ai assez des gens qui se plaignent tout le temps.

↪ surprised **BY** – surpris par

She **was very surprised by** the news.
Elle était très surprise par la nouvelle.

↪ afraid / scared **OF** – effrayé de / avoir peur de

**I'm not afraid of difficulties.**
Je n'ai pas peur des difficultés.

↪ proud / ashamed **OF** – fier de / avoir honte

She **is proud of** her daughter's success.
Elle est fière du succès de sa fille.

↪ tired **OF** – fatigué de

**I'm tired of working hard** for little money.
Je suis fatigué de travailler beaucoup pour si peu d'argent.

↪ full **OF** – plein de

This cupboard **is full of useless things**.
Ce placard est rempli de choses inutiles.

↪ short **OF** – ne pas avoir assez de, manquer de

I've been **short of money** lately.
Je manque d'argent dernièrement.

↪ famous **FOR** – connu pour

France **is famous for its cuisine**.
La France est connue pour sa cuisine.

↪ responsible **FOR** – responsable de

**I'm not responsible for** this mess.
Je ne suis pas responsable de ce désordre.

↪ different **FROM** – différent de

This book **is different from what I expected**.
Ce livre est différent de ce à quoi je m'attendais.

↪ similar **TO** – similaire à, ressembler à

This English dish **is similar to our Hachis Parmentier**.
Ce plat anglais ressemble à notre Hachis Parmentier.

↪ be interested **IN** – s'intéresser à

Most Englishmen **are interested in football**.
La majorité des anglais s'intéressent au football.

- be impressed **BY** – être impressionné par

  We **were highly impressed by** the President's speech.
  Nous étions très impressionnés par le discours du Président.

- keen **ON** – passionné par

  He **has always been keen on rock music**.
  Il a toujours été passionné par le rock.

- married **TO** / engaged **TO** – marié à / fiancé à

  She **is married to an Italian**.
  Elle est mariée à un Italien.

- in love **WITH** – amoureux de

  **I'm not in love with him**, I just like him.
  Je ne suis pas amoureuse de lui, tout simplement il me plaît.

## VERB + PREPOSITION

**ABOUT, AT, FOR, IN, OF, ON, TO**

- apologize **TO** someone **FOR** something – s'excuser auprès de quelqu'un pour quelque chose

  They **apologized to** the travellers **for** the delay.
  Ils se sont excusés auprès des voyageurs pour le retard.

- complain **TO** someone **ABOUT** something – se plaindre auprès de quelqu'un de quelque chose

  We **complained to** the manager **about** the bad service.
  Nous nous sommes plaints auprès du responsable du mauvais service.

- think **ABOUT** – penser à

  There is no point **thinking about this**, nothing depends on you.
  Il n'y pas besoin d'y penser, rien ne dépend de toi.

- think **OF** – penser à (effleurer l'esprit)

  Such a pity **I didn't think of calling him** straight away.
  Dommage que je n'aie pas pensé à l'appeler tout de suite.

- care **ABOUT** – se soucier de, s'intéresser à

  He **doesn't care about** my problems.
  Il ne se soucie pas de mes problèmes.

↳ care **FOR** – s'occuper de, aimer

She **cares for** her grandmother.
Elle aime sa grand-mère.

↳ take care **OF** – s'occuper de, prendre soin de

**I'll take care of the flowers** while you are away.
Je vais m'occuper des fleurs pendant que tu n'es pas là.

↳ depend **ON** – dépendre de

I want to help you but it **doesn't depend on me**.
Je veux t'aider, mais ça ne dépend pas de moi.

↳ concentrate **ON** – se concentrer sur

Can you turn off the music, please? I need to **concentrate on my work**.
Tu peux éteindre la musique, s'il te plaît ? Je dois me concentrer sur mon travail.

↳ spend **ON** – dépenser pour

She **doesn't spend much on clothes**, unlike her sister.
A la différence de sa sœur, elle ne dépense pas beaucoup en vêtements.

↳ listen **TO** – écouter

I usually **listen to the radio** in the mornings.
D'habitude j'écoute la radio le matin.

↳ speak / talk **TO** – parler à / avec

**Can I talk to you** for a minute?
Je peux parler avec toi une minute ?

↳ laugh **AT** – rire de

**Don't laugh at me**! It's not funny.
Ne ris pas de moi ! Ce n'est pas drôle.

↳ shout **AT** – crier sur

Our neighbour **is always shouting at her children**.
Ma voisine crie tout le temps sur ses enfants.

↳ look **AT** – regarder

**Look at the sunset**! Isn't it wonderful?
Regarde le coucher de soleil ! Il est magnifique, n'est-ce pas?

↳ rely **ON** – compter sur

She is my best friend, I **can always rely on her**.
Elle est ma meilleure amie, je peux toujours compter sur elle.

↳ insist **ON** – insister à

The manager **insisted on making a quick decision**.
Le responsable a insisté à prendre une décision rapide.

↪ believe **IN** – croire en

You cannot **believe in God** until you believe in yourself.
Tu ne peux pas croire en Dieu tant que tu ne crois pas en toi-même. (proverbe indien)

↪ apply **FOR** a job – postuler un emploi

I'm going to **apply for this job**.
J'ai l'intention de postuler cet emploi.

↪ search **FOR** – chercher

What **are you searching for**?
Qu'est-ce que tu cherches ?

↪ wait **FOR** – attendre

**I've been waiting for them** for one hour!
Je les attends depuis une heure !

↪ **call someone** ou **ring someone** ou **phone someone** – appeler quelqu'un au téléphone

I will **call my sister** later.
Je vais appeler ma sœur plus tard.

↪ **meet** – faire connaissance avec

She **met her future husband** at work.
Elle a fait connaissance avec son futur mari au travail.

↪ **meet with** – rencontrer quelqu'un, voir quelqu'un

He **is going to meet** (with) the investors next week.
Il va voir les investisseurs la semaine prochaine.

↪ ask **FOR** – demander

I'd like to **ask you for advice**.
Je voudrais te demander un conseil.

↪ ask a question – poser une question

Can I **ask you a question**?
Est-ce que je peux te poser une question ?

Entre le verbe et la préposition il peut y avoir un complément d'objet.

## VERB + OBJECT + PREPOSITION

- borrow something **FROM** someone – emprunter quelque chose à quelqu'un

  I can **borrow some money from my brother**.
  Je peux emprunter un peu d'argent à mon frère.

- congratulate someone **ON** – féliciter quelqu'un pour

  **I'd like to congratulate you on your new position** in the company!
  Je voudrais te féliciter pour ta nouvelle position dans l'entreprise !

- explain something **TO** someone – expliquer quelque chose à quelqu'un

  If you want, **I can explain to you the grammar** rules.
  Si tu veux, je peux t'expliquer les règles de grammaire.

- invite someone **TO** – inviter quelqu'un à

  I'm going to **invite a lot of friends to my birthday party**.
  Je vais inviter beaucoup d'amis à mon anniversaire.

- prefer something **TO** something else – préférer quelque chose à quelque chose d'autre

  I **prefer coffee to tea**.
  Je préfère le café au thé.

- it reminds me **OF** something – ça me rappelle quelque chose

  I don't like this dress, it **reminds me of my old school uniform**.
  Je n'aime pas cette robe, elle me rappelle mon uniforme à l'école.

- someone reminds me **ABOUT** something – quelqu'un me rappelle quelque chose

  They phoned **to remind me about** my dentist's appointment.
  Ils m'ont téléphoné pour me rappeler le rendez-vous chez le dentiste.

## II ANNEXE

# PHRASAL VERBS

« Phrasal verb » est un verbe ordinaire auquel on a ajouté une particule (préposition ou adverbe).

Le nouveau verbe formé de cette façon a souvent un sens propre, différent de l'original. Par exemple, quand on ajoute « up » au verbe « get », on obtient le verbe « **get up** » (se lever). En ajoutant d'autres particules on peut obtenir plusieurs nouveaux verbes. En plus, un seul « phrasal verb » a souvent plusieurs significations.

Aussi, certains « phrasal verbs » ont deux ou trois particules au lieu d'une seule. Par exemple, « **put up with** » – supporter.

Les particules le plus souvent employées sont :
**ON/OFF, IN/OUT, UP/DOWN, AWAY/BACK, OVER, OUT OF, AFTER, FOR**

Certains « phrasal verbs » ont un **sens littéral**, par exemple **stand up** – se redresser ou **walk out** – sortir. Les verbes de ce type sont relativement faciles, parce que leur sens est proche du sens du verbe original.

Mais la plupart des « phrasal verbes » ont un **sens idiomatique,** c'est à dire complètement différent du sens du verbe original et c'est impossible de le deviner logiquement. Ils sont à apprendre comme des mots nouveaux.

Parfois un « phrasal verb » peut avoir un sens littéral et un sens idiomatique.
Exemple : **put out**

> They always **put the cat out** at night. Ils font toujours sortir le chat la nuit.
> (sens littéral: put out = mettre dehors, faire sortir)
>
> **Put out** the cigarette, please!
> Eteins la cigarette, s'il te plaît. (sens idiomatique: put out = éteindre)

### LISTE DE « PHRASAL VERBS » SOUVENT UTILISÉS DANS LE LANGAGE COURANT

↳ **Be back** = return – revenir, rentrer

> I **will be back** in a minute.
> Je reviens dans une minute.

↳ **Be off** (to a place) = go – aller, partir

> **I am off to work**, bye!
> Je vais au travail, salut !

↪ **Break down** = stop to function – tomber en panne

My car **has broken down**. I have to come by bus.
Ma voiture est tombée en panne. Je dois venir en bus.

↪ **Break up / split up** = end a relationship – rompre

After being together for 5 years, they **broke up**.
Ils ont rompu après avoir été ensemble pendant 5 ans.

↪ **Bring up** a child = raise a child – élever un enfant

He **was brought up** by an Italian family.
Il a été élevé dans une famille italienne.

↪ **Bring up** a topic = introduce it in a conversation – soulever une question, introduire un sujet dans la conversation

She repeatedly tried to **bring up** this subject.
Elle a essayé plusieurs fois de soulever cette question.

↪ **Call** someone **back / phone back / ring back** = return a phone call – rappeler au téléphone

I can't talk at the moment, sorry. I **will call you back** later.
Je ne peux pas parler maintenant, désolé. Je vais te rappeler plus tard.

↪ **Call** something **off** = cancel – annuler

The game **was called off** because of the bad weather.
Le match a été annulé à cause du mauvais temps.

↪ **Calm down** = relax after being angry – se calmer

He is still angry. You'd better wait until he **calms down** and then talk to him.
Il est encore fâché. Il vaut mieux attendre qu'il se calme et parler ensuite avec lui.

↪ **Catch up with** = become equal of someone – rattraper

I must work hard to **catch up** with you.
Je dois travailler beaucoup pour te rattraper.

↪ **Catch up on** = discuss the latest news – discuter de l'actualité

Let's go for a coffee and **catch up on** all the news in the company.
Allons prendre un café et voir ce qu'il y a de nouveau dans l'entreprise.

↪ **Check in** = register – s'enregistrer (à l'hôtel, à l'aéroport)

They had to wait for an hour to **check in**.
Ils ont dû attendre une heure pour s'enregistrer.

↪ **Check out** = leave a hotel – quitter l'hôtel

What time do I have to **check out**?
A quelle heure nous devons quitter l'hôtel ?

↪ **Cheer up** = become happier – s'égayer

Souvent utilisé à l'impératif :

Why are you so grumpy? **Cheer up**!
Pourquoi tu fais la tête ? Sois plus gai !

↪ **Clean up / tidy up** = make it clean – ranger

I think you should **clean up** your room.
Je pense que tu dois ranger ta chambre.

↪ **Come across** something = find something unexpectedly – trouver quelque chose par hasard

I **came across** this book while tidying the attic.
J'ai trouvé ce livre pendant que je rangeais le grenier.

↪ **Come up with** = produce an idea – proposer une nouvelle idée

During the meeting yesterday he **came up with** a very interesting idea.
Pendant la réunion hier, il a proposé une idée très intéressante.

↪ **Count on** = rely on – compter sur

Can I **count on** you to be ready with the presentation by Wednesday?
Est-ce que je peux compter sur toi de préparer la présentation d'ici mercredi ?

↪ **Cross out / rub out** = remove – barrer / effacer

She **does not like crossing out**, that's why she always writes with a pencil and **rubs out** if necessary.
Elle n'aime pas barrer, c'est pourquoi elle écrit toujours avec un crayon et efface, si nécessaire.

↪ **Cut back on / cut down on** = reduce – diminuer (surtout nourriture, alcool)

The doctor told her **to cut down on sweet things**.
Son médecin lui a conseillé de diminuer le sucre.

↪ **Do up** an old building, room, car = repair, improve – rénover

It's a lovely house but it **needs doing up** a bit.
C'est une maison magnifique, elle a juste besoin d'être rénovée un peu.

↪ **Drop in** = come without an appointement – aller chez quelqu'un sans appeler d'avance

I was near your home so I decided **to drop in**.
Je passais dans le coin et j'ai décidé de venir te voir.

↪ **Drop** someone **off** = take someone to a place and leave them there – conduire quelqu'un quelque part et le laisser là-bas

Can you **drop me off** at the metro station?
Tu peux me laisser à la station de métro ?

↪ **Eat out** = eat in a restaurant – manger au restaurant

We usually **eat out** on Saturdays.
D'habitude nous dinons dehors le samedi.

↪ **Fall out** (with) = have an argument – se disputer

He **had fallen out with** all his friends before going abroad.
Il s'est disputé avec tous ses amis avant de partir à l'étranger.

↪ **Figure** something **out** = understand – comprendre

She is trying to **figure out** what the problem is.
Elle essaie de comprendre quel est le problème.

↪ **Fill in** = complete – remplir (un formulaire, des lacunes)

If you want to participate, you need **to fill in this form**.
Si vous voulez participer, vous devez remplir ce formulaire.

↪ **Fill somebody in** = give someone details about something – donner des infromations

Did James **fill you in** about the new project?
Est-ce que James t'a donné des informations sur le nouveau projet ?

↪ **Fill in for somebody** = do someone's job while they are away – remplacer

**I'm filling in for** the receptionist at the moment.
Je remplace le réceptionniste en ce moment.

↪ **Find out** = discover – découvrir, trouver

The police **could not find out** who the thief was.
La police n'a pas pu découvrir qui était le voleur.

↪ **Fix up** a meeting = arrange – arranger, fixer rendez-vous

We might have **to fix up** a meeting for next week.
Nous devrons peut-être fixer rendez-vous pour la semaine prochaine.

↪ **Fix** something **up** = improve, repair something – réparer

They find cheap old furniture, **fix it up** and sell it.
Ils trouvent de vieux meubles bon marché, les réparent et les vendent.

↪ **Get at** :

**1.** criticize – critiquer

I did not want to **get at you**.
Je ne voulais pas te critiquer.

**2.** imply – faire des allusions

I cannot see **what you are getting at**.
Je ne comprends pas ce que tu essaies de dire.

↪ **Get away** = escape – s'évader

The police said that the robbers **got away** in a car.
La police a indiqué que les malfaiteurs se sont enfuis en voiture.

↪ **Get away with** something = do something wrong without being punished – s'en tirer sans être sanctionné

I broke the rules but **got away with it** without being fined.
Je n'ai pas respecté les règles, mais je m'en suis tiré sans payer d'amende.

↪ **Get back** = return – rentrer

He **got back** late, had a shower and went to bed.
Il est rentré tard, il a pris une douche et il est allé au lit.

↪ **Get back to** = contact someone later, by phone, email – joindre quelqu'un plus tard au téléphone, par email

Would you leave me the documents, and I **will get back to you** as soon as I can.
Voulez-vous me laisser les documents et je vais vous contacter le plus vite possible.

↪ **Get by** = manage – se tirer d'affaire

They have just enough money to **get by**.
Ils ont juste de quoi s'en tirer.

↪ **Get on** – monter (dans une voiture, un bus) **Get off / Get out of** – descendre

The metro was so crowded that we could not **get on**.
Le métro était si plein de monde qu'on n'a pas pu monter.

↪ **Get on** (with someone) / **get along** = have a good relationship – bien s'entendre avec quelqu'un

He **gets on very well** with his boss.
Il s'entend très bien avec son chef.

↪ **Get over** = recover, overcome – se remettre, surmonter une difficulté

It took her some time to **get over** the fact she split up with her boyfriend.
Ça lui a pris un certain temps pour se remettre après avoir rompu avec son petit-ami.

↪ **Get up** = get out of bed – se lever (du lit)

He usually **gets up at** 7am.
Il se lève d'habitude à 7 heures du matin.

↪ **Give back** = return – rendre

Could you **give me back** the dictionary? I need it.
Tu peux me rendre le dictionnaire ? J'en ai besoin.

↪ **Give up** = stop making an effort – abandonner

He is not the kind of man to **give up** easily.
Il n'est pas le type de personne qui abandonne facilement.

↪ **Give up** doing something = stop doing it – arrêter de faire...

He **gave up** smoking a few years ago.

Il a arrêté de fumer il y a quelques années.

↪ **Go away :**

**1.** move away from a person or place – s'en aller

If he is bothering you, tell him **to go away**.
S'il te dérange, dis-lui de s'en aller.

**2.** leave your home, especially for a holiday – partir en vacances

They **are going away on holiday** next Friday.
Ils partent en vacances vendredi prochain.

↪ **Go back** = return – retourner

He had left the documents at home and **went back** to get them.
Il avait oublié les documents à la maison et il est retourné les chercher.

↪ **Go off :**

**1.** ring (alarm) – sonner (alarme)

The alarm clock **went off** but at first it could not wake her up.
L'alarme du téléphone a sonné, mais elle n'a pas pu la réveiller tout de suite.

**2.** become inedible – pourrir (nourriture)

This milk **has gone off**.
Ce lait a tourné.

↪ **Go on** :

**1.** continue – continuer

The party **went on** into the late hours.
La fête a continué jusqu'à tard.

**Go on**!
Continue !

**2.** happen – se passer

**What's going on** with our project?
Qu'est-ce qui se passe avec notre projet ?

↪ **Go out :**

**1.** be extinguished – s'éteindre

Suddenly all the lights **went out**.
Soudainement toutes les lumières se sont éteintes.

**2.** leave home to go to a social event – sortir (pour aller au restaurant, au concert, etc.)

Let's **go out for dinner** tonight!
Allons dîner dehors ce soir !

↪ **Go out with** someone = have a romantic relationship – sortir avec quelqu'un

They **have been going out** for about a month.
Ils sortent ensemble depuis un mois.

↪ **Go through** = undergo a difficult period – traverser une période difficile

Our country **is going through** a period of political instability.
Notre pays traverse une période d'instabilité politique.

↪ **Grow up** = become an adult – grandir

They **grew up** in a big united family.
Ils ont grandi dans une grande famille soudée.

↪ **Hang up** = end a phone call – raccrocher le téléphone

He got angry and **hung up the phone**.
Il s'est fâché et il a raccroché.

↪ **Hold on** = wait – attendre

**Hold on**, I'll come with you!
Attends, je viens avec toi !

↪ **Hold up** a person, a plan = delay – retenir, ralentir
**Get held up** – être retenu

Sorry, I don't want **to hold you up**.
Désolé, je ne voudrais pas te retenir.

↪ **Keep away from** = don't go near – rester loin, ne pas s'approcher

**Keep away from me**, I have the flu!
Ne t'approche pas, j'ai la grippe !

↪ **Keep on** doing something = do it continuously or repeatedly – ne pas arrêter de...

She **keeps on asking him** the same questions.
Elle n'arrête pas de lui poser les mêmes questions.

↪ **Let someone down** = disappoint – décevoir

You can rely on her, she **will never let you down**.
Tu peux compter sur elle, elle ne va jamais te décevoir.

↪ **Look after** someone = take care of – prendre soin / s'occuper de quelqu'un

She **has been looking after** her mother for years.
Elle s'occupe de sa mère depuis des années.

↪ **Look back on** = think about a time or event in the past, recall – se souvenir

Most elderly people enjoy **looking back on** their childhood.
La plupart des gens âgés aiment se souvenir de leur enfance.

↪ **Look for** = search – chercher

I **am looking for** my green jacket. Have you seen it somewhere?
Je cherche ma veste verte. Tu l'as vue quelque part ?

↪ **Look forward to** – attendre avec impatience

**We are looking forward to** our summer holiday.
On attend avec impatience nos vacances d'été.

**I am looking forward to hearing from you**.
J'attends votre réponse avec impatience. (dans une lettre)

↪ **Look out** = be careful – faire attention (utilisé surtout à l'impératif)

**Look out!** That glass is going to fall!
Fais attention ! Ce verre va tomber !

↪ **Look up** in a dictionary = search a word – chercher un mot dans le dictionnaire

I did not know the meaning of the word so I **looked it up** in the dictionary.
Je ne savais pas le sens du mot et je l'ai cherché dans le dictionnaire.

↪ **Make up** = be reconciled after a quarrel – se réconcilier

They were very angry with each other, but they eventually **made up**.
Ils étaient très fâchés l'un contre l'autre, mais ils se sont réconciliés finalement.

↪ **Make up** = invent a story that is not true – inventer des histoires

**Stop making up** stories!
Arrête d'inventer des histoires !

↪ **Make up for** = compensate for – compenser

They develop scientific research **to make up for** the lack of natural resources.
Ils développent la recherche scientifique pour compenser le manque de ressources naturelles.

↪ **Pay** someone **back** = return money – rendre de l'argent

Can you lend me 10 euros? I **will pay you back** tomorrow.
Tu peux me prêter 10 euros ? Je vais te les rendre demain.

↪ **Pick up :**

**1.** go and meet someone in a car – chercher quelqu'un en voiture

**Will you pick me up** after work?
Est-ce que tu viens me chercher après le travail ?

**2.** learn a new skill without making special efforts – apprendre à faire quelque chose sans effort particulier. Les petits enfants apprennent comme ça ("pick up") leur langue maternelle, sans manuels.

**She picked up some Spanish words** and expressions while staying in Madrid.
Elle a appris quelques mots et expressions en espagnol pendant son séjour à Madrid.

↪ **Point out** = draw attention to – indiquer, montrer

She **pointed out** a few problems that I had not noticed.
Elle a attiré l'attention sur quelques problèmes que je n'avais pas remarqués.

↪ **Put** something **away** = put it in the place where it is kept – ranger

When the kids went to bed, she **put away all the toys**.
Quand les enfants sont allés au lit, elle a rangé tous les jouets.

↪ **Put** something **off** = postpone – reporter

It started to rain so they decided to **put off** the game.
Il a commencé à pleuvoir et donc ils ont décidé de reporter le jeu.

↪ **Put** somebody **off** (doing something) = make somebody not want to do something – dissuader de

What **put you off** participating in the campaign?
Qu'est-ce qui t'a dissuadé de participer dans la campagne ?

↪ **Put up with** something = tolerate – tolérer, supporter

They cannot **put up with the noise** their neighbours make every night.
Ils ne peuvent pas supporter le bruit que les voisins font chaque nuit.

↪ **Put** something **on** = wear (a dress, accessories) – mettre (un vêtement, un accessoire)

**Put on your jacket**, it is cold outside!
Mets ta veste, il fait froid dehors !

↪ **Put on weight** = get heavier – prendre du poids

**I have put on a lot of weight** recently, I need to start doing some sport.
J'ai beaucoup grossi dernièrement, je dois commencer à faire du sport.

↪ **Plug in** = connect to an electrical supply – brancher

Don't forget to **plug in the device**.
N'oublie pas de brancher l'appareil.

↪ **Rip off** = cheat – tromper

I paid 100 euros for something which doesn't cost more than 20. **I was ripped off**.
J'ai payé 100 euros pour quelque chose qui ne coûte pas plus de 20. On m'a trompé.

↪ **Run out of** = finish – rester sans (carburant, sucre, etc)

It's a long way. Make sure **you don't run out of petrol**.
C'est une longue distance. Fais attention à ne pas rester sans carburant.

↪ **See** someone **off** = go with them to the airport/station – accompagner

If I have time, I will come **to see you off**.
Si j'ai du temps, je vais venir t'accompagner.

↪ **Set off** = begin a journey – partir

**They set off** very early in the morning as they wanted to arrive at the sea before noon.
Ils sont partis très tôt le matin, parce qu'ils voulaient arriver à la mer avant midi.

↪ **Set up** a business, a company, a website = start, create – créer, lancer

They **set up** their own website.
Ils ont lancé leur propre site internet.

↪ **Show off** = boast – se vanter

**He is showing off** his new car everywhere.
Il se vante partout avec sa nouvelle voiture.

↪ **Sit down** = have a seat – s'asseoir

She had a sore leg and had **to sit down**.
Elle avait mal à la jambe et elle a dû s'asseoir.

**Would you please have a seat.**
Asseyez-vous, s'il vous plaît.

↪ **Slow down** = go more slowly – ralentir (la vitesse de conduite, le rythme de travail)

You are working too much. **You should slow down**.
Tu travailles trop, tu dois ralentir le rythme.

↪ **Sort** something **out** = solve a problem, find a solution – régler, trouver une solution

They hope that the lawyers **will sort everything out**.
Ils espèrent que les avocats vont tout régler.

↪ **Switch off / turn off** = deactivate – éteindre (appareil, lumière, etc)

**Can you switch the light off** please?
Tu peux éteindre la lumière, s'il te plaît ?

↪ **Switch on / turn on** = activate – mettre, brancher

She got home, **switched the TV on**, and started to cook.
Elle est rentrée, elle a mis la télé et elle a commencé à faire la cuisine.

↪ **Take** something **back** = return something – retourner (un produit)

I am not happy with this toaster. **I am going to take it back** tomorrow.
Ce toaster ne me plaît pas. Je vais le retourner demain.

↪ **Take** somebody **in** = deceive somebody – tromper

He **took my mother in** saying he was a plumber.
Il a trompé ma mère en disant qu'il était plombier.

↪ **Take off** = start flying – décoller

**The plane took off** 30 minutes later than the schedule.
L'avion a décollé avec 30 minutes de retard.

↪ **Take** something **off** = remove clothing – enlever un vêtement

**Take off** your coat, it is warm here.
Enlève ton manteau, il fait chaud ici.

↪ **Take** someone **out** – emmener (au restaurant, au concert, etc.)

**He often takes his girlfriend out** for dinner.
Il emmène souvent sa petite amie au restaurant.

↪ **Take up** an activity = start doing it – commencer une activité (sport, hobby)

**She took up tennis** at the age of 11.
Elle a commencé le tennis à l'âge de 11 ans.

↪ **Take up** = occupy time, attention – prendre du temps

I don't want **to take up** any more of your time.
Je ne veux pas vous prendre plus de temps.

↪ **Tell** somebody **off** = speak angrily – gronder

**She told her son off** for hitting the baby.
Elle a grondé son fils pour avoir frappé le bébé.

↪ **Try out** = test – tester

**They are trying out** a new software.
Ils testent maintenant un nouveau logiciel.

↪ **Throw** something **away** = trash – jeter

These old rugs **need to be thrown away**.
Ces vieux tapis doivent être jetés.

↪ **Turn** something **down** = decrease the volume – baisser le volume ; **Turn up** = increase the volume – augmenter le volume

**Turn down the radio**, please.
S'il te plaît, baisse le volume de la radio.

↪ **Turn** something **down** = reject something offered or proposed – rejeter

The council **tourned down** the proposal.
Le conseil a rejeté la proposition.

↪ **Turn round** – se retourner

**I turned round** to see who was calling me.
Je me suis retourné pour voir qui m'appelait.

↪ **Turn out to be / turn out that** = become clear – il s'avère que

**It turned out** that the manager was his ex classmate.
Il s'est avéré que le directeur était un ancien camarade de classe.

↪ **Turn up / show up** = come somewhere – venir

I was hoping to see him at the afterwork, but **he did not turn up**.
J'espérais le voir à l'afterwork, mais il n'est pas venu.

↪ **Wake up** = stop sleeping – (se) réveiller

**The baby sometimes wakes them up** at night.
Le bébé les réveille parfois la nuit.

↪ **Warm up** = prepare the body for exercise – s'échauffer

It is important **to warm up** before you start the game.
Il est important de s'échauffer avant le jeu.

↪ **Wash up** = wash the plates after a meal – faire la vaisselle
On utilise souvent l'expression « **do the washing-up** ».

**She does not like doing the washing-up**.
Elle n'aime pas faire la vaisselle.

↪ **Work out :**

**1.** exercise – s'exercer, workout – ensemble d'exercices physiques

**This workout is good** for the back muscles.
Ces exercices sont bons pour les muscles du dos.

**2.** be successful – réussir

I really hope that **things work out for you**.
J'espère sincèrement que ça va aller pour toi.

Les "phrasal verbs" qui ont un complément d'objet direct sont deux types : « separable » (le complement peut changer de position et être mis entre le verbe et la particule en les séparant) et « inseparable » (le complément ne peut pas être mis entre le verbe et la particule).

Exemples de « separable phrasal verbs » :

**turn on** the radio = **turn** the radio **on**

**throw away** the old shoes = **throw** the old shoes **away**

Si le complément d'un «separable phrasal verb » est remplacé par un pronom, **le pronom doit être obligatoirement mis entre le verbe et la particule**.

turn **it** on (pas ~~turn on it~~)

throw them away (pas ~~throw away them~~)

Avec les « inseparable phrasal verbs » le verbe et la particule ne peuvent pas être séparés.

**look after** the baby (pas ~~look the baby after~~)

**run out of** petrol (pas ~~run petrol out of~~)

Savoir si un verbe est « separable » ou « inseparable » n'est pas trop difficile. D'un côté, parce que la plupart des « phrasal verbs » sont « separable » et d'un autre côté, parce que c'est l'intuition qui nous aide à comprendre si l'ordre des mots dans la phrase est correct ou pas. Plus vous lisez en anglais et écouter de l'anglais, plus rapidement vous développerez votre intuition.

III ANNEXE

# IRREGULAR VERBS

| Infinitive | Past Simple | Past participle |
|---|---|---|
| Be [bi:] – être | was/were [wəz/ wə$^r$] | been [bi:n] |
| Beat [bi:t] – battre | beat [bi:t] | beaten [bi:tn] |
| Become [bi'kʌm] – devenir | became [bi'keim] | become [bi'kʌm] |
| Begin [bi'gin] – commencer | began [bi'gæn] | begun [bi'gʌn] |
| Bend [bend] – plier | bent [bent] | bent [bent] |
| Bet [bet] – parier | bet [bet] | bet [bet] |
| Bite [bait] – mordre | bit [bit] | bitten [bitn] |
| Blow [blow] – souffler | blew [blu:] | blown [bloun] |
| Break [breik] – casser | broke [brouk] | broken [brouk$^ə$n] |
| Bring [briŋg] – apporter | brought [brɔ:t] | brought [brɔ:t] |
| Build [bild] – construire | built [bilt] | built [bilt] |
| Burst [bʌrst] – exploser | burst [bʌrst] | burst [bʌrst] |
| Buy [bai] – acheter | bought [bɔ:t] | bought [bɔ:t] |
| Catch [kætʃ] – attraper | caught [kɔ:t] | caught [kɔ:t] |
| Choose [tʃu:z] – choisir | chose [tʃouz] | chosen [tʃouz$^ə$n] |
| Come [kʌm] – venir | came [keim] | come [kʌm] |
| Cost [kost] – couter | cost [kost] | cost [kost] |
| Cut [kʌt] – couper | cut [kʌt] | cut [kʌt] |
| Deal [di:l] – traiter | dealt [delt] | dealt [delt] |
| Dig [dig] – creuser | dug [dʌg] | dug [dʌg] |
| Do [du:] – faire | did [did] | done [dʌn] |
| Draw [drɔ:] – dessiner | drew [dru:] | drawn [drɔ:n] |
| Drink [driŋk] – boire | drank [dræŋk] | drunk [drʌŋk] |
| Drive [draiv] – conduire | drove [drouv] | driven [driv$^ə$n] |

| Infinitive | Past Simple | Past participle |
|---|---|---|
| Eat [i:t] – manger | ate [eit] | eaten [i:tᵊn] |
| Fall [fɔ:l] – tomber | fell [fel] | fallen [fɔ:lᵊn] |
| Feed [fi:d] – nourrir | fed [fed] | fed [fed] |
| Feel [fi:l] – sentir | felt [felt] | felt [felt] |
| Fight [fait] – se battre | fought [fɔ:t] | fought [fɔ:t] |
| Find [faind] – trouver | found [faund] | found [faund] |
| Fly [flai] – voler | flew [flu:] | flown [floun] |
| Forbid [fəʳ'bid] – interdire | forbade [fəʳ'beid] | forbidden [fəʳ'bidᵊn] |
| Forget [fəʳ'get] – oublier | forgot [fəʳ'gɒt] | forgotten [fəʳ'gɒtᵊn] |
| Forgive [fəʳ'giv] – pardonner | forgave [fəʳ'geiv] | forgiven [fəʳ'givᵊn] |
| Freeze [fri:z] – geler | froze [frouz] | frozen [frozᵊn] |
| Get [get] – prendre | got [gɒt] | got [gɒt]/gotten [gɒtn] |
| Give [giv] – donner | gave [geiv] | given [givᵊn] |
| Go [gou] – aller | went [went] | gone [gɒn] |
| Grow [grou] – grandir | grew [gru:] | grown [groun] |
| Hang [hæŋ] – pendre | hung [hʌŋ] | hung [hʌŋ] |
| Have [hæv] – avoir | had [hæd] | had [hæd] |
| Hear [hiə] – entendre | heard [hɜ:d] | heard [hɜ:d] |
| Hide [haid]- cacher | hid [hid] | hidden [hidᵊn] |
| Hit [hit] – frapper | hit [hit] | hit [hit] |
| Hold [hould] – tenir | held [held] | held [held] |
| Hurt [hɜ:ʳt] – blesser | hurt [hɜ:ʳt] | hurt [hɜ:ʳt] |
| Keep [ki:p] – garder | kept [kept] | kept [kept] |
| Know [nou] – savoir | knew [nju:] | known [noun] |
| Lay [lei] – mettre | laid [leid] | laid [leid] |
| Lead [li:d] – guider | led [led] | led [led] |
| Leave [li:v] – partir | left [left] | left [left] |
| Lend [lend] – prêter | lent [lent] | lent [lent] |
| Let [let] – permettre | let [let] | let [let] |
| Lie [lai] – s'allonger | lay [lei] | lain [lein] |
| Light [lait] – allumer | lit [lit] | lit [lit] |
| Lose [lu:z] – perdre | lost [lost] | lost [lost] |
| Make [meik] – faire | made [meid] | made [meid] |

| Infinitive | Past Simple | Past participle |
|---|---|---|
| Mean [mi:n] – signifier | meant [ment] | meant [ment] |
| Meet [mi:t] – rencontrer | met [met] | met [met] |
| Pay [pei] – payer | paid [peid] | paid [peid] |
| Put [put] – mettre | put [put] | put [put] |
| Read [ri:d] – lire | read [red] | read [red] |
| Ride [raid] – faire du cheval | rode [roud] | ridden [ridᵊn] |
| Ring [riŋ] – sonner | rang [ræŋ] | rung [rʌŋ] |
| Rise [raiz] – s'élever | rose [rouz] | risen [rizᵊn] |
| Run [rʌn] – courir | ran [ræn] | run [rʌn] |
| Say [sai] – dire | said [sed] | said [sed] |
| See [si:] – voir | saw [sɔ:] | seen [si:n] |
| Seek [si:k] – chercher | sought [sɔ:t] | sought [sɔ:t] |
| Sell [sel] – vendre | sold [sould] | sold [sould] |
| Send [send] – envoyer | sent [sent] | sent [sent] |
| Set [set] – fixer | set [set] | set [set] |
| Sew [sou] – coudre | sewed [soud] | sewn [soun] |
| Shake [ʃeik] – secouer | shook [ʃuk] | shaken [ʃeikᵊn] |
| Shine [ʃain] – briller | shone [ʃɒn] | shone [ʃɒn] |
| Shoot [ʃu:t] – tirer | shot [ʃɒt] | shot [ʃɒt] |
| Show [ʃou] – montrer | showed [ʃoud] | shown [ʃoun] |
| Shrink [ʃriŋk] – rétrécir | shrank [ʃræŋk] | shrunk [ʃrʌŋk] |
| Shut [ʃʌt] – fermer | shut [ʃʌt] | shut [ʃʌt] |
| Sing [siŋ] – chanter | sang [sæŋ] | sung [sʌŋ] |
| Sink [siŋk] – couler | sank [sæŋk] | sunk [sʌŋk] |
| Sit [sit] – s'asseoir | sat [sæt] | sat [sæt] |
| Sleep [sli:p] – dormir | slept [slept] | slept [slept] |
| Speak [spi:k] – parler | spoke [spouk] | spoken [spoukᵊn] |
| Spend [spend] – dépenser | spent [spent] | spent [spent] |
| Split [split] – séparer | split [split] | split [split] |
| Spread [spred] – répandre | spread [spred] | spread [spred] |
| Spring [spriŋ]- bondir | sprang [spræŋ] | sprung [sprʌŋ] |
| Stand [stænd] – se lever | stood [stud] | stood [stud] |
| Steal [sti:l] – voler | stole [stoul] | stolen [stoulᵊn] |

| Infinitive | Past Simple | Past participle |
|---|---|---|
| Stick [stik] – coller | stuck [stʌk] | stuck [stʌk] |
| Sting [stiŋ] – piquer | stung [stʌŋ] | stung [stʌŋ] |
| Strike [straik] – frapper | struck [strʌk] | struck [strʌk] |
| Swear [sweə] – jurer | swore [swɔ:] | sworn [swɔ:n] |
| Sweep [swi:p] – balayer | swept [swept] | swept [swept] |
| Swim [swim] – nager | swam [swæm] | swum [swʌm] |
| Swing [swiŋ] – balancer | swung [swʌŋ] | swung [swʌŋ] |
| Take [teik] – prendre | took [tuk] | taken [teikᵊn] |
| Teach [ti:tʃ] – enseigner | taught [tɔ:t] | taught [tɔ:t] |
| Tear [teə] – déchirer | tore [tɔ:] | torn [tɔ:n] |
| Tell [tel] – dire | told [tould] | told [tould] |
| Think [θɪŋk] – penser | thought [θɔ:t] | thought [θɔ:t] |
| Throw [θrou] – jeter | threw [θru:] | thrown [θroun] |
| Understand [ʌndə'stænd] comprendre | understood [ʌndə'stud] | understood [ʌndə'stud] |
| Wake [weik] – (se) réveiller | woke [wouk] | woken [woukᵊn] |
| Wear [weə] – porter (un vêtement) | wore [wɔ:ʳ] | worn [wɔ:ʳn] |
| Win [win] – gagner | won [wʌn] | won [wʌn] |
| Write [rait] – écrire | wrote [rout] | written [ritᵊn] |

# CORRIGÉS

### Chapitre 3 BE

1. are; 'm; 2. isn't; isn't; 3. is; old; 4. are; 'm; 5. are; aren't; 6. Are; I'm not; 7. 'm; are; 's not; 8. is; isn't 9. it is ; am not ; 10. are ; are ; it is not ; 11. Is it ; am 12. are ; am ; 13. these ; aren't they ; 14. This ; 15. This ; this one 16. those ; 17. (a) Are ; (b) am ; (c) is ; (d) Is ; (e) isn't ; (f) is ; (g) Is ; (h) isn't ; (i) is ; (j) Is ; (k) it is ; (l) is ; (m) am ; (n) Are ; (o) they are ; 18. is ; isn't ; it is ; 19. Is ; isn't ; he is ; 20. are ; aren't ; are ; 21. are ; aren't ; 'm not ; 22. is ; isn't ; it is ;

### Chapitre 5 HAVE

1. do; have; 2. got; have; 3. 've got; have ou have; do;
4. have; So have I (ou Me too); 5. Have; do; have; don't;
6. Have; don't; do; don't have

### Chapitre 6 THERE IS

1. Does ; have; 2. Do ; have; do; 3. There is; 4. don't have 5. Is there; there isn't; 6. there is; 7. don't have ; 8. have ; there aren't ; 9. Is there ; 10. There are ; don't ; 11. Is there ; there are ; 12. has ; have ; 13. There are ; 14. have ; have ; there is.

### Chapitre 7 TEMPS

1. in ; 2. at ; at ; 3. in ; below ; 4. on ; at ; at ; on ; 5. on the ; of ; 6. in ; at ; 7. eight fifteen ; past ; eight forty five ; to ; from ; to/until ; before ; 8. at ; rain ; sunny ; hot ; snow ; above ; windy ; 9. it is ; past ; storm ; clear ; wind ; chilly ; raining ; snow ; 10. on ; at ; on ; at ; 11. about ; at ; past

### Chapitre 9 WHO, WHAT, WHERE

### Chapitre 10 ME, YOU, HIM, HER

1. have ; What ; 2. What ; how ; Who ; 3. When ; on ; how long ; where ; us ; 4. Which ; what ; what 5. Who ; why ; him ; How 6. What time ; At ; Why ; at ; us ; 7. Where ; How much ; 8. her ; Who ; What ; 9. yourself ; 10. ourselves ; us ; yourselves ; 11. her ; myself ; 12. Where ; him ; her

### Chapitre 11 Mon, ton, son...

1. has; does; them; is; has; his; his; her; they; 2. Our; it; my;
3. My; me; is; have; is; her; 4. Have; him; is; 5. Each other; them; 6. them; her;
7. our ; 's ; my ; it ; him ; 8. 's ; their ; 9. your ; Where ; it ; my.

## Chapitre 12 PRESENT SIMPLE

1. do; go; do; helps; do; go; 2. Lives; doesn't; does; does; do; works; does; come; 3. Do; play; go; do; go; 4. Does; live; does; was not; was; 5. Do; smoke; do; 6. does this word mean; don't know; 7. do you usually go; don't watch 8. he is ; teaches ; doesn't live ; lives ; works ; does he have to ; goes ; gives ; does it take ; takes ; leaves ; drives ; catches ; loves / does love ; 9. have ; do you prefer ; don't feel ; Do you have ; do we arrive ; Do you think ; have ; is ; 10. Do you do ; go ; don't know ; don't you like / do you not like ; don't offer ; Do they have ; 11. does the library close ; closes ; does it close ; work ; past ; Do you work ; do; from ; to / until ; Do you need

## Chapitre 13 Articles a/an et the

1. a; 2. -; -; 3. a; a; 4. the; the; 5. The; the; 6. -; -; -; 7. an; -; 8. a ; a ; the ; the ; a ; a ; the ; the ; the ; 9. the ; the ; the ; a ; on the ; an ; the ; a ; 10. a ; a ; The ; the ; the ; the ; a ; a ; - ; - ; 11. the ; the ; the ; a ; a ; the ; the ; - ; 12. an ; an ; - ; - ;

## Chapitre 14 SOME et ANY

1. some; any; 2. a lot of; 3. any; some (ou a few); 4. some; a little; 5. many; 6. nothing; something; 7. Anything; some; very little; 8. any; something; 9. some; too much; 10. many ; very few ; 11. any ; 12. a couple of ; where ; some ; 13. your ; them both ; neither; 14. something ; anything ; 15. somewhere ; anywhere ; any ; someone ; anymore ; nobody ; 16. everywhere ; anything ; 17. a lot of ; any ; 18. any ; all ; 19. several ; nothing ; anymore ; all ; both ; none of ; all ; someone ; very little ; some ; any ; anywhere ; 20. any ; some ; a little ; some ; 21. very few ; any ; a lot of ; not much ; 22. nobody ; some ; any ; 23. lots of / a lot of ; some ; much ; any ; 24. none ; all ; Some ;

## Chapitre 16 Prepositions

1. in; 2. to; by; 3. - ; to; 4. at; at; 5. at; 6. to; 7. on; 8. next to; 9. in; 10. In ; 9. (a) in ; (b) in ; (c) with ; (d) at : (e) during ; (f) at ; (g) - ; (h) for ; (i) to ; (j) for ; (k) - : (l) to ; (m) on ; (n) in ; (o) by ; (p) at ; (q) until ; (r) past ; (s) on ; (t) at ; (u) in ; (v) In ; (w) After ; (x) about ; (y) before ; 10. (a) for ; (b) in ; (c) at ; (d) at ; (e) from ; (f) at ; (g) in ; (h) for ; (i) in ; (j) at ; (k) with ; (l) at ; (m) by ; (n) On ; (o) until ; (p) for ; (q) for ; 11. at ; at/on ; on ; on ; at ; in ; at/on ; in ; 12. in ; in ; about ; by ; in ;

...

1. in; on; 2. At; 3. on; 4. at; 5. from; to; 6. To; in; 7. in; at; in

...

1. about; 2. in; 3. on; 4. for; 5. on; 6. at; on; until; 7. on; to; 8. On

## Chapitre 18 PRESENT CONTINUOUS

1. do you watch; do; 2. are you doing; 'm preparing; 3. 'm having; is coming; 4. don't buy; read; listen; going; 5. Do you know; 'm watching; 6. Are you doing; 'm playing; play; 7. 'm looking for; prefer; don't you check ; 8.

wants ; is going ; is staying ; takes ; catches ; begin ; finish ; offers ; does not always go ; likes ; are going ; is coming ; 9. work ; am visiting ; do you come ; are you staying ; am working ; am learning ; have ; travel ; do you go ; are you enjoying ; find ; 10. is having ; is going out ; stays ; plays ; 11. are you buying ; are having ; is coming ; works ; 12. is raining ; don't need ; 13. doesn't do ; are increasing ; don't think ;

**Chapitre 19 Adjectifs et adverbes**

1. every; lovely; better; 2. louder; 3. well; better; 4. absolutely;
5. exceptionally; nice; 6. delicious; so expensive; excellent; 7. even more;
8. the oldest; nearly ; 9. too ; much younger ; 10. much more fluently than / much better than ; really hard ; as much as possible ; 11. the most ; the highest ; more than ; best ; less ; higher ; the least ; the worst ; less than ; 12. the smallest ; the nearest ; the furthest ; further ; 13. easier than ; as soon as ; 14. better ; worse ; much ; 15. nearly ; more ; carefully ; 16. so slowly ; already ; faster ; 17. hardly ; heavily ; such ; 18. too ; enough ; bigger ;

**Chapitre 20 PAST SIMPLE**

1. did you watch; did; didn't win; 2. were; rang; was; couldn't;
3. used to work; was; 4. was; was; went; 5. did you do; was; were; stayed;
6. Did you discuss; didn't; talked; 7. didn't you send; forgot ; 8. Did you sell ; did ; sold ; did you buy ; had ; came ; went ; chose ; bought ; 9. Did you go ; did ; went ; Did you stay ; didn't ; stayed ; Was ; didn't want ; returned ; found ; 10. Didn't you ; didn't ; stayed ; got up ; had ; rushed ; 11. went ; spent ; did you buy ; bought ; cost ; was it ; loved ; couldn't ; 12. told ; went ; spent ; Were you ; was ; visited ; went ; tried ; was ; had to ; Did you see ; didn't ; Did you like ; loved ; went ; danced ; tried ; was ; were ; didn't rain ; 13. Did you call ; didn't ; Did I have to ; was ; forgot ; 14. did Macron become ; was ; resigned ; replaced ;

**Chapitre 21 PAST CONTINUOUS**

1. were living; started; Did they come back; did; was; 2. Was raining; decided; regretted; was; took; 3. did you buy; downloaded; was surfing; saw; decided;
4. Didn't answer; was talking; didn't you call; was; didn't find;
5. Was lying; sunbathing; were; was

**Chapitre 22 PRESENT PERFECT**

1. have you been; have; went; 2. 'm not; 've just had; 3. did your friend arrive; stayed; 4. have you known; met; was studying; 5. Have you made; called; didn't answer; 6. Played; didn't he; did he win; has already won; 7. Have you been; has become; went; liked; 8. did you live; were ; 9. Have you been ; have ; met ; got married ; went ; was ; was ; Have you been ; have been ; was ; has been ; wanted ; was ; decided ; have been ; have never done ; came ; had to ; 10. saw ; did ; have not seen ; has just returned ; did he do ; Was he ; opened ; had to ; worked ; came back ; did he marry ; have seen ; split up ; met ; didn't know ; has travelled ; has been ; have already bought ; has always wanted ; 11. Have you ever listened to ; haven't ; went ; was ;

### Chapitre 23 PRESENT PERFECT CONTINUOUS

1. have been; 've been saving; have saved; 2. haven't seen; doesn't like; is looking for; 3. 've been talking; 've been trying; have talked; was; 4. Have you been going; tried; 5. have already built; have been building; haven't finished; 6. Have you written; haven't; have you been doing; have been calculating; 7. Have been trying; 8. Have been playing; Have you? have played ; 9. have been trying ; have not found ; promised / has promised; have been making ; have made ; have you managed ; have been working ; have not solved ; have been moving ; have almost finished ; has wiped ; was expecting / have been expecting ; has agreed / agreed ; 10. have not talked ; has been travelling ; have visited ; 11. have been waiting ; have lost ; 12. have been learning ; have met ; have become ; has been teaching ; has decided ; 13. has just gone ; have you finished ; have folded ; have put ; have not vacuumed ; has been ; has been painting ; 14. have not seen ; have you been ; have been doing ; have been preparing / am preparing ; have been working / am working ;

### Chapitre 24 PAST PERFECT et PAST PERFECT CONTINUOUS

had; were renovating; blocked; discovered; there was; didn't understand; had started; had to, was; were working, broke down; couldn't; came back; realized; had forgotten; had to; completed; had been

1. was walking 2. happened 3. had had 4. was 5. had just had 6. sat ; 7. closed 8. fell 9. had moved 10. was blowing 11. heard 12. looked 13. had ever seen 14. was coming 15. moving 16. was stretching 17. had never been 18. was moving 19. jumped 20. was wearing 22. had never heard 23. was trying 24. had gone 25. had happened

### Chapitre 25 Verb Patterns

1. turning down; concentrate; to watch; 2. to give up; smoking; to see; 3. driving; to get up; 4. stealing; confess; 5. to come; to take; 6. having; to replace; 7. to help; to upset; promising; quitting; to do; that we meet 8. to reply; to connect 9. to turn off; to listen; taking ; 10. watching ; going ; improve / to improve ; to pay ; speaking ; 11. going ; to book ; cooking ; 12. play ; to stay ; 13. to see ; to tell ; to do ; walking ; going ; having ; 14. to go ; going ; to do ; following ; 15. to talk ; to give ; not to trust ; 16. to sell ; putting ; to contact ;

### Chapitre 26 MODAL VERBS I

1. can't ; have to / must ; should ; 2. don't have to ; must ; 3. can ; can ; 4. Do you have to ; do ; 5. have to ; shouldn't ; 6. doesn't have to ; should ; 7. was supposed to ; 8. can ; do you have to ; must ; 9. It is supposed to ; will have to ; 10. Can ; can ; shouldn't ; 11. Weren't you supposed ; couldn't/didn't manage to ; 12. had to ; managed to ; 13. don't have to ; can ; must / have to ; do I have / do I need ; should ; must ; should / 'd better ; 14. will be able to ; must ; can't

; don't have to ; can ; must ; will have to / must ; 15 can't ; won't be able to / can't ; must / have to ; don't have to ; shouldn't ; can ; 16. be able to ; can't ; shouldn't ; can ; was able to ; didn't have to ; 17. must / need to ; had to ; can't ;

**Chapitre 27 MODAL VERBS II - probability**

1. should; 2. might be hiding; 3. must be playing; 4. must have got a promotion; 5. must have been joking; can't have spent; 6. shouldn't have told; must have told; 7. should have gone; might not have been; 8. had to; could have sent; tried; there were ; 9. must have missed ; might have got in ; might have not seen ; can't have missed him ; must have switched off ; might have forgotten ; must have had ; 10.might have sent ; can't have sent ; might be ; must have used ; shouldn't have clicked ; might have downloaded ; should have warned ; could have contaminated ; 11. must be ; might feel ; might be ; can't be ; should ring ; might be sleeping ; 12. might not like ; can't be ; would / might feel ; must be ; should have told ;

**Chapitre 29 BE GOING TO + Infinitive**

1. 'm going to; will; 2. Are going to; will; 3. Is going to; will; 4. 'm not going to; 5. will; 6. Are you going to / are you doing; will; does it start; 7. are you going to; will ; 8. Shall we go out ; am working ; will be ; will see ; Are you doing ; am seeing ; shall we meet ; am meeting ; will take ; am picking you up ; 9. am packing ; am going ; are you going to do ; am going to study ; are leaving ; leaves ; is taking ; am going to carry / will carry ; will come ; start ; will have ; 10. am meeting ; am going to have ; will make ; finishes ; Shall I bring ; am going to try ; 11. get ; will be able to ; will probably not have ; starts ; arrive ; am spending / am going to spend ; am ; am going ; will keep ;

**Chapitre 30 FUTURE CONTINUOUS and FUTURE PERFECT**

1. will still be working; will have finished; 2. Will have arrived; will call; arrives;
3. will win; will be sitting; 4. will be waiting; 5. will have lived / will have been living;
6. Will you be using / are you going to use; am going to; are you?; am coming;
7. Am going to clean; will help; will have cleaned

**Chapitre 31 CONDITIONALS**

1. are you coming; am; will not (won't) come;
2. have been looking for; don't find; will give;
3. started; would have; didn't love; would take;
4. didn't love; wouldn't have married;
5. hadn't asked; would have come;
6. hadn't lied; wouldn't be;
7. were; would apply / would have applied; were; would have

...

1. were not; 2. would have been; 3. did not like; 4. would have caught;

5. had remained; 6. would have been; 7. were; 8. would accept; 9. were; 10. would have been able to commute; 11. would you feel; 12. came; 13. would not like; 14. could see; 15. take (or took); 16. will have to (or would have to); 17. would feel; 18. would be; 19. would have;

....

1. would I fly; 2. is he; 3. did he start; 4. should you tell; 5. have I seen; 6. must this leak; 7. could; would have helped; 8. had made; would have completed; 9. would go / would be going; had

....

1. would you have come ; had invited ; had known ; would not have come ; 2. could have chosen ; had studied ; would have got ; had got ; would have moved ; would be ; had moved ; could have gone ; might have met ; might have married ; might have had ; might have bought ; had taken ; would have been ; could have left ; would not have been ; did not regret ; would be ; 3. should have done ; could have gone ; were ; would have demanded ; had forced ; would have become ; must have affected ; 4. would search / would have searched ; had ; were ; would not stay ; 5. had stayed ; would have visited ;

**Chapitre 32 I WISH**

1. had invited; would only have made; 2. shouldn't have spent (ou wish I had not spent); 3. earned; might; 4. should have listened; are you going to do; 5. if only you had arrived; would have seen; should have called; 6. If only he weren't; were; wouldn't like; 7. wouldn't be getting at me

**Chapitre 34 Linking words**

1. thanks to; 2. On balance; 3. for example; 4. also; 5. as; 6. Overall 7. However; 8. despite; 9. whereas; 10. due to; 11. Moreover 12. especially; 13. such as; 14. In conclusion; 15. although; 16. therefore

....

1. While ; 2. for instance / for example ; 3. for example / for instance 4. As a result ; 5. in addition ; 6. Another example ; 7. In my view ; 8. such as ; 9. finally ; 10. certainly ; 11. but ; 12. To sum up ; 13. While ; 14. also ;

**Chapitre 35 HAVE SOMETHING DONE**

1. are spoken;
2. has been destroyed; will be built; 3. were thrown; was hurt; are (ou were) banned; 4. has been sent; will need; 5. was told; 6. has already been painted; is being renovated; 7. had a new Internet installed; 8. were supposed to call me

Printed in France by Amazon
Brétigny-sur-Orge, FR

17720653R00219